Recomeço

Recomeço

TEMBI LOCKE

Tradução de Dandara Morena,
Helen Pandolfi, Karine Ribeiro,
Luciana Dias e Maria Carmelita Dias

Copyright © 2019 by Tembi Locke

TÍTULO ORIGINAL
From Scratch

COPIDESQUE
Fernanda Belo
Isadora Prospero
Stella Carneiro

REVISÃO
Eduardo Carneiro
Thais Entriel

PROJETO GRÁFICO
Ruth Lee-Mui

ADAPTAÇÃO DE PROJETO GRÁFICO E DIAGRAMAÇÃO
Ilustrarte Design e Produção Editorial

ADAPTAÇÃO DE CAPA
Henrique Diniz

CIP-BRASIL. CATALOGAÇÃO NA PUBLICAÇÃO
SINDICATO NACIONAL DOS EDITORES DE LIVROS, RJ

L792r
    Locke, Tembi, 1970-
        Recomeço / Tembi Locke ; tradução Dandara Morena ... [et al.]. - 1. ed. - Rio de Janeiro : Intrínseca, 2022.

        Tradução de: From scratch.
        ISBN 978-65-5560-477-1.

        1. Locke, Tembi, 1970- - Viagem - Sicília (Itália). 2. Atores e atrizes de televisão - Estados Unidos - Biografia. I. Morena, Dandara. II. Título.

22-79851   CDD: 927.79145002
                           CDU: 929:791.635-055.2

Gabriela Faray Ferreira Lopes - Bibliotecária - CRB-7/6643

[2022]
Todos os direitos desta edição reservados à
EDITORA INTRÍNSECA LTDA.
Rua Marquês de São Vicente, 99, 6º andar
22451-041 — Gávea
Rio de Janeiro — RJ
Tel./Fax: (21) 3206-7400
www.intrinseca.com.br

Para Saro, que acendeu o fogo do amor.

E para nossa filha, Zoela, a chama eterna.

"Não pense que pode guiar o curso do amor, pois o amor, se achá-lo merecedor, guiará o seu curso."

KHALIL GIBRAN

Sumário

Prólogo 11

Parte um: Antes 17

Primeiras vezes 19
Segundas primeiras vezes 52
Um casarão, uma vassoura 79

Parte dois: Primeiro verão 101

Ilha de pedra 103
Algo incrível 125
Pão e salmoura 139
O bolo do Schiavelli 152
Areia vulcânica 169
O amargor das amêndoas 180

Parte três: Segundo verão 191

Herança 193
À mesa 202
Ricota 215
O padre 229
Hera e o mar safira 240
Terra vostra 255

Parte quatro: Terceiro verão 265

Funcho selvagem 267
A procissão 276
O molho 286
Sálvia e santas 299

Receitas 313

Nota da autora 345
Agradecimentos 347

PRÓLOGO

Na Sicília, toda história começa com um casamento ou uma morte. No meu caso, com os dois. E foi assim que me vi dirigindo um Fiat enferrujado por uma sinuosa estrada rural nos arredores de Aliminusa, uma cidadezinha siciliana, com a caixinha de madeira que continha as cinzas do meu marido acomodada entre as pernas. Eu estava prestes a entrar em um olivedo no sopé da cordilheira das Madonias, na costa norte da ilha — um terreno pertencente à família de Saro, salpicado de pereiras e damasqueiros antigos.

Certa vez, nessa estrada, ele tinha colhido amoras maduras, torcido as hastes de volumosos cachos de uvas das parreiras, revolvido a terra com as mãos para me mostrar exatamente como cresce o bulbo por baixo do funcho. Eu o havia observado tirar as camadas exteriores da casca do bulbo. Depois, ele me mandou fechar os olhos e ergueu o interior até meu nariz, me convidando a inspirar o aroma doce da terra e me despertando para os mistérios desse lugar. Ele estava determinado a me mostrar a força e a delicadeza daquele mundo natural — o lugar de onde vinha. No nosso último verão, exploramos as montanhas onde ele tinha brincado quando criança.

"Faça o que precisar, mas traga uma parte das minhas cinzas para a Sicília", disse Saro na época, naquele exato lugar. Seu câncer tinha voltado havia pouco tempo, mas sua morte ainda parecia algo abstrato. Achei que teríamos mais alguns verões pela frente, talvez cinco. Contudo, ele estava se preparando, e me preparando. Era lá que ele queria que uma parte de si permanecesse para sempre; logo, ali estava eu, após voar mais de onze mil quilômetros, tendo saído de nossa casa em Los Angeles a fim de cumprir a promessa de levá-lo para aquele lugar.

Eu estava cercada pelos barulhos de cigarras e grilos do fim do verão, assim como de lagartos correndo em busca de abrigo contra o sol poente na Sicília. O ar estava pesado com os perfumes inebriantes de eucalipto, lenha queimando e tomates amadurecendo. Ao longe, os sinos da igreja da cidade tocavam, chamando os fiéis para a missa da tarde. Por um instante, imaginei minha filha de sete anos correndo descalça na rua de paralelepípedos. Ela era o outro motivo de eu ter me encaminhado para a costa siciliana, a única forma que eu conhecia de manter o pai vivo em sua memória.

Parei o carro no topo de uma colina íngreme, coloquei-o em ponto morto e verifiquei o freio de mão duas vezes. Depois, dei uma olhada na caixa contendo as cinzas do meu marido, entre minhas coxas molhadas de suor. A caixinha de anel onde Saro guardava suas palhetas de violão agora continha uma parte dele, que eu tinha guardado para mim. A caixa havia deixado marcas de linhas verticais na minha pele, no local preferido do meu marido. Havia chegado a hora. No entanto, eu não tinha coragem de sair do carro.

Saro, que era chef de cozinha, sempre dizia que se casara com uma mulher americana — afro-americana — que tinha a alma culinária de um italiano. Na cabeça dele, eu era italiana do modo como todos deveriam ser italianos: à mesa. O que, para ele, significava gostar de comida fresca, criando recordações e tradições enquanto se passava o pão e se degustava um vinho local. Era uma vida na qual entrei por acaso, quando literalmente colidimos um contra o outro embaixo do toldo da melhor sorveteria de toda a Itália. Sorte, destino. Um olhar e pude ver que ele tinha olhos castanho-escuros que carregavam histórias e me instigariam a contar as minhas. Seu perfil podia muito bem ter sido calcado de uma moeda romana antiga, e sua combinação de traços — pele cor de oliva, queixo firme e o cabelo ondulado e preto como carvão — evocou uma visão de mim mesma me enroscando em seu corpo, que me atingiu como um raio caindo em um dia bonito. Eu disse *"Mi scusi"* no meu melhor italiano da faculdade. Ele respondeu com um "Olá" em inglês, sem hesitar um segundo. Naquele exato momento, tudo se encaixou.

Percebi mais tarde que Saro tinha aparecido na minha vida e quase instantaneamente criado forma onde antes só havia espaço. Ele acalmou o que eu não sabia que precisava ser acalmado, parecendo completamente disposto a aceitar as partes de mim que eram descontroladas, inseguras, inacabadas e contraditórias. Juntos, nos lançamos à vida como dois garfos comendo de um mesmo prato. Prontos para escutar, para amar, para encarar a escuridão e ainda assim ver um filete fino da lua.

Finalmente abri uma fresta da porta do carro e o ar fresco entrou, junto com mais recordações. Pensei em Saro e no último prazer mundano que compartilhamos, um picolé em formato de foguete. A especificidade da recordação me arrebatou e me levou direto para o nosso último dia, quando a vastidão de nossa vida e tudo o que ela comportava tinha se reduzido a pequenos gestos íntimos que a morte havia tornado necessários — como alimentar meu marido moribundo com um picolé. Eu tinha levado o sorvete aos lábios dele depois de ter incomodado a enfermeira do hospital pedindo que tirasse um picolé do congelador de hora em hora, para o caso de Saro acordar e conseguir comer. Eu queria lhe oferecer uma atenção zelosa e constante, meus últimos atos como sua esposa e cuidadora. Queria que as últimas sensações em seu palato fossem reconfortantes, suaves e até agradáveis. Ele merecia isso. Durante os anos que passei ao seu lado na cozinha, ele havia me ensinado que os detalhes são tudo. O impacto da primeira vez que sentimos o sabor de algo é um fenômeno único. Já que seriam picolés, decidi que seriam os picolés mais extraordinários possíveis: limonada fresca com um toque de agave.

Nos últimos dias, o tempo tanto se comprimia quanto se alongava. Nossa filha, Zoela, tinha acabado de completar sete anos. E, apesar de eu ter me esforçado o máximo possível a fim de prepará-la para viver sem o pai, mantê-la próxima e incluí-la no acontecimento que mudaria sua vida para sempre, me preocupava de não ter feito o bastante.

No último dia, fechei as portas de correr do nosso escritório e me sentei ao lado de Saro na cama de hospital. A iguaria se derretia, e esfreguei-a contra os lábios dele, os mesmos lábios que tinham me proporcionado uma vida inteira de beijos. Depois beijei sua testa e, quando me afastei, pude ver que um tantinho de suco tinha chegado à sua língua. Ele ficou me olhando o tempo todo. Lambi o suco gelado também. E ele sorriu. Tínhamos trocado um momento de prazer, assim como no início, quando ele sussurrava em meu ouvido depois de fazermos amor: "Tenho uma sede insaciável de amor, o amor pelo seu corpo e a sua alma." E então ele se foi.

Com sua morte, as coisas pioraram de novo. Toda a força que eu tinha reunido como mulher, mãe e amante murchou completamente, de forma instantânea. Foi como ser arremessada sobre rochas pontiagudas durante a maré baixa, de barriga para cima, com o sol a pino, no dia mais quente e longo do ano mais longo de nossa vida. Não parecia haver um fim para a minha tristeza, nenhuma saída exceto atravessá-la. Passar pela escuridão, o isolamento e a privação do toque do meu marido. No entanto, foi a minha derradeira promessa para ele que me levou, meses depois, até aquele pomar no coração do Mediterrâneo, desesperada por um filete de luz.

O sino da igreja tocou uma última badalada e segurei a caixa com as cinzas na mão. *Amore, l'ho fatto*. Eu consegui. Eu nos trouxe até aqui. Desci do carro.

O sol poente me lembrou de nossa primeira viagem juntos pela Sicília, quando percorremos o interior remoto. Não havia nada para ver além de montanhas, campos de trigo, vacas, homens montando jumentos e incontáveis oliveiros. Não conseguimos sinal de rádio, então acabamos conversando durante horas ao longo das estradas sinuosas, com intervalos de silêncio e os intermináveis acelerar e desacelerar do minúsculo Fiat. Lembro-me de que a luz da tarde era mais um passageiro no carro, testemunhando duas vidas em movimento. E o sol voltou a ser minha testemunha quando enfim saí do carro e me empertiguei. A terra parecia ligeiramente instável sob meus pés.

Diante de mim, havia um grande portão de ferro e uma colunata de pedras brutas, terra compacta e argila, amontoadas umas sobre as outras e ladeando o portão. Criava uma entrada rústica simples, mas impressionante. Um muro de pedras com uma cerca de arame farpado ladeava a entrada principal. Ele separava da estrada as terras da família. Olhei a cerca e caminhei um pouco ao longo dela, na esperança de encontrar uma abertura fácil. Não havia.

Repentinamente exausta, sentei-me em uma pilha irregular de rochas que formava outro muro improvisado e fitei a cidadezinha lá embaixo. Pude ver a cúpula da igreja e, mais ao longe, os campos que desciam abruptamente, formando um vale que levava ao mar. Depois, ouvi um trator se aproximando.

Eu não queria ser vista naquele momento — não queria explicar, para um fazendeiro que passava pela estrada a caminho de casa com a colheita do dia, por que estava no lado de fora de um pomar quase abandonado. Pior ainda, não queria que corresse pela cidade a notícia de que a esposa americana negra tinha sido vista em um lugar aonde ninguém ia. Por isso, levantei-me e apertei o passo. Procurei desesperadamente um trecho de pedras soltas, resultado de chuvas e movimentação de terra, de modo que eu pudesse entrar me espremendo por baixo. Tentei descobrir o lugar exato onde, no verão anterior, havíamos colhido peras direto da árvore e Saro tinha segurado nossa filha no alto para alcançar a fruta mais perto do sol.

Na Sicília, o amor, a verdade e a dor não são simples nem diretos. Cada um é tão profundo quanto as raízes das oliveiras que salpicam a ilha há séculos. Os segredos muitas vezes se encontram ainda mais fundo. O que eu estava prestes a fazer não era apenas um segredo, mas devia ser tecnicamente ilegal. Nas áreas rurais da Sicília, a cremação é rara, se não inexistente. Já havíamos feito o sepultamento oficial no cemitério da cidade semanas antes. Jogar as cinzas, mesmo parte delas, em qualquer lugar que não fosse um cemitério provavelmente violaria leis civis e religiosas. Contudo, eu já tinha abandonado todas as convenções sociais quando me arrastei com dificuldade pela terra procurando um lugar para entrar.

Se eu tivesse pensado um pouco antes de ir, se eu tivesse me planejado melhor, se não tivesse mentido sobre meu paradeiro para todo mundo que me conhecia na cidade, podia simplesmente ter conseguido uma chave do portão. Acima de tudo, me sentia incomodada por minha sogra não saber de nada. Ela era, afinal de contas, uma mulher com quem eu nem sempre me dera bem. Os pais de Saro tinham recusado o convite para o nosso casamento, nada contentes por ver seu amado filho se casar com uma mulher americana e negra. No entanto, agora, minha filha e eu estávamos hospedadas na casa de minha sogra, juntas, uma família em luto pelo mesmo ente querido. Talvez eu pudesse ter evitado a terra e os arranhões que certamente estava prestes a suportar. Poderia ter caminhado até aquele lugar de cabeça erguida, depois me sentar em paz sob o sol poente, os gaviões voando no alto, o zurro de uma mula a distância. Mas minha dor e meu amor não funcionavam assim — e eu tinha feito uma promessa para o amor da minha vida. Por isso, me ajoelhei, deixei a terra cobrir minha pele e rolei por baixo de uma cerca de arame farpado. Eu estava determinada a seguir do zero as últimas instruções do meu chef, na esperança de que elas pudessem me conduzir aos primeiros passos no caminho para imaginar minha vida sem ele.

Parte um

ANTES

Tutto sta nel cuminciare.
"Tudo depende do começo."
Provérbio siciliano

PRIMEIRAS VEZES

Com o passaporte na mão e já sentindo o jet lag, desci do avião em Roma e me dirigi ao setor de alfândega acompanhada de um grupo de colegas da universidade. Eu tinha vinte anos e era minha primeira vez no exterior. Meu programa de intercâmbio da Universidade Wesleyan para a Universidade Siracusa, em Florença, estava começando.

No aeroporto, entrei em contato pela primeira vez com os sons e os aromas de um café italiano. Estava repleto de clientes tomando espresso e comendo *cornetti*. Fui até o balcão, apoiei a mão no vidro morno onde os doces estavam expostos e então apontei, como uma criança, quando o barista me perguntou o que eu queria. Ergui três dedos. Três sabores de *cornetti* para viagem. Um tradicional, um com recheio de creme e outro com recheio de geleia. Ainda não sabia que existia uma versão daquele café em cada esquina da Itália, que o que eu levava naquele saquinho era tão comum quanto ketchup nos Estados Unidos ou, melhor, tão comum quanto um donut. Eu estava apenas feliz com a expectativa da primeira mordida.

A Itália nunca esteve em meus planos. Na época, eu queria mesmo era me tornar atriz profissional depois de terminar a faculdade. Desde que me entendia por gente, sempre quis atuar, ainda que, naquele momento, não soubesse ao certo como faria isso. Era um tiro no escuro. Também não planejava deixar Wesleyan e a pacata cidade universitária próxima ao rio Connecticut, mas acabei caindo de paraquedas em uma disciplina de introdução à história da arte no fim de um ano difícil como caloura. A disciplina era ministrada pelo dr. John Paoletti, um acadêmico italiano renomado que estudava a Renascença. No primeiro dia de aula, quando as luzes diminuíram no auditório e o primeiro slide apareceu na tela, um friso grego de Corinto de por volta de 300 a.C., fiquei fascinada. Dois semestres de faculdade, e finalmente tudo começava a fazer sentido. Em três semanas, defini história da arte como meu curso. No semestre seguinte, estava aprendendo italiano, um requisito para concluir a graduação. No fim do segundo ano, estava em um relacionamento morno, mas estável, com o monitor de italiano, Connor.

Connor era da Nova Inglaterra e tinha família na Itália. Certo dia, depois de virar a noite em seu quarto na cobertura da república, eu o ajudei a recolher copos de cerveja enquanto ele me ajudava com a decisão de cursar um semestre na Itália.

Ele insistiu que essa era a única maneira de ser fluente no idioma, e assim eu também teria um merecido descanso do confinamento da cidadezinha em que morava em Connecticut, além de me formar no tempo certo. Connor sugeriu que eu fosse para Florença. Tinha uma irmã lá, Sloane, que havia abandonado uma graduação na Vassar para viver na Itália. Ela era alguns anos mais velha do que eu e tinha um relacionamento de longa data com um italiano, Giovanni, que também era seu sócio. Juntos, eles abriram um bar chamado No Entry. Connor prometeu que ela cuidaria de mim. Suas instruções eram simples:

— Assim que chegar em Florença, vá até o primeiro telefone público que encontrar e ligue para Sloane. Ela vai te apresentar a cidade.

O número dela estava guardado no meu passaporte quando embarquei no avião da Alitalia em Nova York.

• • •

Como recompensa pelo jet lag, recebi novas coordenadas, um novo idioma e iguarias locais. A Itália não me decepcionou. Comi meus doces no trajeto de ônibus do aeroporto de Roma para Florença enquanto observava pela janela ciprestes, colinas e casas de campo. Foi como ver pela primeira vez um lugar que eu sentia conhecer durante toda a minha vida. Quando finalmente chegamos a Florença, sob o sol de verão do meio-dia, descemos do ônibus perto da Basílica de São Lourenço. Àquela altura, mal podia esperar para me afastar do grupo de garotas do programa de intercâmbio. Um voo transatlântico seguido de uma viagem de ônibus de duas horas foi o suficiente.

Ao contrário delas, minha intenção na Itália não era fazer compras e sair com minhas amigas de república. Não havia levado o cartão de crédito dos meus pais e não estava a fim de ter um casinho com um italiano nem de viajar para Paris uma vez por mês. Eu tinha um orçamento modesto que daria para um semestre e estava genuinamente interessada em estudar história da arte. Mas também queria mais de minha estada de três meses — havia em mim um anseio que eu ainda não conseguia colocar em palavras.

Depois de pegar minha bolsa do compartimento de bagagem do ônibus, nosso grupo foi dividido e levado para várias *pensioni* perto da estação de trem, onde passaríamos uma noite ou duas até que tivéssemos sido designadas às famílias italianas que receberiam cada uma de nós. Depois de subir três lances de uma escadaria de pedra estreita até meu quarto, que seria dividido com mais duas pessoas, meu primeiro feito foi pôr a mala no chão e entrar na fila para usar o telefone na entrada. Fiz como todas as outras garotas: liguei para casa. Para minhas duas casas, na verdade — primeiro a de minha mãe e depois a de meu pai —, para dizer que tinha chegado bem. Depois, liguei para Sloane.

— *Ciao*, Tembi! — Ela falava como se tivéssemos acabado de nos encontrar para um aperitivo. — Connor me disse que você ligaria. Onde está?

— Em um hotel perto da estação. — Eu não disse que estava numa *pensione* porque não sabia se pronunciaria direito o italiano.

— Vou buscar você — disse ela com um sotaque da Nova Inglaterra misturado com a cadência italiana. No mesmo instante, soube que ela era mais europeia do que eu jamais seria. — Vamos sair para jantar. Preciso estar no centro da cidade hoje à noite a trabalho. Pego você às oito.

Era pouco depois do almoço quando desligamos o telefone, até onde meu jet lag conseguia identificar. Eu tinha tempo suficiente para tirar um cochilo, tomar banho e depois me arrumar para meu primeiro jantar italiano de verdade. Quando todas as outras começaram a combinar de explorar juntas a área próxima ao hotel ou talvez comer alguma coisa, recusei suas ofertas de me juntar a elas.

— Uma amiga vem me buscar mais tarde — expliquei.

Era o tipo de comentário arrogante que não me ajudava muito a fazer novos amigos.

Sloane chegou à *pensione* às oito e quarenta e cinco em um velho Fiat Cinquecento branco-azulado. Era um carro que eu tinha visto apenas em *Os Boas-Vidas*, um filme que assisti em minha aula de cinema neorrealista italiano. Ela estacionou, saltou do banco do motorista e veio me abraçar. Pelo visto, éramos amigas que não se viam há muito tempo, morrendo de saudade uma da outra. Seu cabelo castanho-avermelhado caía em ondas sobre a clavícula bronzeada. O sorriso de Sloane era tão vibrante e ousado quanto seu vestidinho florido pastel Betsey Johnson, mas era de suas pernas compridas que eu não conseguia tirar os olhos. Soube por Connor que ela havia estudado teatro na graduação, e isso fazia todo o sentido pela maneira como se portava, como se estivesse entrando e saindo de cena. Ao seu lado, de calça jeans da GAP, camiseta de gola V e botas, um *look* que parecia tão descolado enquanto eu andava pelo gramado da Wesleyan, eu me sentia desengonçada.

— Entre aí — disse ela, depois de me abraçar.

Abriu a porta do lado do passageiro e passou por cima do câmbio para se sentar no banco do motorista. No processo, atirou a bolsa de couro com franjas no banco de trás. Depois pareceu mudar de ideia: pegou-a de volta, colocou-a no colo e tirou um baseado de dentro.

— Quer?

— Não, obrigada.

Parecia que ela já tinha dado uns tapas; havia marcas de batom na seda.

— Mais tarde, então, temos tempo. — Ela ligou o motor. — Vamos nos encontrar com meus amigos perto de San Casciano primeiro, jantar na casa deles. Ele é pintor, ela faz as cortinas para Luisa. Depois vamos para o bar.

Ela puxou um longo trago e apagou o baseado no assoalho do carro.

— Coloque lá atrás — disse ela, me entregando a bolsa. — A sua também — acrescentou, levantando minha mochila do meu colo.

Eu obedeci, e partimos com o vento de verão entrando pelas janelas abertas do carro. Ela nos conduziu por um labirinto de ruas atemporais e travessas estreitas de paralelepípedo iluminadas por postes de luz amarelada. Coloquei a mão para fora e Florença correu por entre meus dedos.

Quando enfim chegamos à casa de Massimo, em uma área campestre próxima à casa onde Nicolau Maquiavel havia passado a infância, eu estava ansiosa e enjoada por causa da viagem.

— Algum deles fala inglês?

— Mais ou menos, mas posso traduzir. Vamos lá.

Ela abriu a porta da frente, que estava destrancada, e imediatamente entrou na casa como um furacão, seguindo o som do jazz e das conversas que pareciam vir de algum lugar no primeiro andar.

Eu a seguia, tímida e atordoada com tudo o que estava vendo. Tive certeza de que estava em um set de filmagem da Merchant Ivory. Chão de pedra, tapetes sofisticados, estantes de mogno. Sloane virou-se para trás e me pegou pela mão pouco antes de chegarmos ao terraço ao ar livre, onde cerca de doze italianos estavam reunidos em duplas ou trios. A conversa em cada um dos grupos parecia íntima e teatral, todas acontecendo por trás de uma cortina de fumaça de cigarro.

Sloane apertou minha mão e se aproximou para sussurrar:

— Vou pedir para Massimo nos mostrar a coleção de arte dele antes de sairmos.

Ansiosa, ajeitei a parte de trás da minha camiseta. Me sentia envergonhada e não consegui pensar no que responder.

— Ele tem um Picasso no quarto.

Depois de dizer isso, ela me arrastou para o meio do terraço.

— *Eccola, Tembi! Un'amica americana.*

Então ela me deu um beijo teatral na bochecha, deu meia-volta e me deixou sozinha. Tinha mesmo gente cheirando fileiras de cocaína em cima de uma mesinha rústica?

Eu me aproximei para tentar participar da conversa do grupo absurdamente cosmopolita e boêmio. Sabia o suficiente para recusar a droga e acabei não pedindo para ver a obra de Picasso. Para ser sincera, não sabia como fazer isso e não estava pronta para pedir a um homem que tinha acabado de conhecer para me levar a seu quarto. Ainda assim, mesmo sob a névoa do jet lag, uma versão minha que eu ainda não conhecia começava a surgir. Fui contagiada pela energia da noite e prometi ali, naquele momento, que iria curtir o inesperado. Minha nova versão mergulharia de cabeça na aventura. Eu estava aberta para coisas boas e ruins, para o que viesse. Estava vulnerável como um ovo fora da casca, mas, mesmo assim, animada. Sloane daria o caminho das pedras e eu seguiria — dentro dos limites do razoável. Já gostava da sensação que o novo país deixava em minha pele, de seu idioma criando raízes em minha boca. E, ao longo da noite, à medida que tentava me virar com meu italiano básico, parei de corar e fui ficando cada vez mais confiante a cada conversa. Em um dia, a Itália já estava me fazendo sentir mais confortável. Minhas expectativas eram baixas. Afinal, dizia a mim mesma, eu só ficaria lá por alguns meses. Dando uma olhada naquele terraço, não imaginava que nenhuma daquelas pessoas fosse se tornar uma amizade para toda a vida. A Itália era apenas uma aventura rápida, um ponto fora da curva. O interlúdio perfeito.

Acordei na manhã seguinte no meu quarto na *pensione*. Olhava para o teto e pensava seriamente em me beliscar. O cheiro do café da manhã subia até o quarto, assim como o tilintar das xícaras contra os pires, das colheres contra a porcelana, dos pratos sendo empilhados, o aroma dos doces frescos. Eu estava maravilhada. Mal podia esperar para começar um novo dia.

Dois meses depois, eu estava limpando o banheiro do No Entry, o bar de Sloane, quando ela chegou. O estabelecimento ficava no coração do centro histórico de Florença, perto da piazza Santa Croce e pertinho do rio Arno. Como sempre, ela deu um pulo lá à tarde e me encontrou segurando um esfregão e escutando Billie Holiday na caixa de som. Minha amiga se tornara minha chefe, por isso eu estava limpando o bar. Apesar de minhas promessas de ser disciplinada, em seis semanas já havia gastado o que juntara para um semestre inteiro. O dinheiro se transformou em cintos, bolsas, jantares e viagens de fim de semana a Roma e Stromboli. Estava totalmente sem grana, mas me recusava a pedir mais a meus pais. Assim, limpava os banheiros do No Entry por fora, antes ou depois das minhas aulas.

— Precisamos de vodca! — declarou Sloane, jogando fora uma tigela de cerejas marasquino do dia anterior.

O estoque do bar estava baixo. De repente, ela decidiu que deveríamos largar tudo e ir para outro bar, o MI6, naquele mesmo instante. Era amiga do proprietário e eles emprestavam coisas um para o outro quando estavam com pouca bebida. O MI6 ficava a apenas alguns quarteirões de distância e aparentemente estava com o estoque de vodca abastecido. Além disso, era certo que seu contato de baseados estaria lá. Ela já andava rápido, mas a ideia de fumar à tarde deixou seu ritmo muito mais acelerado. Fui atrás, correndo para acompanhar suas longas passadas estimuladas pela urgência em comprar maconha. Eu não curtia drogas, mas em Florença estava tentando me abrir para as mais leves. *Um baseadinho ou outro não vão fazer mal, Tembi. Para de ser careta.* Imaginava que Sloane já devia ter usado de tudo, e era exatamente o que eu estava pensando quando viramos a esquina na via dell'Acqua e topei de frente com um rapaz.

— *Mi scusi* — balbuciei.

Por ironia do destino, Sloane o conhecia, lógico. Ela conhecia todo mundo. E ela o apresentou: Saro.

— *Ciao, mi chiamo Tembi. Sì, Tem-bi* — expliquei com meu italiano básico.

Não soava natural, como se eu não tivesse certeza de como as palavras estavam saindo. O que me salvava era que meu sotaque não era tão horroroso assim, além do fato de eu conseguir dizer meu nome com certa facilidade.

— *Sono Saro. Tu sei americana?* — perguntou ele, sorrindo.

Ele vestia uma jaqueta de couro preta e calça branca. *Em pleno outono*. A jaqueta estava aberta e, por baixo, havia uma camiseta branca com a palavra DESTINO, em inglês, em letras laranja bem no meio do peito. A estampa era uma mistura de grafite com figuras aleatórias, incluindo um foguete, uma fatia de pizza, uma ameba, uma guitarra, uma constelação e o número oito flutuando aleatoriamente em tons de azul e amarelo. Era como se ilustrasse o inconsciente de alguém. Eu esperava que não o dele. Por que os italianos usavam camisetas com palavras em inglês aleatórias? Desviei o olhar, não sem antes ver seus sapatos: botas pretas de cano alto. Me fez pensar em elfos na hora.

Olhei para ele e sorri.

— *Sì, sto studiando la storia dell'arte*.

E pronto, gastei todo o meu italiano. Então deixei Sloane continuar a conversa sem mim. Estávamos em frente ao Vivoli, que, segundo me disseram, tinha o melhor gelato de toda a Toscana. Eu me virei para dar uma olhada nas pessoas que entravam e saíam, e foi quando me virei de volta que realmente prestei atenção em Saro. Qualquer um o acharia bonito. Mas a maneira como ele olhava para mim me fez pensar, de repente, que eu deveria ter colocado um sutiã melhor. Seu olhar era sério e atento. Fazia com que eu ficasse consciente da minha respiração e me fez prestar atenção em suas sobrancelhas e no comprimento de seus cílios. Precisei me concentrar para entender o que estavam falando. Entendi ele dizer para Sloane que estava saindo do trabalho no Acqua al 2, um restaurante popular entre locais e turistas a menos de um quarteirão de distância. Saro era chef. Um homem atraente de cabelo preto, olhos castanhos e pele cor de oliva em um país cheio de homens atraentes de cabelo preto, olhos castanhos e pele cor de oliva. Mas esse foi o que mexeu comigo.

Nas semanas seguintes, ele fez questão de ir ao No Entry todas as noites depois do trabalho. Nós ficávamos conversando por uns vinte minutos. Ele se reapresentava a cada noite, o que eu adorava. Saro me contou que havia nascido na Sicília, era filho de agricultores e tinha vivido brevemente em Buffalo, Nova York, para onde a família se mudara em sua adolescência. Os Estados Unidos não tinham dado certo para eles, então retornaram à Sicília. Um ano depois, ele saiu de casa para estudar tradução na Universidade de Florença e, ao fazê-lo, quebrou uma linhagem de agricultores na família que vinha de séculos. Depois de dois anos de estudos, desistiu do curso e acabou começando a trabalhar como aprendiz de chef de cozinha. Conversamos o bastante para que eu percebesse que ele era atencioso, gentil e esforçado. Várias vezes, após nossas conversas, ele me convidava para jantar. E todas as vezes eu respondia "claro, claro, quem sabe um dia", de forma evasiva.

Saro, com toda a sua desenvoltura, amabilidade e beleza, não era meu tipo de homem, fosse nos Estados Unidos, fosse na Itália. Ele era muito disponível, muito simpático, e o meu tipo era distante, indisponível e complicado. Depois de vários casinhos no campus que não deram em nada, eu não estava procurando nada sério. Precisava me concentrar nos estudos, não em homens. Mas era mais fácil falar do que fazer.

Na verdade, o primeiro cara com quem me envolvi na Itália era da ilha de Stromboli, na costa da Sicília. Onde eu estava com a cabeça quando decidi dormir com alguém de uma ilha minúscula durante a baixa temporada, quando a única balsa que voltava para o continente partia a cada cinco dias? Bom, digamos apenas que não foi uma decisão lá muito sábia. Fiquei quatro dias evitando os habitantes locais e o meu novo *amico*, Rocco, que queria me mostrar o *vulcano* da ilha só mais uma vez. Eles tinham nomes para garotas como eu lá no Texas, mas "idiota" não era um deles.

Para o segundo cara, dei o apelido de "Il Diavolo". Ele era a combinação perfeita de todos os estereótipos do homem italiano — bonito, atencioso, alérgico a monogamia. Trabalhava com construção civil, restaurando *palazzi* do século XV no centro histórico de Florença. Era prepotente, arredio, um mestre dos joguinhos e não falava uma palavra de inglês. Mas tudo bem, porque meu interesse não era no diálogo. Tudo durou algumas semanas, no máximo. Contudo, quando ele terminou comigo, foi como se eu tivesse sido atropelada por um caminhão. Eu sabia que aquilo não tinha futuro, mas, sempre que o via, de alguma forma acabava em sua cama. Ele era como uma pizza de criptonita, meu ponto fraco pessoal.

Eu não tinha a intenção de sair com o chef da jaqueta. No entanto, toda vez que o via, sentia algo diferente. Tentei me manter firme no campo da amizade — nada de sexo —, até que, certa noite, não consegui mais.

David Bowie cantava "Rebel Rebel" enquanto eu ia do balcão até meu lugar, passando pela multidão de boêmios florentinos, estudantes de doutorado europeus e imigrantes norte-africanos que lotava o No Entry naquela noite. A fumaça de maconha e haxixe barato enchia o ar e fazia com que eu me sentisse em um remake de *Scared Straight!*. Meus olhos ardiam e minhas roupas estavam fedendo. Quando sentei, balancei meu terceiro uísque sour e cantei para mim mesma "*Rebel, rebel, you've torn your dress. Rebel, rebel, your face is a mess*". Então senti alguém tocar em meu ombro.

— Venha aqui fora, tenho uma coisa para você.

Ao virar, me deparei com Saro. A luz neon do letreiro do bar deixava o cabelo dele com uma aura avermelhada. *Nossa, talvez eu devesse ter parado no segundo drinque.*

— Que horas são? — perguntei.

— Uma da manhã — respondeu ele.

Sua pele brilhava. Senti vontade de tocá-la. Em vez disso, olhei para baixo. Ele ainda estava com a calça do uniforme de chef e mais uma vez usando aquelas botas peculiares.

— Na verdade, preciso ir. Tenho aula de manhã na Uffizi.

Virei o último gole e me levantei. Minhas pernas bambearam. De repente, me ocorreu que eu parecia o clichê da garota americana em Florença — comprando compulsivamente, enchendo a cara de Chianti e passando de um casinho italiano para outro, tudo sob o pretexto de estudar a Renascença. No fundo, sabia que aquele não era o foco. Eu não tinha ido para Florença para passar as noites vomitando e os dias de ressaca na aula. Tinha a sorte de estar vivendo o sonho europeu de cultura, arte e novas ideias, mas estava fazendo isso sob uma onda de uísque barato.

Senti que uma dor de cabeça se aproximava. Então tentei ir para a saída, perdi o equilíbrio e tive que me apoiar nos ombros de Saro. Foi quando notei suas bochechas ruborizadas e a falta de fôlego.

— Estou indo embora, pode sentar aqui. — Eu sou o auge da educação quando estou meio alta.

— Não precisa — disse ele, abrindo o zíper da jaqueta.

Seu pescoço também estava corado. Era a primeira vez que eu via um resquício de pelos na altura da clavícula dele. Me perguntei como seria seu peito.

— Vim correndo para cá na esperança de que você ainda não tivesse ido embora.

Ele tinha acabado de dizer "na esperança"? Minha própria língua nunca me pareceu tão bonita. Sem pensar muito, dei dois beijos nas bochechas dele, meu "oi" e "tchau" italiano. Mas cambaleei e, no processo, me apoiei contra seu ombro por um segundo que acabou se estendendo. Ele cheirava a fumaça, azeite e alho. Inspirei profundamente. Era uma combinação salgada e sedutora, e levei um momento para me recuperar.

— Venha aqui fora, vai ser rápido. Quero fazer uma surpresa para você.

A língua deveria sempre soar daquela forma. Deixei que ele me guiasse.

Quando saímos, uma rajada de vento me deixou imediatamente sóbria. Pisquei algumas vezes tentando enxergar contra o vento; de repente tudo entrou em foco e pareceu muito nítido. As sombras se alongavam à luz amarelada da rua. Ali do lado de fora, encostada à parede de pedra, estava uma bicicleta. Era de um vermelho brilhante e tinha uma cesta e um sino.

— Para você. Você disse que precisava de uma bicicleta para andar pela cidade. É melhor do que o ônibus, né? — disse ele, me entregando a chave de um cadeado grande demais. — Foi o que consegui encontrar assim, em cima da hora.

Fiquei ligeiramente boquiaberta.

— Não, não posso aceitar.

Eu, no entanto, a queria tanto que precisei me segurar para não gritar ali na calçada e acordar todos os vizinhos. Nenhum homem jamais tinha prestado atenção quando eu disse que precisava de alguma coisa e aparecido com ela dias depois. Então, outro pensamento surgiu: *quando a esmola é demais, o santo desconfia.*

— Quanto custou? Vou pagar a você.

Alcancei minha bolsa *tote* de costura dupla pela qual paguei uma pequena fortuna na primeira semana em Florença. Eu a adorava, embora ela só tivesse espaço para uma escova de cabelo, uma cópia de meu passaporte, um batom e uma embalagem amassada do chocolate Baci Perugina com a seguinte citação de Oscar Wilde: "Amar a si mesmo é o início de um romance para a vida toda."

— Seria uma ofensa ser pago por isso. É um presente. Leve a bicicleta para casa.

Se você não pagar agora, terá que pagar depois. Merda.

— Por favor, me deixa te pagar alguma coisa. É um costume americano. E se nós racharmos? — Ele não entendeu o que eu quis dizer. — Que tal se eu pagar trinta mil liras?

Era tudo o que eu tinha na carteira. Mesmo bêbada, sabia que era cerca de dezoito dólares, considerando a melhor taxa de câmbio. A oferta era insignificante, quase um insulto, mas eu não me importava.

Por dezoito dólares, deduzi que ficaria de consciência limpa e teria uma bicicleta novinha em folha. Então, como se tomada pelo senso moral que aprendi com minha avó, no Texas, acrescentei:

— Só vou aceitar se for assim.

— *Va bene* — aceitou ele da maneira casual que os italianos cedem e desistem de uma discussão. — Mas pelo menos me deixe acompanhar você até em casa. Está tarde. Estou com a minha vespa, posso ir a seu lado para garantir que chegue em segurança.

Eu me senti derreter por dentro, ruborizada pelo álcool e pela euforia. A barra da minha calça enroscou no pedal da bicicleta quando tentei subir. Não estava em posição de negar ajuda; o pico de adrenalina e álcool deixava isso claro.

— Está morando com uma família perto do estádio, não é? — Ele realmente prestava atenção em nossas conversas.

Andamos pelas ruas de Florença em silêncio. Passamos pelo *David* de Michelangelo e *Judite e Holofernes*, de Donatello, e nossa sombra dançou no rosto do general. Um passeio noturno de bicicleta pelo centro de Florença com um chef italiano a meu lado. Eu não esperava tanto de meu semestre de intercâmbio, mas talvez, lá no fundo, era o que tinha esperança de que acontecesse. Queria me beliscar, mas não faria isso. Aquilo era bom demais para ser verdade, Saro era bom demais para ser verdade. Esse sopro de romance italiano iria cessar a qualquer momento, sabia que sim. Não confiava no que parecia fácil demais. Eu certamente não confiava no amor ou em mim com o amor.

Quando viramos na viale Alessandro Volta, a avenida que dava para a casa da minha família anfitriã, fiquei assustada. Estava me apaixonando por ele.

— Posso ir sozinha agora. Obrigada pela bicicleta. Nos vemos por aí.

Com isso, saí pedalando o mais rápido que consegui sem nem ao menos um aceno de despedida. Não me atrevi a virar para dar uma última olhada em Saro. Eu era capaz de estragar as coisas até na cidade mais romântica do planeta.

• • •

No mês seguinte, passei a ir embora do No Entry antes de o restaurante de Saro fechar, evitando, assim, reviver o constrangimento que criei entre nós na noite da bicicleta. Também fechei a cortina no terceiro e último ato do meu drama lírico com "Il Diavolo". Ele havia me trocado por outra americana, que tinha um cabelo preto comprido e o cartão de crédito do pai. Escrevi trabalhos sobre a picuinha artística entre os Médici e o papa Leão X e me mudei para um apartamento com uma americana e uma canadense, além de um DJ italiano irritante com quem a canadense dormia. Eu me sentia ao mesmo tempo entusiasmada, perdida, encantada e um pouco irritada com minha nova vida em Florença.

Uma semana depois do ano-novo, em um dia claro de inverno, encontrei Saro de novo na rua. Quando vi seu rosto, uma luz se acendeu dentro de mim. Tinha, enfim, me rendido ao fato de que não podia estar sempre na defensiva quando se tratava do amor — o que eu não deveria fazer, que regras precisaria seguir. Nada disso havia funcionado para mim. Comecei a pensar que precisava estar aberta, viver de forma tão espontânea, corajosa e intuitiva quanto a mulher que tinha escolhido ir para a Itália, para começo de conversa. Algo dentro de mim disse: *Você está no lugar mais romântico do mundo. Se não for agora, quando vai ser? Aceite o amor.* Sem hesitar, o abracei no estilo americano e perguntei:

— Quer sair comigo?

Sua expressão era acolhedora e aberta. Pela primeira vez, percebi seu leve sorriso. Saro esteve sempre ali bem debaixo do meu nariz.

— *Sì*, lógico. Estou de folga amanhã. — Era tudo muito simples com ele. — Um amigo está editando um filme em um estúdio perto do Duomo. Você gosta de cinema e atuação, não gosta? Quer passar na sala de montagem e depois sair para almoçar?

Eu também tinha contado que sonhava em ser atriz?

— Gosto, sim. Cinema também faz parte do meu curso nos Estados Unidos.

— Encontro você na piazza del Duomo amanhã de manhã às onze?

Então, ele foi embora em sua vespa e eu continuei imóvel, observando-o atravessar a ponte Vecchio e sumir na multidão.

No dia seguinte, nevou em Florença pela primeira vez em mais de uma década. Estacionei a bicicleta vermelha na piazza del Duomo, peguei a mochila na cesta de vime e fui até os degraus da catedral. Naquela manhã, a cidade estava em um estado de maravilha e euforia. As crianças, fascinadas com os grandes flocos de gelo, erguiam a cabeça para o céu de boca aberta enquanto os pais entravam e saíam de cafés, parecendo incrédulos com a neve. De gorro para se protegerem das rajadas gentis, os florentinos deixavam rastros de lambreta nas ruas de paralelepípedo. Até os ônibus demoravam mais tempo para deixar os passageiros subirem e descerem, e os vendedores ambulantes haviam sumido em busca de abrigo.

Nas escadas do Duomo, parei em frente às grandiosas portas da catedral de bronze de Ghiberti e esperei Saro. Atrás de mim, as figuras em relevo do Antigo Testamento pareciam ainda mais estoicas e atemporais à medida que a neve cobria suas formas congeladas. Prestei atenção em como ela caía e se derretia nas minhas botas. O frio dos degraus de mármore penetrava na sola do meu pé, e eu me sentia descalça. O relógio bateu as onze horas. Saro estava atrasado.

Às onze e quinze, meu gorro e meu casaco já estavam encharcados. Claro que eu havia seguido à risca o horário combinado. Não aprendi nada na Itália? A pontualidade não era exatamente importante, os horários eram sempre aproximados. Vasculhei a bolsa em busca de algo para comer. Olhei para as pessoas sentadas em lugares quentes, tomando capuccinos e espressos. Comecei a me perguntar se esse encontro iria terminar como os romances nada perfeitos que tive desde minha chegada ao país, meses antes. Só de pensar nisso, senti vontade de subir na bicicleta e voltar para o meu apartamentinho novo na piazza del Carmine.

Vinte minutos era mais que eu conseguia aguentar naquele frio — mesmo em um ponto turístico de cartão-postal. Não ia ter aula naquele dia, mas tinha um pouco de bom senso. A última coisa de que precisava era pegar pneumonia enquanto esperava por alguém que obviamente não viria. Assim sendo, fechei mais o casaco e tentei lembrar onde tinha guardado as luvas que minha avó enviara do Texas. Levei as mãos à boca e as assoprei para aquecê-las. Depois desci as escadas, dois degraus de cada vez, de volta para a minha bicicleta. *Que tipo de cara dá uma bicicleta de presente para a pessoa e depois desaparece no primeiro encontro?*

Tentando enxergar na neve, pedalei de volta até meu apartamento, seguindo o Arno, pensando no que poderia ter acontecido.

Uma hora depois, olhei pela janela da cobertura na piazza del Carmine. Era tarde para tomar café da manhã, o único tipo de comida que tínhamos em casa, e eu estava preocupada demais para sair e almoçar. Queria esperar a ligação de Saro. Sabia que ele ligaria, colocaria a mão no fogo por isso. Eu sentia que o conhecia. Bom, talvez não o *conhecesse* de fato, mas o suficiente para saber que algo sério devia ter acontecido para justificar sua ausência.

O telefone tocou. Corri a toda a velocidade para ser a primeira a chegar ao aparelho comunitário fixo no pilar central da sala.

— *Mi dispiace*. Por favor, me desculpe. — A voz de Saro era aflita, urgente.

— O que aconteceu?

Silêncio.

— Eu perdi a hora. — Então veio uma metralhadora de palavras. — Robert Plant esteve no restaurante ontem à noite. Cozinhei para ele e a banda depois do show. Eles ficaram até as duas da manhã, cheguei em casa só às três. Sinto muito. Você gostaria de me encontrar de novo no centro? Ainda podemos almoçar, não?

— Tenho aula daqui a uma hora e meia. Acho que não — menti. Não sabia exatamente por quê, exceto que a ideia de voltar para o frio não me animava. Talvez eu quisesse que ele viesse até mim.

— Posso levar você e depois ficar esperando.

— Não precisa.

Me arrependi da mentira anterior. Eu já não tinha sido difícil o suficiente com aquele cara?

— Então vá ao restaurante à noite. Posso cozinhar para você. — Antes que eu respondesse, ele continuou, a voz sentida e sincera. — Por favor, vá. Leve um amigo, se quiser. Vai ser um prazer. — Ele ficou em silêncio por um instante. — Acho que podemos viver algo incrível juntos.

Eu nunca tinha ouvido nada parecido. Aquelas cinco palavras, "podemos viver algo incrível juntos", me balançaram como um vendaval. Ele invocou a visão de um *nós* grandioso, de forma tão natural que, de repente, a ideia pareceu tão perfeita quanto manteiga no pão. Sua ousadia e sua certeza me desnortearam. Ele estava me convidando a ver algo em meu futuro que, até aquele momento, eu nem sabia que queria. Enquanto a ficha caía, percebi que não tinha mais volta. Lógico que eu queria viver algo incrível, e talvez, com ele, eu conseguisse.

— *Va bene* — respondi baixinho, secretamente exultante pela ideia de que meu destino grandioso poderia estar prestes a começar com um ótimo jantar.

O Acqua al 2 estava lotado naquela noite. As pessoas se aglomeravam do lado de fora, aguentando o frio à espera por uma mesa. Esperei perto da multidão, procurando Caroline e Lindsey, minhas colegas de intercâmbio. Aceitei a sugestão de Saro e as convidei, em parte porque não queria jantar sozinha, mas também porque queria saber o que elas achavam de Saro.

Lindsey era da faculdade Mount Holyoke. Jogava lacrosse, tinha um corpo esguio e cachos vermelhos que, segundo ela, eram seu "afro irlandês". Ela foi a primeira a chegar.

— *Qué pasa, chica?*

Ela arranhava um italiano balbuciante, então costumava usar sua outra língua estrangeira padrão, o espanhol, para se virar. Era ao mesmo tempo bem ruim e uma tentativa anglo-saxã desesperada, mas ela parecia feliz por pelo menos estar falando uma língua estrangeira.

— Caroline provavelmente vai se atrasar. Está vindo a pé do outro lado dos Jardins de Boboli. Você sabe, ela tem medo de pegar o ônibus à noite.

É claro, como eu esqueceria? Caroline era uma devota metodista do Sul que rezava toda vez que entrava no transporte público italiano. Ela quase tinha falado diretamente com Deus no trajeto de lancha de três horas que fizemos para chegar a Stromboli. É claro que ela chegaria atrasada.

— Vamos! — chamei, me virando para a luz que vinha do restaurante.

Depois de passar pela porta estreita, fui falar com a hostess. Saro tinha me dito para procurar por ela, Lucia.

— *Mi scusi.*

Ao me ver, ela saiu depressa de trás do balcão. Seu sorriso lembrava o de um gato depois de pegar um pássaro.

— *Sei la Tembi, no? Vieni.* Vem.

Ela segurou meu rosto com as duas mãos e me deu dois beijinhos nas bochechas. Pelo visto eu não precisaria me apresentar. Depois, ela me pegou pela mão e me levou até o centro do salão. Lindsey nos seguiu.

Uma loira bronzeada de traços romanos, calça jeans apertada, voz rouca e risada contagiante, Lucia era proprietária e hostess do Acqua al 2 e orquestrava o restaurante como uma maestrina. Segurando firmemente minha mão, ela nos conduziu até a nossa mesa.

— *È lei!* É ela! — declarou, e então segurou meu rosto de novo. — Saro separou uma mesa para você. Entende meu inglês, não? Vou buscar vinho na adega, *la cantina*.

Lucia apontou para uma escada estreita de paralelepípedos do lado oposto do salão e me deu outro beijo. Em seguida, se afastou de repente e nos deixou ali, no meio do restaurante. Foi como estar de volta à casa de campo naquela primeira noite em Florença.

Eu tinha sido colocada no centro do palco sem saber exatamente o que fazer.

Ali, no salão principal, entendi por que os turistas gostavam tanto do Acqua al 2. O cardápio e a inconfundível hospitalidade italiana eram apenas duas das razões. O salão tinha uma iluminação intimista e acolhedora e as mesas retangulares de madeira espessa eram separadas em conjuntos com bancos almofadados ao longo das paredes. Era o tipo de lugar onde estrelas emergentes do cinema italiano, músicos independentes, políticos de esquerda e artistas veteranos jantavam ao lado de turistas. As conversas aconteciam sobre pratos de dar água na boca enquanto garrafas de vinho — Montepulciano e o Chianti clássico, Tignanello aveludado e garrafas compridas de Moscato — eram levadas de um lado para outro com agilidade. Era um lugar para se divertir, para beber e para se estar. Os jogos de mesa de papel, marca registrada do Acqua al 2, haviam sido criados por um cartunista famoso. Neles, havia a ilustração de um garçom servindo um prato de massa fumegante para um casal que jantava em um palco barroco. Acima da cortina do palco, lia-se: "O amor que nasce no teatro nunca acaba." Eram mil e duzentos metros quadrados de charme florentino contido entre paredes decoradas com afrescos, um teto abobadado e arcos do século XV.

De meu lugar no centro do palco, pude ver Saro se movimentando como um mago atrás de uma névoa de calor, orquestrando uma algazarra de panelas, ditando o ritmo e fazendo mágica acontecer na cozinha apertada e quente do Acqua al 2. À primeira vista, a cozinha parecia a caverna de Aladdin. Saro usava uma camiseta branca, um avental que ia até os pés, sapatos brancos e bandana vermelha. James Brown cantava "This is a man's world" de uma caixa de som ao fundo. Saro me viu, sorriu e fez um sinal de que estava vindo para dizer oi.

— Acho que ela transou com ele.

Caroline finalmente tinha chegado e Lindsey a atualizava sobre os acontecimentos enquanto nos acomodávamos em nossa mesa de canto na cantina, no andar de baixo.

— Não é da nossa conta.

Mas eu sabia que Caroline achava que Saro era, sim, de sua conta. Ela era da Universidade Metodista Meridional, uma típica beldade do Sul. Escrevia cartas de amor todos os dias para o namoradinho com quem estava desde o colégio e adorava usar roupa xadrez. Tudo indicava que ela me achava uma devoradora de homens promíscua que ainda não tinha encontrado Jesus. Eu tinha certeza de que ela orava por minha salvação desde o momento em que chegamos em Stromboli e Rocco me deitou nas areias vulcânicas. Mas eu também desconfiava de que ela era do tipo que conseguia identificar um bom partido a quilômetros de distância. Dado meu histórico em Florença, sua opinião valeria o aborrecimento de aguentar evocações de Deus, Nosso Pai e Senhor até nas conversas mais mundanas.

— Não transei, não — insisti.

Elas não pareceram acreditar.

— Onde conseguimos um cardápio? — perguntou Lindsey quando viu um garçom trazendo várias travessas para uma mesa próxima.

Antes que eu pudesse responder, Lucia estava à mesa abrindo uma garrafa de vinho branco.

— *Cominciate col vino bianco*.

Ela desapareceu tão depressa quanto nos serviu. Quando voltou, trazia um único prato do que parecia ser risoto verde. O aroma me atingiu antes que meus olhos conseguissem processar o que eu estava vendo. O cheiro era natural, cremoso e amadeirado, com um toque de menta.

— *Risotto con sugo verde* é o primeiro prato. Saro faz amostras do cardápio. *Tutto menu*. Inteiro. — Adorei a forma como Lucia repetia os termos para se fazer entender. Ela pousou a travessa na mesa suavemente. — Este é o primeiro. *Buon appetito*.

E com isso a mulher desapareceu como uma Merlin italiana. O feitiço havia sido lançado, e eu ainda nem tinha começado a comer.

Levei o garfo à boca e mergulhei no que só pode ser descrito como o paraíso em forma de comida. Nada em meu repertório de arroz tinha me preparado para aquilo. Cada grão era macio, mas firme no meio, e derretia na boca.

— Caramba, isso aqui está muito bom. — Lindsey foi a primeira a falar, de boca cheia. — Como conheceu esse cara mesmo?

— Ele é o ladrão de bicicleta, lembra?

Era o apelido que eu tinha dado a Saro em homenagem ao meu filme favorito do neorrealismo italiano. Era também uma referência ao comércio clandestino de bicicletas em Florença. Descobri que minha bicicleta vermelha e brilhante com direito a uma cesta e um sino, o presente que mudou os ares de minha amizade com Saro, era, provavelmente, roubada. Saro tinha comprado uma bicicleta barata, como todos faziam em Florença, e então me alertou para sempre deixá-la presa. Ele também me disse que, se a bicicleta sumisse, procuraria por ela na cidade e a compraria de volta.

— Acho que você deveria pensar em conhecer melhor esse homem, mesmo que ele tenha roubado uma bicicleta — disse Caroline, pegando os últimos grãos de risoto do prato.

— Ele não roubou a bicicleta! Ele *comprou*.

— Como você tem certeza? — perguntou Lindsey com uma piscadinha. Ela adorava a ideia de que os homens italianos tinham uma predileção pelo perigo.

— Porque ele me disse.

Eu estava tentando disfarçar a irritação ao ver Caroline pescando os últimos grãos do risoto. Quando o prato estava vazio, ela lambeu os lábios com muita satisfação e, ouso dizer, sensualidade. Semicerrou os olhos azuis e soltou um "hummmmm" enfático. Parecia uma pecadora que tinha acabado de ser salva pela palavra. Era nítido que o risoto de Saro foi, para ela, o equivalente culinário à salvação. Depois dele, ela emanava o brilho de um novo convertido. Não me surpreenderia se ela dissesse um "aleluia".

— Seria muito ruim pedir mais? — disse ela, bem-humorada.

— Talvez você pudesse pedir a Lucia outro prato só para você.

Para mim, as últimas garfadas são as mais importantes. Dividir o risoto de Saro com ela, de repente, estava me deixando possessiva.

Ela havia devorado sem o menor pudor o restante da criação sofisticada daquele que poderia ser meu futuro namorado chef.

Lucia ia e voltava de nossa mesa, com amontoados de pratos de *strozzapreti* com chicória vermelha abraseada e molho mascarpone; fusilli ao molho de pimentão assado; nhoque com gorgonzola em uma redução de martíni branco com raspas de queijo parmesão envelhecido. Comecei a perceber que Saro estava falando diretamente comigo. Cada prato era uma carta de amor comestível: suculenta, saborosa. No terceiro e quarto pratos, eu já tinha aceitado que aquele chef com botas de elfo estava fazendo amor comigo e nós nem sequer tínhamos nos beijado.

Quando o jantar terminou, eu estava em êxtase. Completamente satisfeita, zonza e entusiasmada com a possibilidade de que Saro fosse o tipo de cara para namorar. Por um breve momento, considerei acender um cigarro, embora nunca tivesse fumado na vida.

Caroline e Lindsey foram embora por volta das onze. Lucia chamou um táxi para elas porque Caroline não estava em condições de voltar para casa a pé. E Lindsey... Bem, Lindsey estava alta depois de três doses de vinho de sobremesa. Ela fez questão de se despedir de todos no Acqua al 2 ao ir, acenando entusiasticamente.

— *Adiós, muchachas*. Eu adoro tiramisù — disse ela, quase tropeçando na base da escada. — Eu voltarei, *mis amigos*.

Ela e Caroline se foram e eu fiquei sozinha na cantina. Não demorou para que Lucia aparecesse a meu lado com seu sorriso felino e outra garrafa de *vin santo*. Ela obviamente queria dizer alguma coisa.

— *Sei americana, no?*

Os florentinos sempre achavam que eu era do Brasil ou da Etiópia. Às vezes, pareciam um pouco decepcionados quando descobriam que eu era só uma mulher negra e suburbana do Texas. Dessa vez, porém, foi diferente.

— Texas! Caubóis! *Dallas*! — disse Lucia.

Percebi que ela não se referia à cidade, mas ao programa de TV dos anos 1980, com J. R. Ewing. Ainda estava em exibição na Itália.

— Adoro J. R. e Belas.

Eu tinha descoberto que "Belas" era uma referência à novela *Belas e Intrépidas*. Nunca tinha assistido, mas pelo visto a maioria dos italianos adorava e sempre me perguntava quem estava saindo com quem no elenco. Por isso achei que uma sessão de perguntas sobre entretenimento norte-americano estava por vir, mas então Lucia chegou mais perto e perguntou:

— Gosta do Saro, não?

Era mais uma afirmação que uma pergunta.

— *Sì, mi piace Saro* — respondi em meu melhor italiano.

Lucia não pareceu satisfeita. Ela se aproximou mais ainda, e pude ver o contorno de seus lábios e sentir o cheiro de Marlboro.

— *Sul serio, no?*

Ela queria saber se aquilo era sério. Entendi isso mesmo depois de uma garrafa de Chianti e vários goles de *vin santo*. Antes que eu pudesse responder, ela disparou:

— *È bello*, no? Lindo. Saro é lindo. — Ela segurou meu rosto com as mãos e fez seu último apelo. — *È un amico del cuore. Trattalo bene. È unico.*

Em seguida, ela se levantou e se afastou, rebolando em sua calça jeans.

Subi as escadas para o salão principal com um entusiasmo que nunca senti antes. O movimento havia diminuído um pouco, eram mais mesas de dois ocupadas por locais, mas ainda assim o restaurante efervescia. Os vocais encorpados e finos de Paolo Conte soavam nas caixas de som, e a vitrine de sobremesas estava quase vazia exceto por um tiramisù. Corei ao passar pela cozinha para dizer boa-noite.

Saro sorria.

— Gostou? Quis cozinhar algo gostoso para você.

— Sim. — Ele fazia com que eu me sentisse capaz de andar sobre carvão em brasa.

— Hoje foi muito corrido, não consegui descer para dizer oi. — Ele soava vulnerável. Sua serenidade era encantadora. — Passo na sua faculdade amanhã.

— Sì.

Eu só conseguia dar respostas monossilábicas. Então Saro se aproximou e me deu um beijo na bochecha. Sua pele estava úmida de azeite e suor. Nossas bochechas fizeram um tênue som de estalo quando ele se afastou, um sinal audível de que havíamos de fato nos tocado. Desejei que parássemos ali. Um beijo tinha sido um encanto. Dois poderiam acabar comigo. Ele já tinha me conquistado com sua comida, sua criatividade. E olhá-lo agora de perto — seus olhos, seu nariz, sua boca e suas sobrancelhas suaves — me desarmou completamente. Mas não, não paramos ali. Ele se aproximou para me beijar na outra bochecha e sussurrou em meu ouvido:

— Adoraria fazer isso de novo e de novo. É só me dizer quando.

Saí para a via dell'Acqua pouco depois da meia-noite, hipnotizada por sua pele, sua comida, pela forma como a mão dele tinha tocado minhas costas quando nos despedimos. Tomei o caminho mais longo até meu apartamento, pelo Arno, meu lugar favorito para pedalar à noite enquanto a cidade inteira dormia. Atravessei a ponte Vecchio e parei para olhar as águas calmas do rio. A ponte estava iluminada por luzes douradas e as águas refletiam os tons noturnos dos postes e das janelas ao redor.

Passando pela esquina da borgo San Frediano e pela piazza del Carmine, olhei para a igreja do outro lado da rua. Lá havia um afresco que se acredita ser a primeira obra conhecida de Michelangelo, ainda adolescente. As primeiras experiências não são pouca coisa; trazem o potencial de algo incrível. Eu suspeitava de que tinha me apaixonado por um chef ladrão de bicicleta — e, por mais clichê que pudesse soar, foi amor à primeira mordida.

A ideia do amor como algo duradouro era algo que eu não compreendia. Meus pais se separaram quando eu tinha sete anos e se divorciaram quando completei oito. Minha mãe voltou a se casar quando eu tinha nove anos, meu pai, três anos depois. Durante minha estada em Florença, minha mãe estava se divorciando de novo, após quase doze anos com meu padrasto. Durante minha infância, vivi em cinco casas diferentes ao longo de dez anos. A casa da minha mãe, a casa do meu pai. A segunda casa da minha mãe, a casa nova do meu pai depois do divórcio, a casa do meu pai depois que ele voltou a se casar e estava para ter um filho. Quando minhas amigas da faculdade falavam em "ir para casa", muitas vezes se referiam a um lugar específico, com o quarto onde haviam perdido o primeiro dente ou levado o primeiro namorado escondido dos pais. Esse conceito de casa era estranho para mim. Eu não tinha um lugar fixo onde depositar lembranças. Sim, eu tive casas, tive lares, mas tudo isso vinha com ressalvas emocionais. Minha infância havia sido bifurcada, e eu tentava me encaixar nas circunstâncias do momento de vida de meus pais. Era algo comum para a minha geração, filhos de *baby boomers*. Com meus pais, Sherra e Gene, não foi diferente.

Eles se conheceram quando estavam na faculdade, e mergulharam de cabeça na revolução cultural do fim dos anos 1960 e 1970 do Movimento Pan-Africano, que chamávamos de "O Movimento". Meus pais queriam transformar os Estados Unidos em um lugar mais justo e igualitário. Eles se casaram com vinte e vinte e dois anos. Não conheciam a si mesmos e tenho certeza de que também não conheciam um ao outro profundamente. Acho que gostavam da ideia um do outro. Ele era ativista estudantil, ela, uma premiada estudante que sempre estava na primeira fileira quando ele palestrava no campus. Eram idealistas reconstruindo o mundo.

Como resultado de seus interesses contraculturais, os dois já haviam sido fichados pelo FBI. Meu pai já tinha sido preso por incitar um levante. Minha mãe organizou um sindicato de trabalhadores de uma fábrica sem perder o posto entre os melhores alunos na Universidade de Houston. Eu passava algumas noites com eles no Comitê de Apoio à Libertação da África, nas antigas residências das freiras da Igreja Católica de St. Mary, no bairro de Third Ward. Enquanto datilografavam folhetos e fumavam cigarros, The Staples Singers tocava em um LP ao fundo. Meu pai viajou com Stokely Carmichael, ex-Pantera Negra, à Tanzânia e ao Zaire para tentar ensinar aos revolucionários do continente as técnicas de resistência usadas nos Estados Unidos. Era uma época inebriante, que podia facilmente subverter um casamento. O que aconteceu.

Meu nome, Tembekile, foi escolhido por ninguém menos que Miriam Makeba, na época casada com Stokely. Makeba era uma exilada sul-africana e cantora de folk, conhecida como Mama Africa. Era também a inimiga pública número um do governo sul-africano. Makeba cantava sobre liberdade, promovendo uma agenda antiapartheid de Paris ao Japão e a Nova York. Quando cheguei a uma idade em que compreendia quem ela era, passava horas pensando sobre essa mulher, essa heroína, essa pessoa que havia escolhido um nome para mim antes mesmo de eu ter dado meu primeiro suspiro.

Mas foi estudando sobre ela no quinto ano que comecei a entender o significado de ser exilado. Ser expulso de casa. Não ter um lar. Eu não havia sido exilada, lógico, mas, quando criança, nem sempre sentia ter raízes. Às vezes, até sonhava em formar um lar com Miriam Makeba. Eu a via como a madrinha que meus pais ateus não haviam me dado. Em meus devaneios infantis, eu e ela podíamos ser duas exiladas vivendo juntas pelo mundo.

Quando meus pais entraram na casa dos trinta, o Movimento se dissolvia e a Era Reagan despontava no horizonte. Eles, como muitos de sua geração, se afastaram da luta e passaram a tentar descobrir como ganhar a vida em um país que não parecia disposto a mudar. Sherra e Gene tinham duas filhas — minha irmã Attica nasceu três anos depois de mim —, de quem precisavam cuidar enquanto começavam, cada um à sua maneira, a reconfigurar a ideia que tinham de uma família. Mesmo em seus anos de formação, eles já estavam refazendo a vida adulta, já eram pais, já tinham vivido grandes decepções.

Ali na Itália, do alto de meus vinte anos, eu estava tentando entender o que unia as pessoas e as fazia ficar juntas para sempre. O que Saro havia sugerido, que duas pessoas juntas poderiam viver algo incrível, era bonito, mas incerto. Ainda que, dito assim, tenha parecido real e possível. Apesar de eu ter prolongado minha estada e só fosse voltar aos Estados Unidos em alguns meses, Saro deu a ideia de passarmos o verão juntos, de ele ir me visitar na Wesleyan. Uma vez, depois de termos feito amor, ele me disse:

— As pessoas comem no mundo inteiro. Posso ser chef em qualquer lugar. Você só pode atuar em Los Angeles ou Nova York. Eu vou estar com você.

Estava disposta a me arriscar com ele. Algo em sua visão de nosso futuro era muito confiante; ele estava inabalável. Via alguma coisa lá na frente, e cada uma de suas ações me fazia compartilhar essa visão. E eu me sentia segura. Segura para abrir meu coração, para ser vulnerável. Segura o suficiente para correr o risco que ninguém em minha família estava esperando — de entrar em uma potencial relação a longa distância com um italiano doze anos mais velho, sem diploma universitário, que apostava em "cozinhar" como meio de bancar nosso futuro juntos. Era improvável, romântico, idealista, sem precedentes. A jornada que eu estava prestes a iniciar não tinha diretrizes ou exemplos que pudessem ser encontrados tanto na minha vida como na de meus pais. Com base no pouco que ele me contara, eu sabia que seus pais continuavam casados e ainda moravam na cidade onde nasceram. Saro e eu traçaríamos um caminho próprio.

Não havia ninguém com quem pudéssemos nos comparar, ninguém a quem pudéssemos recorrer sobre os altos e baixos do amor a distância, bicultural, bilíngue e birracial. Isso era assustador e libertador ao mesmo tempo, como se, pela primeira vez na vida, eu estivesse tomando uma decisão corajosa e ousada vinda do coração. Era algo expansivo, intuitivo, um desejo da minha alma.

Minha família, no entanto, tinha ressalvas. Quando contei a meu pai em uma de nossas conversas de domingo que estava saindo com um homem, este simples comentário, quando eu estava tão longe de casa, sendo tão jovem, fez disparar seu radar paternal. Para piorar, falei em prolongar minha estada na Itália pela segunda vez. Mencionei que talvez não voltasse para casa no verão e, caso fizesse isso, meu plano era trabalhar por um tempo no escritório dele de advocacia para juntar dinheiro suficiente e comprar uma passagem de volta para cá. Essa foi a gota d'água. Ele e minha madrasta, Aubrey, embarcaram no primeiro avião para a Europa. Deixaram meus três irmãos mais novos em casa com a mãe dela, ainda que o mais novo, que eu tinha visto só duas vezes, tivesse apenas um ano. Eles voaram para a Suíça no voo mais barato que meu pai conseguiu encontrar. Depois, alugaram um carro e cruzaram a fronteira italiana, seguiram pela Toscana e enfim chegaram em Florença. Ele me disse que queria saber como eu estava, que queria visitar a filha na Itália e tirar umas férias curtas com Aubrey. O que ele não me disse, embora eu desconfiasse, era que ele queria, na verdade, conhecer um tal italiano cara a cara, e que estava preparado para mandá-lo se afastar de mim, se fosse necessário.

Meu pai chegou em Florença vestindo um traje texano completo: chapéu de caubói, calça jeans grossa e botas de couro de jacaré. Ele usava uma jaqueta de camurça *com franjas*, sabe. Vê-lo se aproximar pela via dei Calzaiuoli, preenchendo a piazza della Signoria com sua presença, me fez amá-lo um pouco mais e também me perguntar no que diabos eu tinha me metido. Ele ia conhecer Saro, não havia discussão. Na verdade, meu pai casualmente sugeriu que Saro e eu fôssemos com eles até "o centro de Florença" para beber alguma coisa. Então Saro nos encontraria logo depois que eu recepcionasse minha família. Eu estava bastante nervosa, com medo de que Saro se sentisse intimidado demais pelo meu pai e não dissesse uma palavra. Ou, pior ainda, de que exagerasse.

Ele acabou chegando na hora certa e foi muito tranquilo.

— Prazer em conhecer vocês. — Saro apertou a mão de meu pai e deu um abraço em Aubrey. — Pensei que pudéssemos jantar juntos hoje. Deixei tudo pronto no meu restaurante.

Ele estava sendo transparente e hospitaleiro, coisas que eu sabia que meu pai respeitava muito.

Mas foi para Aubrey que o amor de Saro pareceu claro como água. Mais tarde, depois de um passeio por Florença para fazer compras e jantar, ela disse ao meu pai:

— E nem pense em se opor à diferença de idade dos dois. Você e eu também temos doze anos de diferença. O que ele sente por ela é bem óbvio, não precisa se preocupar com isso.

Ela sanou toda e qualquer dúvida de meu pai, amenizando suas preocupações. Aubrey foi a embaixadora de Saro em meu clã.

Minha mãe seria mais difícil de conquistar. Estava saindo do segundo divórcio e tinha começado um novo relacionamento com um homem que, ironicamente, conheceu quando me visitou em Florença. Ele era senegalês, filho de um diplomata, muçulmano, ex-aluno da Sorbonne. Era a antítese do meu padrasto, americano de origem mexicana, empresário e fã de ternos Armani, com quem ela havia passado doze anos. O casamento acabou em uma avalanche de mentiras, decisões questionáveis de negócios, suspeitas de infidelidade e outras acusações sobre as quais fiquei sabendo. Quando fui para Florença, o casamento deles já havia descarrilado. Minha mãe não falava muito sobre o assunto, ou talvez eu não tenha permitido que ela falasse. A separação foi cansativa. Apesar de ter passado metade da infância sob o mesmo teto que ele, eu não era muito apegada ao meu padrasto, que era distante por natureza e ainda por cima gostava de implicar comigo.

Assim que o divórcio saiu, minha mãe ficou feliz em entrar num avião para vir me visitar. Estávamos nas férias de fim de ano, e eu nunca havia passado o Natal longe. Por mais que amasse Florença, eu ainda não tinha começado a namorar Saro e estava com muita saudade de casa.

Enquanto tomávamos cappuccino e comíamos doces em um café em frente aos Jardins de Boboli, ela começou, de repente, um interrogatório tranquilo, mas bem assertivo, sobre a razão pela qual eu estava estudando na Itália. Para ela, eu era filha de ativistas, pessoas que haviam incutido em mim um sentimento de orgulho cultural e consciência política. Havia sido criada para simpatizar com os desafios enfrentados pelas pessoas negras em toda a diáspora africana. Por que, então, tinha escolhido a Itália, o coração da cultura europeia, para fazer intercâmbio? Por que eu não estava no Quênia, como a filha de sua amiga Mary da época do Movimento? A filha de Mary tinha conseguido uma bolsa de estudos e ensinava inglês para crianças quenianas como parte da graduação na Wellesley. Por que eu não era como a filha de Mary? E por que, em nome de Deus, eu continuava a me envolver com "caras brancos"? Ela queria algo diferente para mim e deixou isso bem explicadinho durante nosso café.

— Mas, mãe, estou estudando história da arte. Preciso ser proficiente em francês, alemão ou italiano. Estudar no Quênia...

Ela não me deixou terminar.

— Estou falando sobre suas escolhas de vida a longo prazo. Estando aqui, você está praticamente excluindo a possibilidade de estar com alguém não branco.

Seu afrocentrismo impunha condições, e naquele momento essas condições eram: negros em primeiro lugar, em segundo e sempre.

— Não sei o que dizer. Eu gosto de estar aqui. Não estou excluindo possibilidade alguma.

— Está, sim. Ficando onde está, você está excluindo.

Foi uma conversa sem fim. Eu jamais teria a última palavra. Eu era filha de uma ativista negra que dava a entender que eu tinha escolhido o lado errado. Eu sabia que ela diria tudo que queria.

Quando comecei a namorar Saro, se meus pais discutiram isso entre si, não fiquei sabendo. Quando a questão estava no campo das emoções, os dois sabiam que deviam manter distância. Estavam dispostos a dizer o que pensavam e depois permitir que os filhos se arriscassem por conta própria quando se tratava de amor. Apesar das opiniões, no fim, acredito que eles queriam me ver feliz. E se um chef italiano me fazia feliz, estavam dispostos a me apoiar. Fui educada para saber como seguir minhas próprias convicções — e também estava aprendendo a seguir meu coração. Eles podiam até estar orgulhosos da minha coragem, mesmo que lá no fundo. Os obstáculos para nosso amor eram árduos, mas eles tinham me ensinado a lutar pelo que era importante.

• • •

Quando março chegou, eu ainda dividia o apartamento de cobertura na piazza del Carmine. Certa noite, estava esperando Saro sair do trabalho enquanto conversava com minha nova colega de quarto, Cristina, de São Francisco, que me enchia de histórias. Quando acabamos de conversar, já era meia-noite. Meu plano era me deitar por apenas alguns minutos para descansar e esperar que Saro chegasse pouco depois da uma da manhã. Já haviam se passado quatro meses desde o dia em que ganhei a bicicleta e voltamos juntos pelo Arno. Tínhamos uma rotina: quando ele saía do trabalho no Acqua al 2, atravessava o rio até a piazza del Carmine e ficava esperando do lado de fora do meu prédio, na outra calçada, até que eu aparecesse na janela. Ao vê-lo, eu abria a porta para ele, que não podia tocar a campainha por causa de uma de minhas colegas de apartamento, a quem Cristina e eu chamávamos de "A Madame da Caverna", mas que era a canadense cujo nome estava no contrato do aluguel. Ela era conhecida por descontinuar o aluguel de garotas que se relacionavam com homens problemáticos. Tocar a campainha depois das dez da noite era considerado problemático.

Quando acordei assustada três horas depois, em um suor induzido por Chianti, eram três e meia da manhã. Eu tinha caído em um sono tão profundo depois de ouvir as desgraças da minha colega que perdi a noção do tempo. Sentei depressa na minha minúscula cama e percebi que havia algo muito errado. Saí do quarto e quase caí ao correr pela casa até as janelas da frente, pensando *ele com certeza não vai estar lá, já foi embora*.

Quando cheguei à janela, esbaforida e ansiosa, a primeira coisa que vi foi a chuva torrencial. Merda! Fala sério. Poderia ser pior? Então olhei para baixo e lá estava ele. Meu Saro. O casaco estava grudado no corpo, o cabelo encharcado. Ele olhava para cima, para a janela do apartamento.

Vendo Saro ali, algo sobre ele ficou nítido. Aquele homem, aquele chef, estava me mostrando quem ele era em sua essência — sua perseverança, sua determinação implacável. Ele já havia declarado seu amor, já tinha compartilhado seus planos, mas agora transformava esse amor em ação. Plantado na chuva, era como se traçasse uma linha na areia. De um lado, ele me mostrou o tipo de amor que eu poderia ter em minha vida com um homem que levava seus compromissos a sério, sem medo, um homem que sabia o que queria. Alguém determinado a lutar pelo amor acima de tudo, não importava como.

Do outro lado, havia outra vida, a que eu levava antes de conhecê-lo, uma vida cheia de compromissos frágeis e relações ambivalentes. A linha era nítida e objetiva, feito qualquer cena neorrealista. Lá estava meu novo amor, me esperando de pé na chuva, quando poderia ter ido embora. Um homem completamente apaixonado por mim. Esperar alguém daquela maneira, naquelas circunstâncias, foi um ato extraordinário de confiança e amor. E mais: era a atitude de uma pessoa persistente, cujo caráter era inabalável.

Assim que desci as escadas para abrir a porta para ele, Saro me cobriu de beijos molhados. E, enquanto eu o ajudava a tirar o casaco, a primeira coisa que ele disse foi:

— Que bom que você acordou.

Antes da minha ida para a Itália, meu pai e eu saímos para correr pelo bairro, em Houston, e ele me deu um conselho sábio. Talvez eu tenha compartilhado minhas suspeitas de que o casamento de minha mãe estava caminhando para um fim definitivo. Havia passado as férias trabalhando no escritório de advocacia dele, onde muitas vezes pegava no sono na hora do almoço. Estava entediada, como era de esperar de uma estudante universitária que não tinha ideia do que fazer com a vida.

Ele sentiu que eu precisava aprender algo sobre relacionamentos que, até aquele momento, desconhecia.

— Tembi, existem muitas pessoas neste mundo que você pode vir a amar — disse ele, meio ofegante.

— Tá, pai, para com isso. — Eu estava desconfortável com a intimidade repentina.

— Me deixa terminar.

Por mais que eu não quisesse demonstrar, ele tinha fisgado minha atenção.

— Existem muitas pessoas, talvez até *milhares*, que você consegue amar. — Ele continuou, parecendo escolher a dedo as palavras. — Mas existem *poucas*, talvez apenas uma ou duas no mundo, que você consegue amar *e* com quem vai viver em paz. A paz é o elemento essencial.

Ele parou de correr de repente e olhou no fundo dos meus olhos, ele e sua camiseta da Ordem dos Advogados dos Estados Unidos de 1987. Torci para que ele não fosse me perguntar detalhes da minha vida amorosa. Meu pai estava dizendo o tipo de coisa que eu normalmente o ouvia dizer em conversas despretensiosas, tomando uísque com os amigos em um churrasco. Soou muito genuíno. Em relacionamentos verdadeiros, em parcerias com companheirismo de verdade, o amor é tão importante quanto a amizade.

O que eu não sabia era que amar alguém a longo prazo, naquela "paz" pela qual tanto ansiei, significava também amar partes dessa pessoa que permaneciam escondidas. Por mais que o coração de Saro fosse um livro aberto, havia nele certo mistério. Meu amor no íntimo era certo, firme, transparente, mesmo quando fora de vista. Quando ele falava de suas origens e de sua família (o que era raro), contudo, havia um traço de dor, algo a ser resolvido, um ar de tristeza que eu não conseguia compreender. Era uma parte de sua vida que ainda não havia sido totalmente revelada para mim. Mas que seria, em breve.

# SEGUNDAS PRIMEIRAS VEZES

O sal marinho siciliano ferve mais rápido do que o sal marinho mais usado nos Estados Unidos. Ao cozinhar o molho de tomate, deve-se adicionar manjericão fresco no final, não no começo. Louro dá um gosto amargo. Devem-se deixar os grãos-de-bico de molho durante a noite na água com uma pitada de sal. Isso era tudo que eu sabia. Vivi anos com um chef, e como sal ferve e quando adicionar manjericão eram o ápice do meu conhecimento culinário. Eu nunca tinha planejado este dia, o dia no qual ficaria à frente do fogão e prepararia minha primeira refeição sozinha.

Em nossa casa em Silver Lake, a luz de fim de abril se infiltrava pelas janelas da cozinha que Saro tinha projetado: estilo corredor com um fogão de quatro bocas, pia de cuba funda industrial e bancadas de granito verde pastel. Tudo em uma parede com uma janela panorâmica para o jardim dos fundos. A janela tinha uma moldura de mármore italiano revestido, com placas hexagonais que iam até o teto. Pensei em todas as cozinhas de cozinheiros em que já estivera antes de conhecer Saro. Nenhum deles tinha deixado uma impressão forte em mim. Com exceção de meu pai, Gene, e de minha avó no interior do Texas, eu vinha basicamente de uma longa linhagem de observadores de panelas, pessoas satisfeitas em deixar outro alguém cozinhar e alimentá-las. Eu já tinha entendido que dava para matar minha fome com comida congelada.

Eu sabia algumas coisas, lógico, talvez mais do que muita gente que cozinhava em casa. Eu era preguiçosa, mas não ignorante. Eu poderia tentar medidas aproximadas. Isso, porém, não era a mesma coisa que ser guiada pela intuição. Será que eu conseguiria cozinhar com a essência dele? Será que algum dia eu provaria sua alquimia na ponta de uma colher novamente? Ou aquele vazio de sabor era a prova de um luto que nunca chegaria ao fim?

Pela janela, olhei para a figueira centenária que ficava em frente à porta da cozinha. Então peguei a faca dele.

A primeira coisa que me impactou foi o peso. Sem nem pensar, eu tinha escolhido a maior faca da coleção. Ela ficava no topo do faqueiro e era a que ele mais usava. Feita de aço, e cada entalhe contava a história de uma refeição, de uma emoção. A faca tinha dividido, cortado e feito tiras de uma centena de ingredientes crus. Seu peso na minha mão fez com que eu precisasse me sentar, uma onda de tontura e enjoo me dominando. *Meu marido está morto. Ele se foi. Saro se foi.* Isso foi algo que eu tive que processar várias e várias vezes naqueles sete dias após o último suspiro dele.

Horas antes, eu havia levado Zoela para a escola pela primeira vez desde que o pai morrera. Retornar para a turma de primeiro ano depois de uma semana em casa era um grande passo para um mundo novo, mas ainda estranhamente familiar. Ela precisava escalar árvores, ficar de cabeça para baixo com os amigos. Ela precisava de um tempo longe de uma vida doméstica que perdeu a base.

Eu não estava pronta para voltar à carreira de atriz. Não conseguia me imaginar analisando um roteiro, tentando colocar o luto de lado para incorporar a vida de outra pessoa. Não conseguia me imaginar andando por um estúdio, não conseguia me imaginar parada diante de uma câmera ou participando de um teste e sendo minimamente convincente. Atuar sempre foi minha salvação criativa. Eu tinha orgulho da carreira que havia construído como atriz, com papéis bons em filmes e programas de TV e um salário merecido, porém agora eu temia que talvez minha carreira tivesse morrido junto com Saro. Ele era meu porto seguro, minha constante nas rejeições contínuas que fazem parte da indústria. Meus agentes e empresários sabiam que eu estava em luto total, que mal conseguia sair de casa. "Avise quando estiver pronta e mandaremos material para você", disseram eles.

Não havia a menor hipótese de aquilo acontecer naquele momento. Eu estava na terra dos recém-viúvos, que era como flutuar nos anéis exteriores de Marte enquanto meu corpo estava atado à Terra. Durante toda a manhã, foi como se eu pensasse em um idioma enquanto o mundo falava outro que perfurava meus ouvidos feito sons desarticulados saindo de um alto-falante com chiado. Meus sentidos estavam embaralhados. Os sons eram um gosto amargo no céu da boca e a visão era um toque áspero roçando minhas pálpebras. No auge do luto, tudo estava de cabeça para baixo. Eu não lembrava onde ficava o sal, segurar uma faca exigia esforço. Olhava para os meus pés porque não confiava que o chão estivesse ali. Nada, absolutamente nada, fazia sentido em qualquer coisa do meu mundo. Exceto estar em casa, perto da minha cama, na cozinha de Saro e no cômodo onde nos despedimos.

Da cozinha, eu podia ver meu ex-escritório que virara um quarto de cuidados paliativos, agora com um altar, a alma da casa. Nesta noite, Zoela e eu faríamos o que tínhamos feito nas últimas seis noites: nos reunir no cômodo, ler poemas de Rumi, escutar as músicas favoritas de Saro — o blues de Albert King e o jazz de Paolo Conte —, queimar sálvia e fazer orações pelo recém-falecido tiradas de um livro de rituais. Esses rituais eram nossas tentativas desesperadas de encontrar uma maneira de sair da escuridão.

O câncer nos destruiu. Dez anos antes, Saro fora diagnosticado pela primeira vez com leiomiossarcoma, um raro tumor maligno nos tecidos moles que inicialmente tinha aparecido no músculo mole do joelho esquerdo dele e entrou em metástase até o fêmur.

Por termos resistido a tantas coisas na última década — muitos altos e baixos, tratamentos experimentais, remissões —, não tinha como eu saber que uma série de estadas no hospital em um único mês seria sinal do fim. Após ele ter tido uma reação adversa a um novo remédio, teve início uma espécie de caos médico. De repente, estávamos lidando com especialistas em conflito, diversos profissionais, cada um vendo uma peça do quebra-cabeça que era o corpo de Saro. Eu era a única olhando o todo que era a vida e o corpo dele, seus desejos. Tentei humanizar o paciente por trás do prontuário. O nome dele é Saro. Chame de Saro, não Rosario, o nome de batismo dele. É italiano, não espanhol. Um chef, um pai. Casado por vinte anos. À medida que os chefes de hepatologia, endocrinologia, imunologia, gastroenterologia e cirurgia ortopédica faziam suas rondas, sucumbi e escrevi meu nome no quadro-branco do quarto do hospital: "FAMILIAR ACOMPANHANTE: Tembi, esposa. Mulher negra sentada no canto." Foi a solução que encontrei depois que duas enfermeiras perguntaram se eu era a "empregada".

    Em face dos sintomas crescentes, diagnósticos conflitantes e de uma filha com saudade do pai — que passava cada vez mais tempo longe de casa —, fui aprimorando minha rotina de cuidados. Coloquei livros de poesia em cada quarto de hospital. Levei uma máscara para Saro poder dormir, uma caixinha de som, uma vela eletrônica. Borrifei óleos de aromaterapia em cada quarto para equilibrar o cheiro de desinfetante e esfreguei florais de Bach nas têmporas à noite e no seu abdome enquanto ele dormia. Levei comida caseira, feita no nosso fogão, porque comida de hospital não tem nutrientes e ainda é psicologicamente opressiva. Ainda mais para um chef. Primeiro, colocaram-no em uma dieta sem sal, depois em uma dieta hiperproteica. Eu comprei shakes orgânicos ricos em proteínas de três sabores e os mantinha em um balde com gelo perto da cama dele.

    Toda noite, eu beijava o chacra do seu coração antes de sair do hospital. Em seguida, assistia a Beverly Hills ficando para trás, com o objetivo de estar em casa para Zoela quando ela acordasse de manhã. De manhã, acordava cedo e ligava para a enfermeira-chefe pedindo uma atualização, preparava o café da manhã para Zoela, garantia a ela que o *babbo* (papai) estava bem e a levava à escola, a leste, apenas para depois seguir para oeste, até Saro. Eu passava dias tentando entender o que acontecia em seu corpo, tentando deixá-lo confortável.

No meio de todo o caos, de algum jeito, naquele mês, eu consegui gravar um teste para produtores de dois episódios-pilotos de televisão, pois era a temporada de contratação do canal, e precisávamos do dinheiro. Em seguida, liguei para meus agentes e disse que estava indisponível até segunda ordem. Nunca, em vinte anos, eu tinha feito aquilo. Eu estava tirando uma licença de trabalhos que nem conquistara e talvez nunca conquistasse. Estava me afastando de possibilidades. Porque eu tinha que arranjar espaço para outra possiblidade: a de que Saro me deixaria.

O divisor de águas foi quando Saro quase morreu de falência cardíaca congestiva na mesa de operação. Eu não podia ignorar a percepção crescente de que era possível que aquilo fosse o começo do fim da luta contra o câncer. Ele havia acordado na UTI após a cirurgia, olhado para mim e dito:

— *Vittoria*.

Tinha sido a vitória de um homem moribundo.

Eu o cobri de beijos. Queria me aninhar na cama com ele, sentir sua pele junto à minha. Queria acalmar seu corpo com meu toque. Se fosse possível fazer amor com ele, eu teria feito bem ali. No entanto, não podia abaixar a guarda. Ele estava conectado a uma intravenosa e monitores. Ficar de mãos dadas era o que dava. O máximo que eu podia fazer era me aproximar e lhe fazer uma promessa.

— Vou te tirar daqui. Vou te levar para casa. Prometo que nossa história não vai terminar aqui, meu amor.

Enquanto ele pegava no sono, fiz outras promessas também, o tipo de promessas que os vivos fazem para os que estão morrendo quando percebemos de repente que, na verdade, todos nós estamos morrendo. Que a vida é passageira, capaz de nos deixar a qualquer momento. Viver é uma luta.

Prometi a ele uma viagem de carro ao Grand Canyon e outra à costa do Alasca. Se ele pelo menos saísse do hospital, talvez aquelas coisas fossem possíveis. Eu lhe prometeria a lua e as estrelas se achasse que fosse capaz de dar. A curto prazo, foquei nas duas coisas que sabia que conseguiria fazer acontecer logo:

— Vou garantir que sua irmã venha te visitar e vou trazer Zoela para te ver.

Depois de dois dias na UTI, Saro foi para o quarto. Tudo ali dentro tinha cheiro de hospital, inclusive eu. O casaco que eu não tirava há semanas absorvia aquele odor. Eu estava fedendo. Carregava a preocupação de uma mulher que sentia o amor da sua vida indo embora, caminhava pelos corredores enquanto Saro descansava. O som dos saltos da minha bota batendo no chão perfurava meus ouvidos. Um pai que havia acabado de ter um bebê passou por mim no corredor com um balão escrito É MENINA em uma das mãos e uma sacola de comida do restaurante The Ivy na outra. Já eu levava dois picolés de hospital para Saro, que pegara em uma caixinha numa cozinha no quinto andar da ala pediátrica do hospital: um de limão, um de cereja. Na outra mão, segurava o celular.

Estava conversando com a minha sogra, Croce. Ela era viúva, tinha perdido o marido para o câncer três anos antes e escolhido usar preto e sair de casa apenas para ir à igreja. Saro a chamava de "Mamma", porém, desde o nascimento de nossa filha, eu a chamava de "Nonna".

A voz de Nonna estava alta e tensa, pairava no espaço entre meu ouvido e meu ombro. Tentei imaginá-la a dez mil quilômetros em sua sala de estar, uma salinha cercada pela natureza, no sopé de uma montanha na Sicília.

— Como ele está? — perguntou ela em italiano, nossa única língua em comum.

— Estou levando algo para ele comer.

Eu parei para me apoiar na parede.

Era uma resposta que não era uma resposta de verdade. Mas eu sabia o poder das imagens. Então lhe ofereci uma que eu sabia que a faria me imaginar alimentando o filho dela. Significava que ele ainda estava bem o suficiente para comer.

Ela havia dito a ele que vinha tendo sonhos nos quais Nossa Senhora a visitava para lhe dizer que seu filho estava sendo chamado para casa.

— O que os médicos dizem?

— Estão observando. Querem ver como o fígado dele se estabiliza.

Afastei-me da parede e continuei a caminhada até o quarto de Saro.

— Por favor, diga que Franca está vindo.

Franca era a irmã de Saro. Em todos os nossos anos de casados, ela nunca tinha ido aos Estados Unidos nos visitar.

— Está.

Quando cheguei ao quarto dele, estava passando *Os Bons Companheiros* na TV acima da cama. Uma foto com moldura vermelha de Zoela na escola ficava ao lado de Saro. A política do hospital proibia crianças menores de doze anos de passarem do saguão. Era exasperante e desanimador. Uma vez, naquela época, eu havia conseguido levar Saro em uma cadeira de rodas até ela. Eles tiveram que se abraçar no saguão ao som do zumbido de moedores de café da Starbucks e de "Rocket Man" sendo tocado no piano do saguão. A primeira coisa que ela perguntou ao pai foi por que ele estava usando um vestido e a segunda foi se ela podia se sentar em seu colo. A primeira me fez rir, a segunda me fez chorar. Quando eles se separaram, quinze minutos depois, soube que ele talvez nunca mais a visse se eu não achasse um modo de levá-la até ele.

Quando os dias se transformaram em uma semana, aprendi como esgueirar minha filha para ver o pai. Quando Zoela chegou ao quarto, tirou as sapatilhas de balé e se enfiou na cama com ele.

— *Babbo*, deixa eu te contar uma história que escrevi sobre um lobo que gosta de sorvete.

Eu os observava na cama, cada um iluminado pela presença do outro, e tinha vontade de nos levar embora. Tinha vontade de me agarrar à ternura daquele momento por toda a eternidade. Mas as coisas continuaram acelerando. O fim da vida é devagar, depois rápido, depois devagar de novo. Nós estávamos em um jogo de espera no hospital.

E então uma supervisora foi visitar Saro. Eu tinha me afastado por um momento e, quando voltei, encontrei os dois no meio de uma conversa.

— Nossa única opção é um transplante de fígado — disse ela.
Saro desviou o olhar, e então voltou a encará-la.
— Acho que não. Guarde para alguém que vai poder usar — respondeu ele, a pele amarelada por conta da icterícia.

Senti o chão se abrir e tive que me apoiar na cama do hospital para não desabar. A única opção que restava não era nem uma opção. Antes que eu conseguisse processar totalmente aquilo, ela saiu do quarto. Levei alguns segundos, ou minutos, para registrar de fato sua ausência, assimilar o que tinha acabado de acontecer.

Deixei o leito de Saro e fui atrás da médica, que estava acompanhada de um residente, apertando o passo para alcançá-la no corredor. Os saltos da minha bota ressoavam pelo chão de mármore conforme eu me aproximava no corredor.

— O que realmente aquilo quer dizer?

Quando a vi evitar meu olhar, qualquer esperança remanescente que eu havia tido de que ele talvez pudesse se recuperar — ou até se estabilizar — desapareceu. Ela respondeu tudo ali, sem ter que falar nada. Mesmo assim, eu precisava ouvir. O som de minha voz me assustou quando perguntei:

— Ele está morrendo?
Ela ergueu o olhar e o desviou de novo. E assentiu.
Então. Devagar. Por fim.
— Sim, ele está morrendo.

Você nunca está preparada para essas palavras, não importa quanto tempo dure uma doença. Parte de mim se quebrou naquele momento.

— E se não tem mais nada a ser feito... então quanto tempo?
Eu precisava saber.

— Duas semanas, talvez, duas ou três. No máximo.

— Como vai ser? Ele vai sentir dor?

A cada pergunta que se formava na minha boca, eu dava mais um passo em direção a um mundo sem Saro, mais um passo para me tornar uma viúva.

— Falência do fígado é um modo relativamente indolor de morrer. Ele não vai sentir dor, só vai ficar muito cansado até partir.

Aquela foi a primeira vez que foi de fato dito em voz alta: Saro estava morrendo. Eu ouvi ali, sobre pisos de mármore de um hospital de primeira, artes caras adornando as paredes, um carrinho de refeições passando.

Ao voltar para o quarto, Saro estava dormindo. Inclinei-me sobre ele, beijei sua testa e, determinada, fiz uma nova e intensa promessa:

— Nossa história não vai terminar neste hospital. Vou tirar você daqui.

No corredor, fui até o posto de enfermagem.

— O que eu faço? — perguntei à enfermeira-chefe. — Tenho que levar ele para casa. Por favor, diga ao médico que queremos passar para cuidados paliativos.

Ela viu meu desespero.

— Vou avisar a ele que a família está solicitando cuidados paliativos. Ele vai ter que redigir uma ordem para isso.

O modo com o qual ela disse aquilo não me passou muita confiança.

Em algum momento entre a UTI e a conversa sobre um transplante, Franca chegara da Sicília com o marido, Cosimo. Saro não via a hora de ver a irmã. Quando ela apareceu, ficou óbvio que não estava preparada para a visão do irmão tão frágil, com dificuldade para respirar. Minha cunhada imperturbável chorou sem pudor assim que o viu. Ela conversou com ele em siciliano, e eu sabia que era um bálsamo para a alma dele. Ela sabia que estava lhe reconfortando. Saro conseguiria se despedir ao vivo, segurar a mão dela, ver seu rosto.

Fazendo companhia a Saro no hospital, Franca o fazia rir com recordações da infância na Sicília. Ela levou para ele um jarro de vidro com lentilhas que fez em nossa cozinha. Ela afastava a comida hospitalar e colocava porções na bandeja de almoço dele. Da manhã até a noite, eles tentavam animar um ao outro. Contudo, toda noite, ela chorava em silêncio enquanto eu a levava de carro de volta para nossa casa e Saro ficava lá. Quando eu voltava ao hospital, tarde da noite, ele me dizia que estava preocupado com ela.

— Quando vão liberar ele? — perguntou Franca quando sua estada estava acabando.

Tentei explicar as etapas do procedimento no nosso sistema médico, mais complicado e burocrático do que qualquer coisa com que ela tivesse familiaridade na Sicília.

— Saro precisa de plaquetas para que fique estável o suficiente e deixar o hospital. A ida dele para casa depende de uma transfusão bem sincronizada, instruções imediatas de alta e paramédicos à espera.

Ela ficou abatida.

— Acha que vai conseguir?

— Estou fazendo tudo que posso.

Dois dias depois, o momento chegou. Saímos pela emergência até os elevadores dos fundos. Os paramédicos guiaram a maca pelos corredores. Após anos vendo o fluxo da atividade hospitalar em uma direção, ver os mesmos corredores em reverso me deu a sensação de que eu estava me movendo em câmera lenta. Agarrei a maca de Saro, como se ela pudesse rolar para longe se eu não fizesse aquilo. Ele nunca tinha *saído* do hospital numa maca.

Quando as portas de vidro se abriram, o tempo estava fresco, uma pancada nos meus pulmões. Eu não conseguia respirar o ar da vida normal. Sob as luzes do estacionamento, Saro estava mais pálido do que parecia momentos antes. Tirei meu casaco e o coloquei sobre ele. Os paramédicos tomaram bastante cuidado ao levantá-lo até a traseira da ambulância, e me avisaram que seria uma viagem lenta, sem sirenes.

As portas foram fechadas atrás de nós com um baque forte, como se seladas a vácuo. Segurei a mão dele. O veículo começou a se mover. Logo assisti às luzes da Beverly Boulevard passarem brilhando. Algumas pessoas saíam de restaurantes, outras caminhavam, rindo em pares e trios na calçada. Um dia, tínhamos sido o casal que cambaleia risonho para fora de restaurantes, que passa de bicicleta pelo rio Arno, na Itália. Naquele momento, segurar a mão dele era a única coisa que importava. Ele não tinha energia para falar. Nem uma palavra.

Quando cruzamos a avenida Vermont, percebi que estávamos quase em casa. O quarto de cuidados paliativos estaria esperando. Zoela estaria dormindo no andar de cima. Eu estava levando Saro para morrer em casa.

Estava frio e úmido em Silver Lake naquele mês de março. Ainda assim, as favas em nosso jardim da frente estavam firmes. Favas eram sagradas na Sicília. Eles as comem na época da Páscoa. O grão é associado a ressurreição, renovação e sustento. Saro havia me dito que favas são as únicas plantas que ajudam o solo, sem apenas tirar coisas dele. Elas o enriquecem com nitrogênio, espalhando generosidade e determinação a cada florescer. Naquela primavera, as favas estavam altas no jardim, a última conexão com a vida gastronômica de Saro, com sua cultura, com o jardim que ele tinha construído. Anos antes, enquanto seguia as instruções do médico para descansar e deixar o corpo se recuperar da quimioterapia até que o sistema imune estivesse forte o suficiente para sua próxima cirurgia, ele abraçou a missão de projetar um jardim na frente da casa. Passou duas semanas reproduzindo a paisagem em um caderno de desenhos — canteiros de plantas em forma de diamantes ao redor de uma fonte central com um caminho de cascalho para que as pessoas se movessem entre cada canteiro. Em um mês, ele transformou nosso quintal, com as favas como peça central. E ali seguiam elas, viçosas e ondulantes sob o vento, ignorando o fato de que meu marido estava morrendo no quarto ao lado.

Do lado de dentro, as primeiras necessidades e as novidades dos cuidados paliativos tinham preenchido a casa. Uma enfermeira passou por mim, pessoas entravam e saíam. Passei por cima de um jogo de Twister enquanto conversava ao telefone com Margaret, uma assistente social. Era terça-feira de manhã.

Margaret trabalhava exclusivamente com crianças que perderam pais para o câncer, aids, ELA e outras doenças. Após fazer várias perguntas sobre a idade de nossa filha, há quanto tempo Saro estava doente e quais eram nossos planos para o funeral, ela foi direto ao ponto.

— Crianças, especialmente as da idade da sua filha, tendem ao pensamento mágico. Você vai precisar ajudá-la a entender o que está acontecendo, porque o cérebro dela vai querer esquecer. O cérebro e o coração dela não vão conseguir reter as informações.

Ela falava devagar e de um jeito firme. Precisei me sentar no chão, tirando o Twister do caminho.

— Você precisa deixar que ela faça parte desse processo — continuou Margaret. — Quando o pai morrer, leve sua filha até ele. E não deixe levarem o corpo embora sem que ela o tenha visto. Deixe que tenha um momento com ele. Deixe que ela o toque. Pergunte a ela como se sente. Isso é importante. Ela vai precisar se lembrar da sensação da pele do pai.

— Não sei se consigo fazer isso.

Minha voz ecoou na minha cabeça.

— Você consegue e vai — respondeu. Ela me parecia o tipo de mulher que conseguiria realizar uma cirurgia em plena trincheira no meio da guerra sob um céu sem estrelas. — Você tem alguém para ajudar? Família?

— Tenho, minha irmã, meu pai, minha madrasta. Estão aqui — afirmei.

— Então consegue. — Mas não era só aquilo. Tinha mais. — E sei que isso parece mórbido, mas você precisa tirar uma foto do seu marido depois que ele morrer. Não da sua filha com ele. Só dele. Tire uma foto dele.

A repetição foi proposital e direta.

— Não entendi.

Eu me curvei, sem ter certeza de que ainda tinha ossos no corpo.

— Quero que guarde essa foto — explicou ela, como se fosse tão fácil quanto tirar um bolo do forno. — E agora vem a boa notícia. Talvez você nunca precise vê-la de novo. Mas um dia você pode precisar. E vai ficar contente por ter a foto. Um dia, quando sua filha tiver dezesseis anos, estiver cheia de raiva, magoada e confusa. Com raiva de você, com raiva da vida. Ela pode dizer "Você nunca deixou eu me despedir do meu pai" ou "Eu não pude ir ao velório dele". E ela não vai estar inventando. Será real para ela. Crianças podem enterrar coisas grandes demais para aguentar. É por *isso* que você vai ter a foto.

Margaret estava avançando para um futuro de dez anos sem Saro. Para Zoela adolescente, com raiva e magoada. Para uma situação em que eu seria mãe solo. Ela estava descrevendo um mundo que eu ainda não tinha ousado considerar.

Fazia apenas alguns dias, antes de levarmos Saro para casa, que eu tinha contado a Zoela que o pai dela estava morrendo. Uma amiga tinha ido buscá-la na escola enquanto eu ensaiava o que dizer, assim como fazia quando decorava falas de um diálogo para um teste. Tentei dizer "*Babbo* está morrendo" de três modos diferentes. Com três entonações diferentes. Com três abordagens diferentes. Confortá-la. Ser objetiva. Ter empatia com ela. Mas aquilo não era um exercício de atuação. Toda vez, eu me atrapalhava com as palavras. Nem todo o ensaio do mundo seria capaz de me preparar para aquela situação.

Quando ela chegou em casa, chamei-a para o meu quarto. Ela brincou na minha cama, e eu lhe disse que poderia dormir comigo naquela noite. Pedi a ela que me contasse de uma viagem escolar recente ao deserto da Califórnia. Ela falou de coiotes, esquilos e cactos de quase dois metros de altura. Todas as criaturas pareciam palavras de outro planeta. Do planeta dos vivos. Não do mundo no qual eu vinha habitando nos corredores de hospitais. Tentei focar nos olhos de Zoela enquanto ela falava. Observei suas tranças caindo. Eu queria segurar seu rosto, beijá-la.

— Querida, preciso te contar uma coisa — anunciei, por fim. — É sobre o *babbo*.

— Eu sei — respondeu ela, sem surpresa nem nervosismo. Pressentimento.

Sete anos, e ela respondeu com "Eu sei".

— Sei que ele está morrendo, e isso está partindo meu coração — continuou ela.

Seus olhos não deixaram os meus, como se houvesse uma possibilidade de que aquilo não estivesse acontecendo. Uma possibilidade de que eu a abraçaria e diria "Ah, não, querida, não é isso". Em vez disso, falei:

— Sim, isso está partindo o meu também.

— Quando?

— Não sei, mas em breve.

Ela desviou o olhar então, perdida em pensamentos, em pensamentos irreconciliáveis. Encarou distraidamente a cortina fechada atrás da cama. Sua postura e a expressão no seu rosto machucaram meu coração. Era demais para uma menina de sete anos.

— Isso está partindo seu coração e o meu também — declarei enquanto me aproximava para alcançá-la. — Vem aqui, senta comigo.

Ela se encolheu no meu colo e começou a chorar. Acariciei sua cabeça. Ficamos as duas abraçadas na cama, deitadas ali por um longo e sagrado momento, presas ao que ainda tínhamos: uma à outra.

Eu estava tremendo quando encerrei a ligação com a assistente social. Tudo que eu queria era ficar ao lado de Saro. Levantei-me do chão e fui até ele. Empurrei as portas de correr do cômodo que, apenas alguns dias antes, era meu escritório. Amigos que tinham ficado sabendo dos últimos acontecimentos nos visitavam, levando flores que enchiam o quarto. Em uma mesa perto da cama hospitalar, estavam uma vela, o livro favorito de poesia dele, de

Rumi, um cartão de orações enviado por Nonna e um cristal. Onde normalmente estaria minha mesa, havia uma máquina de oxigênio, fazendo um zumbido baixo e regular. Nosso escritório se tornara um hospital.

A cabeça de Saro estava virada. Ele estava perdido em pensamentos.

— *Ciao, tesoro* — cumprimentei, dando a volta na cama para olhá-lo.

Os animais de pelúcia de Zoela estavam em cima da colcha, aos pés dele. Ela os tinha alinhado de frente para o pai. Preso na lateral da cama estava um balão de boas-vindas do supermercado, um coração prata que Zoela havia pegado e escrito com sua caligrafia infantil: TI AMO.

Quando me acomodei à beira da cama, ele me olhou, parou, então olhou para trás de mim.

— Sou só eu — falei. — A enfermeira Cathy está lá fora.

Ele deu um sorriso.

— Suco de maçã?

Ofereci o copo de plástico com canudo de arco-íris que Zoela tinha deixado ao lado da cama antes de ir para a escola de manhã. Havíamos concordado que o melhor para ela seria seguir com o dia normalmente. Mas ela quis tomar café da manhã com ele. O suco de maçã tinha sido seu presente de despedida.

Ele assentiu, então curvei o canudo e segurei nos seus lábios. Quando fiz isso, ele se remexeu e gesticulou para que eu me aproximasse. A pele estava quente, e, em meio aos odores de remédio, iodo e lenço umedecidos, eu ainda conseguia sentir o seu cheiro, uma mistura terrosa de sal e pimenta. Dei um beijo longo e forte em sua testa.

— Cadê a Zoela? — perguntou. Ele tinha esquecido.

— Na escola.

Alisei a colcha, então fui aumentar o volume do iPod no outro lado da sala. Depois, voltei para o lado dele. Ao longo dos anos, eu tinha pensado na eventualidade daquele momento. Foi uma maneira que encontrei para lidar com o luto antecipado. Eu podia estar a caminho de um teste, presa no trânsito do viaduto perto do Getty Center, e, em vez de repassar as falas na mente, pensava em que música poderia tocar para Saro quando ele estivesse morrendo. Eu sabia que o som é a primeira ligação sensorial que humanos têm no útero e tinha visto um documentário sobre *O livro tibetano dos mortos*, o qual explica que o som também é a última ligação sensorial que temos quando estamos morrendo. Saro conseguiria me ouvir, ouvir tudo ao redor, ainda que não conseguisse comer, ver ou falar.

A música-tema de *Cinema Paradiso* tocava ao fundo.

Eu podia senti-lo vagar para o infinito.

— *Sto passando una primavera critica, la più critica della mia vita* — disse ele para mim enquanto a música tocava. "Estou passando pela primavera mais crítica da minha vida."

Por um breve momento, consegui sentir o cheiro de eucalipto e da grama na primavera. Vi Zoela correndo pelos arbustos de louros, a pele marrom brilhando sob o sol siciliano da primavera. Ele chamara aquele momento de sua "primavera".

— Quero que conheça o amor um dia. Outro amor. Seu amor é bonito demais para não ser compartilhado — declarou ele ali no quarto, tranquilo, sem um traço de angústia ou incerteza. Como se aquilo fosse a coisa mais natural do mundo para um marido dizer à esposa. — Quero que viva sua vida.

— Não. Por favor. Não — respondi.

Mas eu sabia que ele estava dizendo o que precisava dizer. Ele estava estranhamente lúcido. E então ficou menos.

Deitada ao seu lado, senti a mudança de energia. Desde o momento em que nos conhecemos, seu corpo tinha ancorado o meu. Agora eu conseguia senti-lo se transformando, procurando um novo eixo.

— Para onde eu vou? — perguntou ele, olhando para mim, mas através de mim.

— Não sei, mas acho que é lindo. É pleno e você vai ficar em paz.

Acariciei a palma de sua mão, deixando que meus dedos massageassem os dele.

— Me acorda quando a Zoela chegar em casa.
Ele fechou os olhos.
— Claro.
Saí do quarto para deixá-lo descansar.

A duas portas de distância, ouvi o sino da igreja bater as onze horas. Às vezes, eu odiava o fato de morarmos em uma rua com uma igreja. O sino marcava momentos que não precisavam ser marcados.

Na sala de jantar, meu pai, minha madrasta, Aubrey, e minha irmã, Attica, estavam reunidos à mesa. Eles estavam organizando o que só podia ser descrito como um centro de comando hospitalar: recebendo todas as ligações, notificando a família, coordenando os visitantes. Entre a noite de sexta-feira, quando levamos Saro para casa na ambulância, e aquela manhã, muitas mudanças haviam acontecido. Minha mãe tinha ido de Los Angeles para Houston a trabalho. Meu pai e Aubrey chegaram para assumir o papel de apoio familiar no lugar dela. Minha irmã se dividia entre a própria casa e a minha, indo ao mercado, comprando materiais hospitalares, oferecendo cuidado e garantindo que Franca e o marido comessem e tivessem tudo de que precisassem. Um dos primos de Saro tinha vindo de avião de Buffalo, Nova York, para se despedir. Franca e Cosimo haviam se reunido ao redor da cama de Saro para suas próprias despedidas antes de embarcarem no voo de volta para a Sicília, tomados pela tristeza. As idas e vindas de familiares e amigos eram vertiginosas.

Quando Zoela chegou da escola naquele dia, foi direto para o quarto do pai. Ela o chamou de "dorminhoco" e perguntou se também podia tomar um picolé.

Mais tarde, jantamos ao lado da cama dele enquanto Saro descansava. Em seguida, Zoela assistiu a *Gato de Botas* e pintou as unhas do avô, porque ela quis, e ninguém queria tirar mais nada dela. Ela deu boa-noite para Saro, disse que o amava, e eu a coloquei para dormir.

Ela estava dormindo já fazia umas duas horas quando a respiração de Saro mudou. Chamei a enfermeira Cathy imediatamente.

— É o que acho que é? — perguntei.

A enfermeira de cuidados paliativos tinha me dado um panfleto sobre o que esperar nos estágios finais da morte.

— Sim.

Ela era calma, firme, um farol na minha escuridão.

O tanque de oxigênio zumbiu.

— Quanto tempo?

— Depende. Todo mundo é diferente. Pode continuar assim por um tempo, até um ou dois dias.

Apoiei-me na grade da cama. Estava fria, apesar do calor que subia para a minha cabeça. *Não vou aguentar isso durante dias.*

Segurei a mão de Saro. Ele não teve reação. Mas seu toque ainda continha sua presença. Sua *vitalidade*. Fiz carinho em seu dedo indicador e olhei para Cathy. Ela nos conhecia bem o suficiente para saber que deveria sair do quarto. A porta de correr rangeu atrás dela, e me virei para Saro.

Aquele era o momento. Tinha chegado.

— Pega leve comigo, Saro. Por favor, amor, facilita isso para mim.

Nas seis horas seguintes, enquanto a noite se transformava em manhã, eu fiquei sentada ao lado da cama. Segurei a mão dele, beijei-o incessantemente, beijos que não eram diferentes daqueles que eu lhe dera por quase vinte e um anos, cotidianos, mas intensos. E conversei com ele.

— Você foi um companheiro extraordinário e um pai incrível. Você tornou minha vida melhor. Vou te amar para sempre. Tudo bem você partir, meu amor — falei suavemente no ouvido dele. Sentia o calor da minha respiração voltar para mim. — Esse corpo te serviu bem, mas agora você vai deixá-lo. Você sempre será bem-vindo nos meus sonhos, *amore*, e mal posso esperar para nos vermos de novo. *Ti amo, amore mio bello.*

Repeti aquilo feito um poema. Um mantra. Um refrão do meu amor. Sem parar. Quando cansei das minhas próprias palavras, li Rumi em voz alta. Massageei seus pés. Acariciei seu cabelo. Subi na cama. Desci da cama. Arrumei as cobertas toda vez que ele as chutava. E, quando seu corpo pareceu em sofrimento, chamei a enfermeira. E então sussurrei "Eu te amo" enquanto ela derramava morfina líquida de um conta-gotas de bebê na boca dele para acalmar a respiração e relaxar os músculos. A cada gota, eu sentia uma pontada de traição. Morfina. Ele odiava remédios.

Eu sabia que ele queria ficar lúcido e longe da névoa de sedativos o máximo que conseguisse.

— É demais, precisamos fazer isso? — perguntei a Cathy.

Minha voz estava baixa, mas com um medo renovado. *Estou fazendo isso do jeito errado?* Eu sabia que a morfina era necessária para tornar a morte mais fácil. Todos os panfletos sobre cuidados paliativos diziam isso. Ainda assim, nada sobre morrer era fácil. Nem para ele nem para mim. Era um esforço, tanto esforço quanto era para vir a este mundo.

— Sim, é o melhor, e estou dando a ele uma quantidade pequena — garantiu-me a enfermeira. Observei-a quebrar metade de um tablete branco, dissolvendo-o rapidamente na água antes de colocar no conta-gotas. — Vai aliviar a dificuldade respiratória.

E aliviou. O inchaço no fundo da garganta diminuiu.

Às três da manhã, eu estava exausta. Pedi a minha irmã que ficasse com Saro. Fui para o andar de cima me deitar ao lado de Zoela.

No meu quarto, o corpinho de Zoela estava quente. Ela estava em paz, roncando suavemente. Para mim, naquele momento, parecia ao mesmo tempo angelical e forte. Pela primeira vez, pensei que éramos apenas nós no mundo, só nós duas. E então me permiti fechar os olhos. Aproveitar aquele descanso. Só por um tempinho, disse a mim mesma. Vou dormir só por um minuto.

Quando dei por mim, minha irmã estava de pé sob o brilho do crepúsculo ao lado da cama.

— A respiração dele mudou muito. Acho que você tem que vir agora — avisou ela.

Dei os quarenta passos do meu quarto até onde Saro estava. Quando entrei, ele mirava a porta. Olhava diretamente para mim. Eu conseguia ouvir o que sabia que eram seus fracos suspiros finais.

Ah, meu amor.

Subi na cama com Saro. Uma lágrima se formara no olho dele.

— Desculpa ter feito você esperar. Eu dormi. Mas estou aqui agora. Estou aqui.

Ele tinha me esperado para estar ao seu lado. Beijei sua lágrima. Depois, houve apenas mais alguns suspiros. Fracos, curtos, e então cessaram, comigo deitada ao lado. Eu inspirava um ar novo, um ar do qual ele não fazia mais parte.

Saro tinha esperado por mim, do mesmo modo que esperara por mim em Florença, de pé sob o poste na chuva de inverno. Ele tinha partido deste mundo persistindo em seu amor, como era típico dele, e não consegui evitar o sentimento de que ele estava me dizendo que também estaria esperando por mim no próximo.

Fiquei ali deitada em silêncio por um longo tempo. O ar estava impregnado com uma pulsação energética. Beijei-o de novo. Talvez eu precisasse ter certeza de que ele não estava mais lá fisicamente. Vinte minutos se passaram. Sem respiração. Por fim, eu me senti em condições de ficar de pé. Estava disposta a encarar meu primeiro passo para uma vida nova. Precisava dizer a minha filha que seu *babbo* se fora.

Girei a maçaneta do meu quarto. Passava um pouco das sete da manhã, e a luz do sol se infiltrava suavemente no quarto. O dia continuava.

— Meu amor.

Acariciei suas costas. Eu não queria acordá-la, pois, assim que fizesse isso, sua vida mudaria para sempre. Minhas palavras pareciam que estavam coladas na boca. A lágrima de Saro ainda estava nos meus lábios. Mas me forcei a seguir em frente porque o que estivesse para acontecer em seguida, como eu lidaria com tudo a partir daquele momento, ficaria com ela para o resto da vida.

— Zoela, *amore*. — Puxei-a para perto. Beijei sua bochecha. — Zoela.

Ela se virou. Beijei-a de novo. Eu queria levá-la do estado de sono para a realidade com o maior cuidado que eu conseguisse. Ela se lembraria daquela manhã para sempre.

Quando seus olhos se abriram o suficiente e ela estava encolhida contra meu corpo como tínhamos feito em tantas manhãs desde que ela havia nascido, eu disse:

— *Babbo* morreu, querida.

— Quando?

Seus olhos mal estavam abertos.

— Enquanto você dormia. — Ela me encarou de forma inexpressiva, sem entender. — Acho que devíamos descer e vê-lo. Ele quer que a gente se despeça.

Ela não protestou. Levantei-a no meu quadril e saímos.

Quando chegamos ao andar de baixo, fiz todas as coisas que a assistente social havia me dito para fazer. Zoela leu um poema. Colocou uma flor nele. Dissemos a ele que o amávamos. Assegurei a ela duas vezes que ele não estava só dormindo. Por mais que fosse difícil para mim, não a apressei. O processo todo durou quinze, talvez vinte minutos. Então disse a ela que os avós estavam no outro cômodo. Seu avô a levaria para tomar café da manhã fora. Ela poderia escolher o lugar.

Sentei-me com Saro por mais uma hora. Depois, liguei para Nonna.

— *È andato via* — falei. *Ele se foi.*

Ela chorou antes que eu pudesse formar mais palavras. E então ficou em silêncio. Eu conseguia ouvi-la no outro lado da linha enquanto chorava. O silêncio nos uniu, e ficamos assim por um tempo até ela perguntar como estava Zoela.

— *Così così* — respondi.

E deixamos o silêncio nos envolver de novo.

Em seguida, eu a ouvi se levantar e empurrar a cadeira pelo chão de cerâmica da cozinha.

— Vou para a igreja rezar. Agora está na mão dos santos.

Seguiu-se a logística da morte. Eu ligava para minha sogra na Sicília e conversava com ela todo dia. Ela me contou de um sonho no qual Saro tinha aparecido para ela, me dizia quem na cidade dela tinha passado para oferecer condolências. Eram conversas de três minutos breves e difíceis nas quais, todo dia, ela perguntava dos planos para o funeral. No interior da Sicília, os mortos eram enterrados em vinte e quatro horas. Desde o momento da morte de Saro, Nonna vinha perguntando onde ele estava.

— *Ma dov'è il suo corpo?*

Ela não conseguia imaginar o filho suspenso em um limbo entre morte e descanso final num país estrangeiro. Não conseguia imaginar seu corpo sendo cuidado por estranhos, sua esposa americana sem nem saber direito onde ele estava. Eu só podia lhe dizer o que sabia. Que as cinzas dele estariam prontas em dez dias para retirada ou entrega e que não haveria funeral, mas um memorial uma semana depois. Tentei explicar o conceito de memorial em italiano a uma mulher para quem esse ritual não existia. Ainda assim, ela continuou perguntando pelo corpo.

Ainda não tinha lhe contado que eu levaria um pouco das cinzas para a Itália, uma promessa final que fizera a ele. Não havia contado a ela porque não tinha certeza dos detalhes. Precisava de tempo para processar tudo. Além disso, não tinha certeza se a ansiedade não me dominaria só de pensar em sair de casa, muito menos deixar o país com minha filha.

Não conseguia pensar sequer em preparar o almoço.

Acendi a boca do fogão e lancei uma pequena chama em toda aquela escuridão. Eu queria incendiar meu luto, queria trazê-lo de volta. Talvez ferver água numa panela o trouxesse de volta para mim, mesmo que por um instante.

De pé na cozinha de Saro, dei uma olhada na minha família, reunida ao redor da mesa de jantar. Eles estavam debatendo planejamentos funerários, o encerramento dos cuidados paliativos e detalhes do memorial. Faziam isso a toda, ao passo que eu precisava me esforçar para simplesmente beber um copo inteiro de água.

Mais cedo, minha madrasta tinha batido na porta do meu quarto depois que Zoela saíra para a escola.

— Oi, entra.

Aubrey apareceu à porta, todo o seu um metro e meio, com uma xícara de chá de camomila.

— Estou dando uma lida final na biografia de Saro para o memorial. Você quer reler mais uma vez antes que eu envie o texto?

Eu tinha me esquecido de que, não sei como, havia escrito a história da vida dele, dois dias após sua morte. Flashes de produtividade frenética seguidos de horas de incapacidade total pareciam ser parte do funcionamento do impacto inicial da perda do meu marido. Ela me entregou um papel, toda a vida dele em seis parágrafos, com espaçamento simples e fonte Corinthian.

Nunca imaginei escrever o que correspondia ao obituário do meu amor. Mas eu tinha feito isso. Havia tirado trechos do seu diário, de suas cartas e de seus cartões-postais. Coisas que ele tinha anotado aos poucos em seu último ano. Coisas pelas quais queria ser conhecido, coisas que queria que nossa filha soubesse.

Meus olhos pairaram nas palavras da segunda frase, palavras do próprio Saro sobre sua origem: "De uma linhagem de agricultores que ia até o Império Bizantino. Eles trabalharam com azeitonas, limões, alho e alcachofras em um solo pedregoso e resistente a água, no sopé das colinas." Mais abaixo, ele se chamou de "chef por acidente". Mais abaixo ainda, em um parágrafo sobre sua paternidade, eu havia adicionado um trecho de um poema que ele tinha escrito na época do nascimento de Zoela, no qual descrevia a chegada do amor dela em sua vida como um "navio experiente" firme o bastante "para enfrentar tormentas" e "levar um marinheiro de volta a sua terra".

Um alçapão invisível se abriu sob meus pés, e senti uma parte de mim cair nele enquanto devolvia o papel para Aubrey.

— Está bom — falei.

Ela me mostrou duas fotos de Saro e perguntou qual eu queria usar. Eu não queria usar nenhuma, queria ele. Mas escolhi a que eu havia tirado dele no nosso décimo aniversário juntos: a foto na qual seus olhos intensos prometiam uma vida longa.

Ela me perguntou sobre flores brancas e se eu queria que uma solista cantasse. Reuni toda a minha concentração. Tentei formar respostas em meio à névoa cinzenta no meu cérebro que dificultava a formação de pensamentos, e então caí de volta na cama. Chorei no travesseiro dele até que meus olhos se fechassem de tão inchados.

Uma hora depois, fui para o andar de baixo e encontrei minha família sentada à mesa.

— Acho que não consigo ir ao memorial de Saro. Acho que não vou conseguir. Vou ficar em casa. Vão vocês — declarei.

Minha família gentilmente me convenceu do contrário. Eles prometeram me apoiar. Amigos visitavam todos os dias em pequenos grupos ou sozinhos. Eles me abraçavam, depois nos sentávamos no sofá e encarávamos as paredes, incrédulos. A morte é assim. O espectro de sua possibilidade era enorme e esteve à mostra por todo o tempo que Saro esteve doente. Porém, quando ela aconteceu, sobrou apenas incredulidade. E, para mim, também fadiga e uma ansiedade incapacitante. Eu me sentia tão nova no mundo quanto no dia em que nasci. E tão vulnerável quanto.

Aubrey, em uma atitude gentil, decidiu se mudar para nossa casa de forma temporária. Ela havia estado comigo três dias antes, quando uma conselheira de luto tinha recomendado que eu e Zoela não ficássemos sozinhas por pelo menos três meses. Não acho que a mulher quis dizer literalmente, visto que Aubrey morava a quatro estados de distância, no Texas. Mas Aubrey entendeu o recado. E, sendo quem é, vendo o que via diante de si, ela sabia que eu me encontrava incapaz de cuidar de mim, muito menos de uma criança. Estávamos em carne viva, e tarefas simples exigiam um esforço enorme. O simples som de água corrente machucava meus ouvidos, e Zoela chorava das oito da noite até quase a meia-noite todo dia, pedindo pelo pai de volta. Quando tentei dirigir de novo, levei mais de dez minutos para tirar o carro da garagem. Sentia o pânico surgindo antes mesmo que eu tentasse sair da cama. Comer era uma formalidade. Logo, Aubrey estava lá para garantir que eu tomasse banho, para preparar o almoço de Zoela e abrir os lençóis para eu me esgueirar para dentro após ter deixado minha filha na escola no primeiro dia de seu retorno.

A escola de Zoela e a sua antiga comunidade pré-escolar tinham nos ajudado e organizado refeições durante o tempo que passamos fazendo a rotina de cuidados paliativos e imediatamente após o falecimento de Saro. Era um fluxo contínuo de comidas do sul da Califórnia, a maioria vegetariana. Fomos abastecidas por comida caseira de alta qualidade. Ainda assim, quando Zoela e eu nos sentávamos para comer, a textura e o gosto em nossos pratos eram estranhos e difíceis de digerir.

O milho é a base das *comfort foods* do Texas. Canjica fazia parte da nossa linhagem. Em tempos de necessidade, deve-se manter uma panela dela no fogão. A canjica de Aubrey, com manteiga, era a única coisa que eu conseguia fazer descer. Toda vez que eu colocava um pouco no prato, pensava nela como a polenta de Saro, porém sem sua cor e seu sabor natural. Mesmo assim, com sal e colheres generosas de manteiga, a canjica descia sem problemas. Embora eu valorizasse profundamente toda a comida que nos presenteavam naquelas semanas e, com frequência, chorasse com a generosidade infinita de nossos amigos mais íntimos, para ser sincera, tudo era emocionalmente indigesto. Mais ou menos como minha vida nova. Quinoa, em particular, tinha se tornado um agressor pessoal do luto. Ainda que eu a amasse antes, no luto era um esforço comê-la, um trabalho digerir e transformar em algo suave. Pedir em restaurantes também não ajudava. Eu recebia, pegava a sacola, abria e olhava para a comida morna cujas estética e textura tinham sido desfeitas pela umidade do plástico e da caixa. Eu a remexia no prato, porque todo mundo ao redor ficava dizendo para eu comer. A ideia de uma vida inteira daquilo pairava nos recônditos da minha mente, um tipo diferente de perda que não era fácil de explicar para qualquer um que não tivesse sido amado por um chef.

Foi esse aspecto do meu luto que me levou à cozinha. Era um instinto e um desejo ao mesmo tempo. Havia medo também. Eu queria estar próxima do meu marido. Intuitivamente, minha família soube disso e me deixou sozinha ali pela primeira vez em uma semana. Compreendi que, naquela primeira tentativa de cozinhar por mim mesma, meu luto demandava que eu fosse devagar. Com cuidado. Confiasse que eu seria guiada na direção certa.

— Comece com o *soffritto* — diria ele.

Então foi o que fiz. Piquei meu primeiro montinho de alho. Limpei-o com a palma da mão até que se tornasse uma linha branca estreita, como tinha visto Saro fazer no início de uma centena de refeições. A palma da mão dele guiara o alho para o que vinha a seguir.

— É uma planta humilde — dissera-me ele —, mas que acrescenta uma dose de coragem a cada prato. Um pouquinho já dá bastante resultado.

Il soffritto é um ato de submissão, de submissão da cebola e do alho ao óleo.

Cozinhar é uma rendição. Ele sempre demonstrava isso.

Então, em seguida, cortei a cebola em cubos rústicos.

Eu tinha assistido a Saro levar ingredientes crus a um estado de rendição, abandonando suas formas e seus sabores para criar algo novo. Ele era meu mestre alquimista. Eu me sentia como a cebola que tinha acabado de colocar na panela, translúcida e vulnerável.

Queria voltar para o início de tudo, os primeiros sabores — o *risotto con sugo verde* que experimentei no Acqua al 2. Compreendi que, dali em diante, tudo que acontecesse comigo naquele fogão, na minha casa, no mundo, seria uma vida de segundas primeiras vezes.

— *Fai una salsa semplice.* — "Faça um molho simples", imaginei-o dizendo.

Alcancei um frasco de molho de tomate, o último que havia sobrado do nosso verão anterior na Sicília. Abri o frasco e derramei um líquido siciliano de verão na panela, em cima do *soffritto*.

— Use manjericão, não louro. Coloque um pouco de açúcar para equilibrar a acidez.

Imitei os movimentos e gestos que Saro tinha me mostrado e misturei.

— *Un piatto di pasta ti farebbe bene, amore.* — "Um prato de massa vai te fazer bem, amor." Esse era sempre o conselho dele.

Como a água, a dúvida é fluida. Uma semana após a morte de Saro, duvidei de que conseguiria fazer muita coisa, fosse na cozinha, fosse na vida. Mas eu sabia como colocar uma panela de água no fogão. Assisti à água preencher a panela, ciente de sua fluidez, de sua maleabilidade. Será que minha vida tinha passado a ser desse jeito, uma coisa que fluía de acordo com os caprichos da vida?

Fechei a torneira e coloquei a panela no fogão. Adicionei sal e esperei que fervesse.

— Um punhado serve uma pessoa. Sempre faça dois punhados, seis se vai receber amigos.

Seis punhados de massa pareciam algo inimaginável. Por enquanto, preparar *pasta col sugo di pomodoro* para uma pessoa era tudo que eu conseguia.

Doze minutos depois, escoei a água da massa e deixei o vapor aquecer meu rosto. Derramei o molho no punhado de espaguete que havia feito, finalizando a massa na panela ao modo italiano. Eu tinha preparado minha primeira refeição para uma pessoa na cozinha de Saro.

Dei uma garfada. Não estava ótimo, mas não estava ruim. Eu conseguia sentir o gosto de dúvida e de amor, talvez um pouco de fé, uma pitada de determinação. Depois de comer um pouco, afastei o prato. Olhando para o quintal, onde a figueira que prometia frutas no verão já tinha formado totalmente bulbos virados para o sol, tomei uma decisão: levaria as cinzas de Saro para a Sicília naquele verão. Cumpriria a promessa feita ao meu amor e, quem sabe, no caminho, talvez descobrisse uma nova promessa para mim mesma e para um futuro que parecia incompreensível no momento.

UM CASARÃO, UMA VASSOURA

Saro tomou a iniciativa em nosso relacionamento a distância. Quando voltei aos Estados Unidos depois da minha estada prolongada em Florença, ele bolou um plano: eu voltaria à Itália durante o verão e leria livros na praia enquanto ele trabalhava como chef de cozinha na ilha de Elba. Ele visitou a Wesleyan no outono do meu último ano e voltou para minha formatura na primavera. Depois disso, procurou um apartamento para nós em Florença enquanto eu atuava em peças de verão em Berkshire, até que definíssemos os próximos passos. Estávamos dando um jeito mesmo com os fusos horários, um oceano de distância e duas línguas — e estando em dois estágios diferentes da vida. Embora eu ainda não tivesse conhecido os pais dele, estávamos seguindo o sonho do nosso relacionamento, e mais cedo do que pensamos eu passaria a seguir outro grande sonho: ter uma carreira como atriz.

Enquanto atuava nas peças de verão, um olheiro de Nova York concordou em me representar. Demorou mais ou menos meio segundo para ficar nítido que meu futuro era em Nova York, não na Itália, como Saro e eu pensávamos. E eu mal podia esperar para contar a novidade a ele. Quando liguei, estava em um telefone público de beira de estrada em Great Barrington, Massachusetts, entre ensaios.

— Por sorte, as pessoas comem no mundo inteiro — disse ele, animado. — Posso ser chef em qualquer lugar.

Um mês depois, ele decidiu vender sua sociedade em um novo bar bem-sucedido que abrira com amigos. Dois meses depois, deu o aviso prévio no Acqua al 2 e estava pronto para se mudar para Nova York.

— Tem certeza? — perguntei a ele.

A essa altura, eu estava morando em Nova York e dormindo no sofá da minha tia no Upper East Side para economizar dinheiro enquanto estudava de dia e trabalhava como garçonete à noite.

— Óbvio, não vejo um futuro sem você — declarou ele.

Eu não via a hora de Saro se juntar a mim nos Estados Unidos, embora soubesse que ele levaria alguns meses para organizar a vida em Florença, e seria difícil se despedir de todos os seus amigos.

Mas eu sabia que ele tinha aceitado bem a ideia de se mudar para os Estados Unidos. Esperava que ele encarasse a chance como um tipo de reivindicação. Afinal, Saro passara a adolescência em Buffalo, Nova York, quando os pais migraram para lá por um tempo. O pai dele aceitara um emprego em uma fábrica de macarrão e a mãe conseguira trabalho em uma linha de produção de casacos. O pai odiava a neve, e a mãe realizou por três anos o trabalho repetitivo de grudar o mesmo tipo de lapela no mesmo estilo de casaco esportivo masculino. Saro tinha me contado sobre a desilusão deles com o sonho americano. Por fim, a família retornou à Sicília quando ele tinha dezessete anos, depois de concluir o ensino médio. Ele não queria partir.

Na época, a história de como os pais dele foram de fazendeiros a trabalhadores de fábrica e então fazendeiros de novo era tudo que eu sabia. E também que nenhum deles havia passado do quinto ano na escola. Senti empatia pela monotonia que imaginei dominar aqueles anos em Buffalo. E estava curiosa sobre aquelas pessoas capazes de juntar os filhos, levá-los para a terra da oportunidade e então os devolver para a Sicília, um lugar onde, segundo Saro, tinham menos oportunidade. Os pais dele me pareciam determinados, trabalhadores e comprometidos, ainda que não muito imaginativos — coisas que eu podia dizer a respeito de alguns parentes meus. O que eu ainda não sentia era a resistência deles; o que eu ainda não entendia era a profundidade da complexidade e do conflito que permeava o relacionamento deles. Essa realidade desabou sobre a minha cabeça apenas duas noites antes de Saro enfim deixar Florença para se juntar a mim em Nova York.

— Como assim, você ainda não contou a eles?

Eu estava andando de um lado para outro no apartamento pouco mobiliado que tinha arranjado para nós no Upper West Side, cansada depois de subir até o sexto andar. Eu tinha uma ideia específica de que tipo de primeiro apartamento um casal como nós deveria ter, e o havia escolhido pensando nisso: um lugar com espaço interior e exterior, paredes de tijolos, uma cozinha pequena mas funcional, e um armário grande o suficiente para eu poder guardar minhas roupas, majoritariamente, e algumas dele. Eu tinha acabado de voltar do meu turno como garçonete no Jekyll and Hyde, um bar temático em West Village, e estava irritada e incrédula com o que estava ouvindo.

— Contar a eles é importante — respondeu Saro. A voz dele estava tensa e um tanto apressada. Eu ouvia os sons da rua italiana atrás dele: Vespas e uma sirene de ambulância a distância.

Era fim de novembro. Por um segundo, imaginei castanhas assando em barris de aço e pessoas tomando chocolate quente na piazza della Signoria. Então fui puxada de volta pela seriedade do que ele estava dizendo.

— Lógico que é importante. Vamos morar juntos. Nos Estados Unidos! Acho que você precisa avisar. — Eu estava me esforçando para apoiá-lo, mas também estava impaciente.

— Eu vou, eu vou — disse ele.

— Saro, você viaja daqui a dois dias!

— Eu sei. Só preciso descobrir como dar a notícia. Eles vão ficar arrasados. Vão pensar que nunca mais vamos nos ver.

— O quê? Por que eles pensariam isso?

— Porque, para eles, quando as pessoas saem da Sicília, não voltam mais. Viver nos Estados Unidos significa se esquecer do lar.

Dava para ouvir a angústia na voz dele.

— Isso não faz sentido. Você pode pegar um avião para a Sicília quando quiser. — A essa altura, eu tinha tirado minha camiseta preta do trabalho e estava de sutiã, olhando pela janela dos fundos para os terraços do apartamento na 91st Street, sem me importar se alguém me visse. — Você tem um tio em Buffalo, está me dizendo que ele *nunca* volta para a Sicília?

— De vez em quando. Mas a vida e a família dele estão nos Estados Unidos. A Sicília é o *passado* dele. É um lugar que você visita, não um lugar onde fica.

Tínhamos entendimentos diferentes sobre mobilidade. Eu pegava avião desde os dez anos, mas Saro havia feito sua primeira grande viagem quando foi para os Estados Unidos de navio — um transatlântico chamado SS *Michelangelo*. Foram três semanas de noites passadas em uma cabine de terceira classe. Ele tinha andado de avião pela primeira vez quando a família retornou para a Sicília. E, embora tivesse ido me visitar nos Estados Unidos várias vezes, parecia estar sugerindo agora que voltar para a Sicília era de alguma forma diferente — se não física, emocionalmente.

— Está bem, então. Só prometa a eles que vai visitá-los, pronto — pressionei.

— Não é tão simples assim. Não vou voltar para lá até poder te levar comigo. E isso vai demorar. Quem sabe quando vai ser?

— Espera aí, como assim?

Era a primeira vez que Saro estava dizendo algo que até então não tínhamos discutido abertamente. Nos dois anos em que estivemos juntos, nunca falamos sobre eu visitar os pais dele. Estivemos tão ocupados tentando manter um relacionamento a distância — comprando passagens para os Estados Unidos e a Itália — que a ideia de ir à Sicília nunca me ocorreu.

— Eu não envolvo meus pais na minha vida pessoal. Aprendi isso com a Valentina.

Valentina era a ex-namorada dele. Eles namoraram por cinco anos antes de ela se tornar budista e tirar as coisas da casa enquanto

Saro estava no trabalho. Valentina era um código para "relacionamento que deu errado".

— O que você quer dizer com "aprendeu isso" com a Valentina?

— Que meus pais não aprovam relacionamentos entre pessoas de culturas diferentes. Podemos falar disso depois, tipo quando eu estiver aí?

Ele estava pronto para encerrar o assunto.

— Espera! Do que você está falando? — Eu havia tirado os jeans e vestido uma calça de moletom, e estava sentada no sofá, prestes a abrir uma garrafa de vinho. — Valentina era italiana!

— Não, ela era da Sardenha.

— Sardenha é parte da Itália.

— É uma parte da Itália, mas uma ilha *longe* da Itália. Ser sardo é diferente de ser italiano e, definitivamente, diferente de ser siciliano. Meus pais não aprovavam a relação e não se davam bem com ela. Quando a levei lá, ela odiou o lugar e meu pai disse à minha mãe que nosso relacionamento nunca funcionaria. Tembi, isso não é importante. — Saro tinha se aprofundado demais em um assunto que nunca deveria ter sido discutido por telefone com um oceano entre nós. — Preciso ir, sério.

— Tudo bem, mas isso foi antes. O que isso tem a ver com você contar a eles que está se mudando para cá?

Eu sabia o que significava, mas queria que ele dissesse.

— Eles vão pensar que falharam comigo como pais. Que, por não me casar com uma italiana ou uma siciliana, estou abandonando os dois. Mas eu te amo. É só o que importa. E agora preciso passar no Acqua al 2 antes de ir.

— Você *precisa* resolver isso, Saro. É isso que precisa fazer. E eu também te amo.

A situação toda me deixou um pouco mais consciente das fraturas profundas que deviam existir no relacionamento deles. E a coisa toda com Valentina era loucura. Tipo dizer que alguém da Louisiana não poderia ter um relacionamento bem-sucedido com alguém de Nova Jersey. Eu estava ficando irritada tentando entender tudo aquilo. Levantei do sofá e servi outra taça grande do tipo de vinho que pode ser encontrado em uma loja de esquina por menos de dez dólares. Apesar de tentar expulsar os pais de Saro da mente, por dentro eu sentia uma mistura estranha de confusão, frustração e raiva daquelas pessoas que eu nem conhecia. Além disso, elas pareciam deixar um homem perfeitamente capaz paralisado de indecisão a ponto de nem sequer falar com elas a respeito de um aspecto importantíssimo da sua vida. E se o que Saro havia dito sobre a reação dos pais à namorada de uma ilha diferente do Mediterrâneo fosse verdade, o que eles pensariam de uma garota negra do Texas?

Em uma tarde fria no fim de novembro, Saro chegou à nossa porta depois de se arrastar por cinco lances de escada com todas as suas bagagens. Eu tinha passado o dia inteiro elétrica — limpando, abastecendo a geladeira, reorganizando as novas almofadas no sofá puído chique que havia comprado com as gorjetas que ganhara no bar. Até tinha comprado o jornal italiano que ele lia e deixado na bancada da cozinha. Queria que o lugar estivesse perfeito, para que Saro se sentisse em casa assim que passasse pela porta. Imaginei que faríamos amor e cruzaríamos a Broadway para comer alguma coisa tarde da noite antes de voltarmos para casa pela West End Avenue.

A primeira coisa que ele disse ao passar pela soleira foi:

— Conseguimos. Estou aqui.

Pulei nele, apertando minhas pernas ao redor de sua cintura e me recusando a soltá-lo. Eu não conseguia acreditar que aquilo era verdade. Saro me abraçou por um instante, e então o levei por um *tour* de todos os 46 metros quadrados da nossa nova casa. Mais que tudo, ele gostou da parede de tijolos expostos.

— Depois que nos ajeitarmos, vou fazer um macarrão para nós e contar aos meus pais que cheguei bem.

— O que eles disseram quando você contou a eles? — perguntei, tentando soar casual e imparcial.

— Não muito. Eles não são muito de falar. Meu pai não disse nada. Minha mãe suspirou e disse: "Se cuide."

— Só isso?

Tentei não demonstrar meus sentimentos sobre aquela resposta tão pouco encorajadora enquanto ajudava Saro a tirar algumas roupas das malas. Mesmo assim, não consegui me livrar do pensamento enquanto sentia uma apreensão e desconfiança crescentes por pessoas que podiam esconder partes de si mesmas. Pessoas assim pareciam destinadas a infligir um mundo de sofrimento a si mesmas e aos outros.

Não demoramos para desfazer as malas. O guarda-roupa de Saro era minimalista se comparado ao meu, que exibia muitas cores e sapatos com saltos de todos as alturas já usadas por mulheres. Quando terminamos e Saro havia guardado sua última camiseta, entreguei a ele o telefone. A irmã mais nova dele, Franca, que tinha acabado de se casar e estava grávida do segundo filho, atendeu.

— Diga a eles que cheguei — ouvi Saro dizer em italiano.

Então eles conversaram por mais alguns minutos em siciliano. Não sabia se o que estava ouvindo era um dialeto de italiano ou a língua em si, mas de qualquer forma eu não entendia uma palavra. Escutando apenas um lado da conversa era difícil dizer se os pais de Saro estavam em casa ou não, e ainda mais difícil avaliar como a ligação o estava fazendo se sentir. Quando ele desligou, apenas sorriu e foi para a cozinha. Por mais que eu quisesse fazer um interrogatório completo, deixei quieto. Saro estava visivelmente cansado. Era nossa primeira noite em uma cidade nova, começando nossa vida nova. Tudo o que eu queria era fazer amor, comer e talvez dar um passeio noturno ao longo do Hudson. Naquele momento, eu estava mais do que disposta a deixar os pais dele permanecerem nas margens da vida dos sonhos que estava começando a se tornar realidade.

Saro misturava massa de macarrão fresca delicadamente na nossa cozinha do tamanho de um selo postal. Cheguei por trás dele, olhei por cima do seu ombro e falei:

— Acho que devíamos nos casar.

Nos três dias que se passaram desde a chegada dele, era tudo em que eu conseguia pensar. Falamos do assunto de maneira geral por meses, mas, agora que estávamos morando juntos, o desejo tinha uma nova urgência.

Ele não ergueu o olhar da massa.

— Sim, claro.

Perguntar a ele se queria se casar comigo enquanto fazia macarrão parecia a coisa mais natural e lógica a se fazer.

— Precisamos disso para a imigração. Você precisa do status de residente permanente para poder trabalhar. Podemos ir ao cartório.

Saro colocou a massa em uma tábua e a cortou, fazendo tiras de vinte e cinco centímetros e em seguida rolando-as na forma de longos tubos finos.

— Claro, vamos fazer isso, *amore*.

Então ele me beijou. Um beijo ao mesmo tempo simples e afirmativo. Meia hora depois, comemos olhando a vista do terraço que dava para a parte de trás dos prédios marrons da 91st Street. Concordamos que não contaríamos a ninguém a respeito do nosso plano de casamento. Faríamos uma cerimônia depois. Por enquanto, o momento era só nosso. Escolhemos Susan, minha colega de faculdade, para ser nossa testemunha. Susan era discreta e adorava qualquer coisa romântica. Ela trabalhava no World Trade Center, perto do cartório. Uma ligação rápida, e ela concordou em nos encontrar no horário do almoço e fazer parte daquele momento.

Demos entrada na certidão e compramos alianças em West Village. Eram anéis simples de prata — dois por vinte dólares de um vendedor de incensos, clipes e camisetas com a estampa EU AMO A GRANDE MAÇÃ. Colocamos as alianças e então paramos na esquina para comprar um cappuccino no Caffè dell'Artista, na Greenwich Avenue. Eu amava aquela cafeteria, com suas mesas antigas que não combinavam, lâmpadas boêmias e sofás fundos por todo o local. Mas minha coisa favorita era o costume dos clientes de deixar uma mensagem ambiciosa, confissão, desejo ou citação literária nas gavetas das mesas. Às vezes havia cartas de amor inteiras escritas anos antes. Naquele dia, deixei minha própria mensagem: "Quero ter uma vida de amor e companheirismo."

Quando finalmente chegamos ao pequeno escritório do governo com o juiz de paz em um pódio e uma vista estreita do East River através de uma janelinha, eu estava feliz em minha blusa branca floral e calça preta plissada. Saro carregava um jornal italiano. Susan, emocionada como sempre, estava em lágrimas atrás de nós. Eu segurei a mão de Saro e não acreditei na rapidez com que o funcionário casava as pessoas. Em menos de cinco minutos, éramos marido e esposa, e nenhuma das nossas famílias sabia. Exatamente como queríamos.

O sol estava forte quando deixamos os recantos escuros do cartório. Pensamos que a melhor forma de comemorar era com uma fatia de pizza e uma lenta caminhada de volta. Cruzar Manhattan como recém-casados aconteceria apenas uma vez. Pegamos a rota com vista, parando em Chelsea, cruzando a Times Square e então passando pelo Lincoln Center antes de voltar para o apartamento. Paramos e compramos queijo no Zabar's. Naquela noite, comemos pecorino gratinado sobre mais macarrão caseiro de Saro. Servi vinho e nós brindamos. Minha vida parecia rica de possibilidades. Eu tinha o homem dos meus sonhos ao meu lado e a sensação de que a carreira com que sempre havia sonhado estava ao meu alcance. Eu estava na vibração da magia.

— Você tem que contar a eles — falei para Saro enquanto corríamos de manhã pelo Hollywood Reservoir, um lago municipal metido a besta que ficava no topo de uma colina chique entre complexos de celebridades e eucaliptos. Nosso tempo juntos em Nova York acabou durando pouco. Depois de conseguir um papel pequeno e recorrente em uma novela, meu primeiro papel de verdade na TV, eu tinha imediatamente conseguido um agente, que disse que eu precisava ir para Los Angeles o quanto antes. Não tínhamos móveis nem trabalho, mas muita ambição. Marquei minha primeira audição e imediatamente disse a Saro: "Acho que posso me acostumar com isso."

Os anos desde que nos mudamos para Los Angeles passaram voando, em um ritmo acelerado de audições, roteiros e rejeições ao mesmo tempo que tentávamos descobrir onde encontrar o melhor café italiano. Ainda não conhecíamos muitas pessoas, e a enorme extensão da cidade era paralisante. Mas tivemos a distração de planejar nosso casamento oficial, que nos levaria de volta a Florença para trocar votos na presença de amigos e familiares.

Nos quase cinco anos em que Saro e eu estávamos juntos, eu mal havia trocado um cumprimento com os pais dele pelo telefone. Ainda assim, foi uma surpresa quando descobri que Saro ainda precisava contar a eles que íamos nos casar (de novo), desta vez na Itália.

Os convites foram enviados em inglês e italiano: "Solicitamos a honra da sua presença no casamento de..." Saro tinha conseguido um anel de safira enorme, com facetas azuis tão audaciosas que era o suficiente para deixar o Mediterrâneo verde de inveja. A safira do Ceilão oval azul-real de cinco quilates era ladeada por seis diamantes redondos em um modelo antigo de ouro branco e amarelo de dezoito quilates. Eu sabia que levaria uma vida inteira para me acostumar àquele anel. Tudo estava se encaixando.

— Eu sei, eu sei — continuou ele a conversa, esforçando-se para acompanhar meu ritmo intenso. — Calma!

— Então quando vai ser? — voltei ao assunto nos confins do nosso pequeno Toyota enquanto descia as sinuosas colinas de Hollywood e Saro procurava uma garrafa de água perdida no chão.

Qualquer menção a seus pais o lembrava de seu relacionamento com eles, repleto de decepção, preocupação e medo — pontos de fratura muito antes de ele se apaixonar por mim.

— Não pelo telefone. Preciso fazer do *meu* jeito — disse ele, corado de raiva quando virou a chave do nosso apartamento na Kenmore Avenue em Los Feliz.

— Saro, você não vai sair deste apartamento até escrever a carta — falei, passando por ele antes de entrar no banheiro e encerrando o papo.

Exatos cinco rascunhos, três dias e duas noites de dolorosa insônia mais tarde, ele estava com a carta pronta para ser enviada. Dizia (em italiano):

Queridos mamãe e papai,

Eu tinha esperança de não ter que compartilhar a notícia com vocês por carta, mas não há forma de dizer isso pessoalmente. Vou me casar. Amo Tembi e passaremos o resto da vida juntos. Nosso casamento será em Florença neste verão, em 26 de julho. Espero que decidam ir. Ficarei muito feliz com a presença de vocês.

Seu filho,
Saro.

Enviei a carta e esperamos.

Quando a resposta veio da Sicília, duas semanas depois, foi resoluta e por meio de um telefonema cheio de estática que durou três minutos. O pai dele, Giuseppe, disse: *"Non ho più figlio"*, não tenho mais filho. Saro ficou arrasado. Vê-lo se encolher foi doloroso, como querer confortar um animal ferido sem ter os meios de fazê-lo. Tentei animá-lo, mas fiquei esmagada sob o peso de minha própria decepção e desilusão. Eu não tinha previsto aquilo.

Se a desconfiança tinha lacaios, o pai de Saro era o mais leal. Isso eu havia compreendido pelas poucas informações que Saro soltava com relutância ao longo dos anos. Eu sabia, por exemplo, que Giuseppe não falava com o próprio cunhado havia quase vinte anos por causa de uma piada de que não gostou. Também sabia que ele cultivava alho e fermentava o próprio vinho; tinha pés chatos e joelhos ossudos; jogava cartas, não dominó, mas nunca valendo dinheiro. Ele guardava dinheiro em um maço apertado, envolto em plástico e enfiado entre as grades sob o colchão. Raramente no banco. Confiava mais no correio do que no banco porque o carteiro morava em sua cidade; ele sabia onde encontrá-lo. O banqueiro era da cidade vizinha. Basicamente, Giuseppe não confiava em ninguém nascido fora de sua cidade quase esquecida nas montanhas. Inclusive eu.

Não achei que o distanciamento deles pudesse piorar, mas agora ele estava cortando Saro de sua vida e me usando como bisturi. Eu poderia lidar com uma possível ausência no casamento, mas expulsar o filho da vida de um pai estava além dos meus sonhos mais loucos. Suspeitei que a primeira vez que encontraria meus sogros seria no funeral de alguém.

— E a sua irmã? Ela vai? — O silêncio dele me disse tudo. Sem querer provocar mais decepção, falei: — Bem, vou enviar um convite mesmo assim.

Eu tinha encomendado cinquenta convites brilhantes em relevo ocre especialmente impressos em italiano para amigos em Florença na esperança de que, embora não fôssemos exatamente próximos, alguém da família dele comparecesse. De jeito nenhum eu deixaria de enviá-los.

— Tembi, eu te disse. Eles não vão. Meu pai é o chefe da família. Todo mundo obedece aos desejos dele. Minha irmã não vai por respeito a ele.

— Saro, chega dessa de "respeito". Já deu. Estou no quê, numa cena de *O Poderoso Chefão*?

Ele sorriu enquanto espremia suco de limão em um prato de erva-doce, cortada fina como papel por cima de uma cama de parmesão e rúcula. Estava tentando me alimentar para fugir da briga.

— Olha, meu pai acha que as pessoas vão fofocar, talvez até zombar dele, por causa da gente. Ele acha que todos os americanos se divorciam. E, na cabeça dele, estou entrando em um casamento que não está "à minha altura".

— Não está à sua altura? Pelo amor de Deus! Uma surpresinha para ele: cultivar alho não é exatamente erudito.

Parti uma baguete no meio com as próprias mãos.

— Eu sei. Eu sei. — Com isso, Saro me entregou o prato e me deu um beijo, que devia me lembrar que eu estava me casando com *ele*, não com sua família, no fim das contas.

— Bem, eles vão receber um convite. Que lidem com as consequências de seus atos — declarei, colocando na boca uma garfada de erva-doce aromática e adoçada com frutas cítricas e voltando minha atenção para como iria dar a notícia sobre os pais de Saro para minha família.

Venho de uma longa linhagem de texanos progressistas negros que rompem barreiras. No topo da lista está meu tataravô Roebuck Mark, que teve a insolência de abrir sua própria agência de correios/loja de suprimentos para escravizados recém-libertos no interior rural do leste do Texas. Ele se defendeu de roubos e ameaças de linchamento e aparentemente treinou seu cavalo para viajar sozinho, à noite, de volta para a propriedade, de modo que ele pudesse retornar a pé pelo interior sem ser notado, evitando membros da Klan e ladrões. Depois de Roebuck, houve um presidente de uma faculdade historicamente negra, um prefeito, um dos primeiros coronéis negros do Exército dos Estados Unidos, um tio cujo nome foi dado a uma biblioteca universitária e minha tia-avó Altha, de Coldspring, Texas (população: 649 habitantes). Entre suas alegações de grandeza estavam não apenas os tomates premiados que ela cultivava todo verão, mas o fato de que teve a audácia de se casar com o único médico da cidade (e ainda por cima irlandês), "Doc", em 1962. Altha e Doc desafiaram a lei Jim Crow, instalando-se em uma casa de tijolos vermelhos em uma fazenda do outro lado da rua da prisão de Coldspring. Diz-se que a presença deles garantiu que mais nenhum negro fosse enforcado do lado de fora da prisão, porque "Doc" era reverenciado na cidade.

E ainda há minha mãe e meu pai, ativistas. Essas são as minhas raízes.

Então, quando liguei para meus pais, divorciados fazia tempos, mas ainda amigos, para dizer que a família de Saro não compareceria ao casamento por motivos que eles provavelmente poderiam imaginar, eu esperava que não virassem as costas para um longo histórico familiar de pessoas que não se deixavam afetar por circunstâncias adversas. E esperava que, quaisquer que fossem suas opiniões sobre o que eu estava prestes a dizer, eles tivessem o bom senso de não expô-las em voz alta. Meu pai amava Saro desde o dia em que se conheceram em Florença. Minha mãe havia sentado ao lado dele na minha formatura da faculdade. Ele tinha feito macarrão para acompanhar o churrasco do meu pai na minha festa de formatura. Ele e minha mãe compartilhavam o gosto por *Sidarta*. Meus pais adoravam o senso de humor de Saro, sua generosidade e, sem dúvida, o jeito que ele me amava. Ainda assim, disquei seus números com uma ansiedade enorme. Eu não aguentava mais drama. Foi meu pai quem finalmente disse: "Bem, a família dele vai fazer falta, mas a gente vai se divertir muito na Itália."

Eles não me decepcionaram. Era exatamente a resposta de que eu precisava.

Saro entendeu que nosso casamento seria uma comemoração com a minha família, sem a dele. O casamento na Itália deixava a porta aberta caso o pai dele mudasse de ideia. Onde exatamente Saro colocou seu sentimento de perda naqueles dias, eu não sei. Era um assunto proibido, ele não falava disso. Doeu, mas respeitei o processo dele. Escolhi amá-lo mesmo havendo algo que eu não compreendia. Ele sempre dizia: "Você não os conhece." E estava certo. Na verdade, eu tinha visto apenas uma foto deles, tirada do lado de fora da casa na Sicília. Na foto, o pai de Saro parece ter acabado de voltar do trabalho na roça, parado diante da porta da frente. Está usando uma *coppola* (o gorro tradicional da Sicília) e as mãos ainda estão sujas de terra. A mãe de Saro está parada bem na frente dele na calçada, em primeiro plano. Está curvada, usando um avental, enquanto o sol brilha acima deles. O vento sopra. Deve ser pouco antes da hora do almoço. Ela se parece com Saro, e eu meio que a amo por isso. Tem uma vassoura nas mãos e está congelada no ato de varrer. O retrato é marcante e cheio da intimidade da vida doméstica, do casamento. Quando olhava para aquela foto e pensava nos sogros que talvez nunca conheceria, senti uma dor no peito.

Quando estávamos planejando nosso casamento, me esforcei por meses para desfazer o medo de Saro de que nossa celebração parecesse algo saído de *O Poderoso Chefão*. Ele imaginou ternos mal ajustados, um padre e uma igreja quente, com um Cristo esquelético crucificado acima de toda a provação. Em suma, ele imaginou todos os casamentos italianos em igrejas que já tinha visto. Era a imagem de uma cerimônia de casamento sobre a qual eu nada sabia. Tive que dizer que aquilo que ele temia era uma imagem impossível, uma cena na qual eu jamais me colocaria. Tive que lembrá-lo de que eu não era católica e que meus pais ex-ateus que já foram comunistas garantiram que eu nunca tivesse sido batizada. Então um casamento na igreja na Itália estava convenientemente fora de cogitação.

Ainda assim, suas reservas sobre toda a situação beiravam um medo quase corrosivo. Quando superava as imagens de sua caminhada até o altar — as orações e o espetáculo —, a mente dele vagava para a festa. Amigos e minha família amontoados em algum restaurante de hotel, jantando uma comida comum — e se a família dele de fato comparecesse, os convidados comentariam por anos afora. O que gostaram, o que não gostaram, o tamanho das porções, quem teve indigestão, quem bebeu demais. Ele não queria um casamento que, no fim das contas, ficasse associado a fofocas, axilas suadas e parentes reunidos todos em uma mesa afastada, com medo das pessoas do outro lado da sala. Em algum lugar dentro de si, ele esperava ser capaz de escapar da cerimônia ou, pelo menos, tornar o casamento o mais discreto possível.

Só que eu era uma garota do Texas que sonhava em ser atriz e se apaixonou por um chef italiano que conheceu em uma esquina. Ter um casamento de verão no meu aniversário em um casarão italiano que ficava ao lado da propriedade da família Ferragamo parecia a coisa mais lógica do mundo. Eu estava pronta para fazer a mágica acontecer. Quando tomava qualquer decisão nesse estado, não havia como me parar.

— Pode ser divertido. Confia em mim.

• • •

Encontrei o local do nosso casamento, Villa di Maiano, na contracapa de uma revista: um casarão palaciano do século XV com colossais colunas toscanas e extensos bosques de limoeiros e oliveiras nas colinas acima de Florença. Era um cenário saído dos contos de fadas da Renascença italiana. A casa principal tinha inclusive sido usada em uma cena do filme *Uma Janela para o Amor*. Pertencia a uma mulher que chamávamos de "A Duquesa", o título que ela usou ao se apresentar. Saro foi o primeiro a falar com ela por telefone, o que foi melhor. Mesmo com alguma fluência, eu ainda ficava nervosa ao falar italiano ao telefone, sem contato visual e gestos. Além disso, era caro ligar para o exterior e eu não queria correr o risco de perder minutos desnecessários me repetindo ou procurando por algum verbo esquivo que se recusasse a sair da ponta da minha língua. Então coube a Saro fazer a primeira rodada de ligações e marcar nosso encontro com a Duquesa em nossa viagem seguinte a Florença.

A única resistência dele ao nosso plano era a realidade muito concreta de seu leve sotaque siciliano. Poderia frustrar todos os nossos planos. Na época, a hierarquia social na Itália relegava os sicilianos ao status de segunda classe quando comparados à superioridade cultural percebida de seus compatriotas do Norte. Ao lidar com os florentinos, os sicilianos eram vistos apenas como um degrau acima dos "norte-africanos", o que era um código cultural, uma maneira de descartá-los como não italianos e não europeus. Era uma discriminação intracultural, algo que Saro e eu conhecíamos bem. De fato, Saro tinha sofrido discriminação tantas vezes tentando encontrar moradia quando chegou a Florença como estudante universitário uma década antes que pagou adiantado por um ano de aluguel apenas para poder deitar a cabeça em um travesseiro à noite na cidade de *David* e dos Médici. Ele odiava a burguesia florentina.

Em abril, pegamos um avião até Florença para finalizar nossos planos e conhecermos a Duquesa, *La Duchessa*, pessoalmente. Ela sofria da situação única — e muito europeia — de ter os ornamentos da nobreza (nome, casarão e talvez um baú de joias em algum lugar), mas não o dinheiro. Tinha quarenta e cinco anos, era magra, uma florentina muito clássica em um conjuntinho de caxemira e mocassins Gucci, cabelo pintado de ruivo e pele bronzeada. Parecia ter acabado de chegar de uma escapada de fim de semana na ilha de Elba. Sua estrutura óssea era forte, esculpida. Ela se parecia com a estrela do tênis Martina Navratilova, mas andava como Sophia Loren.

Quando vi pela primeira vez o jardim superior com seus pomares de limoeiros e oliveiras e sua vista deslumbrante do Duomo de Florença no vale abaixo, quase chorei. Sua sala de dois andares, com paredes de pedra e varanda, me fez suspirar. Graças a Deus havíamos negociado o preço antes, senão ela poderia ter me falido.

Saro, por sua vez, viu o lugar de maneira diferente. Ele podia falar até ficar roxo sobre a classe pequeno-burguesa e seus dias de universidade como um leninista estridente. Dizia que seus amigos ridicularizariam sua escolha pelo espetáculo capitalista da coisa toda. Isso sempre me fazia rir. Lembrei a ele que um de seus padrinhos, Antonio número dois, dirigia um Lotus e ainda tinha um Maserati. Que ideais anticapitalistas eram aqueles? Às vezes, eu me dava conta de que estava me casando com uma versão italiana mais jovem e artística do meu pai, que havia passado sua juventude como ativista. As contradições entre nossos pontos de vista me faziam até rir, e logo lembrei a Saro que as aspirações da minha vida eram decididamente burguesas quando vistas por sua ótica. Eu queria filhos, uma segunda casa, se possível, uma carreira nas artes e ótimas férias com vista para o mar. Eu era uma garota negra suburbana do Texas cujos pais haviam colhido algodão para os avós, que lutaram contra a opressão sistêmica para se tornar cidadãos educados e generosos em estradas de terra junto a matas de pinheiros. Agora, eu estava na Itália. Era um momento que meus ancestrais não poderiam ter imaginado. Eu tinha chegado muito longe. E ia aproveitar.

No entanto, o segundo motivo de Saro ir para o canto do jardim enquanto eu acertava os detalhes com *La Duchessa* era mais sutil e uma reflexão das nossas diferenças internas. Saro era fundamentalmente discreto; já eu gostava de me destacar. Ele ficava confortável em passar despercebido em oposição direta à minha necessidade de estar em primeiro plano, muitas vezes em um vestido de verão e salto alto. Ele era a base para o meu voo. O contraste nos caía bem como casal, mas também o deixava nervoso. Ninguém entre sua família ou seus amigos jamais tentara pagar a uma aristocrata para dar uma festa em sua casa. Ele não tinha nenhuma referência para o que eu estava tentando fazer.

Naquele dia perfumado de abril, parado diante do vale em que ficava uma das cidades históricas mais reverenciadas da Europa, Saro cedeu, de forma discreta e educada. Nosso casamento seria na casa da Duquesa, e ele se acalmou lembrando-se de que já estávamos casados. A ideia de que nosso casamento já tinha ocorrido permitiu que ele se distanciasse da dura realidade de que a cerimônia se daria na Itália e seus pais não estariam lá.

Meu barulhento clã negro americano pousou em Florença com um alto nível de empolgação, como se estivesse provando um glacê caseiro que derretia sobre um bolo quentinho na varanda dos fundos da casa da minha avó, no leste do Texas. A combinação de Itália, comida, casamento e moda os emocionava. Eles estavam preparados para fazer compras nas lojas da Ferragamo e da Gucci com uma determinação assustadora. Afinal, era o fim dos anos 1990. O dólar valia muito mais que a então lira italiana.

Enquanto eu entrava em meu vestido de noiva em um quarto próximo ao *gran salotto* da Villa di Maiano, em Fiesole, minha irmã não parava de voltar para relatar o que acontecia no outro lado do casarão. Saro e os padrinhos estavam se vestindo. Ele tinha ficado muito nervoso conforme nossa viagem à Itália se aproximava e as festividades entravam em foco. Assim que chegamos a Florença, sua ansiedade realmente disparou.

Para piorar a situação, ele estava com uma dor de dente persistente e incômoda que, apenas dois dias antes da cerimônia, o levara ao hospital. Um dos molares dele estava com um abscesso e precisou de uma cirurgia de emergência. Por conta disso, na manhã do nosso casamento, ele estava tomando analgésicos e com a parte esquerda do maxilar inchada.

A luz se infiltrava pelas janelas de dois metros de altura que davam para o jardim, e eu estava cheia de expectativa e alegria por tudo estar mesmo acontecendo. Vi que as cadeiras já tinham sido dispostas. Havia um buquê de flores no fim de cada corredor. Teríamos cerca de cinquenta convidados no total: vinte italianos, todos amigos de Florença, e cerca de trinta americanos. Minha irmã alternava entre me fornecer detalhes dos acontecimentos fora do quarto onde eu estava me arrumando e tirar fotos minhas e de minha mãe, que tinha ficado com a responsabilidade de me ajudar a me vestir. Eu só conseguia pensar em como Saro e eu estávamos fazendo algo mágico e sem precedentes para nós dois. Nada na minha história ou na dele nos levaria a acreditar que deveríamos — ou mesmo poderíamos — estar ali, em Fiesole, em uma construção de pedra e mármore de tirar o fôlego. No entanto, lá estávamos nós, em um set de filmagem cheio de vida, prestes a nos casar.

O fato de ser também meu vigésimo quinto aniversário tornou o dia de alguma forma mais transcendente. Minha irmã se esforçou muito para me dar uma gardênia branca para usar acima da orelha esquerda, no estilo Billie Holiday. Era um reconhecimento da voz que me fez companhia quando eu era uma estudante de intercâmbio recém-chegada limpando banheiros no bar onde conheceria o homem com quem estava prestes a me casar. Minha avó me presenteou com delicadas presilhas de sapato antigas de strass, uma lembrança do tempo em que participava de banquetes no leste do Texas. Ela as tinha usado por anos como uma maneira de adornar seus sapatos normais e fazê-los parecer "novos e brilhantes" para uma ocasião especial. Nunca teve dinheiro para luxo. Usar aquelas presilhas como o meu "algo emprestado" foi a parte mais especial de tudo que vesti naquele dia. Além disso, eu tinha meu anel de noivado de safira (algo azul) e meu vestido (algo novo) de uma designer etíope, Amsale

Aberra, que encontrei por um terço do valor quando uma loja de departamentos ostentosa de Beverly Hills estava falindo.

Meu pai apareceu na antessala do vestiário do casarão, radiante em um terno de linho cor de terra e botas de caubói. Ele tinha apenas dois tipos de sapato: botas de caubói e tênis de corrida.

— Está pronta? O melhor momento para começar a vida é o agora — disse ele. Meu pai era cheio de truísmos próprios, sabedorias do leste do Texas que ele redefinia constantemente. — Estou pronto para levar minha filha para o altar na Itália, vinte e cinco anos desde a primeira vez que te vi, garota. — Ele me deu um sorrisão que irradiava amor e orgulho.

— Pai, por favor. Você vai falar o tempo todo enquanto me leva?

— Talvez.

— Ok, então vamos.

Eu segurei firme o braço dele. Nas fotos daquele momento, meus olhos ainda viajam para o centro do retrato, onde as dobras do linho na curva do braço dele contam a história do meu nervosismo. Eu estou praticamente apertando-o com toda a minha força.

Aubrey cantou o clássico do soul "Flesh of My Flesh" *a cappella* enquanto eu seguia para o altar.

Depois que dissemos "sim" e nos beijamos, nos viramos para pular a vassoura, um ritual afro-americano de casamento que remonta à escravidão. Pular juntos sinaliza o salto para o matrimônio. Segurei meu vestido com uma das mãos e a de Saro com a outra. Quando pousamos, percebi quatro rostos nos fundos da sala que eu não tinha visto antes. Levei um segundo para entender. O rosto da mulher era quase uma réplica do da mãe de Saro, e havia um homem sentado ao lado dela. Olhei para Saro e notei a expressão de reconhecimento carinhoso em seu rosto. Eram sua tia Rosa, irmã da mãe dele, e o marido dela, tio Peppe. Eles tinham ido da Suíça com os dois filhos. Apertei a mão de Saro com mais força ainda.

Sem que soubéssemos, eles foram até lá de carro, usando o endereço do convite que eu havia enviado. Não disseram a ninguém que estavam indo, nem à mãe nem ao pai de Saro. Fazer isso teria sido uma traição à família. Ainda assim, lá estavam eles. Saro ficou sem palavras, emocionado com o gesto. E, pela primeira vez, senti o que havíamos perdido por não ter os pais dele lá. Meu coração doeu.

Depois que uma rodada de fotos foi tirada, incluindo uma foto de grupo no centro do jardim com nossa pequena e eclética tribo de familiares e amigos, o casarão envelhecido e deslumbrante como pano de fundo, entramos para um jantar de cinco pratos entre tapeçarias centenárias.

Sob o luar de um céu toscano de verão, minha família se divertiu muito. Eles dançaram o Harlem Shuffle no terraço e riram diante do vale de luzes noturnas hipnotizantes de Florença. No hotel, havia telegramas da Sicília de vários parentes a quem eu tinha enviado convites. Em vez de dançar a noite toda com a irmã, os tios, as tias e os primos de Saro, recebemos mensagens deles que diziam: *"Rammaricati per non poter essere presenti alla cerimonia. Vi auguriamo una serena e lunga vita matrimoniale.* — Lamentamos não poder estar presentes na cerimônia. Desejamos a vocês uma vida de casados serena e longa." Não havia nada dos pais dele.

Li essas mensagens sozinha na manhã seguinte, me sentindo outra vez injustiçada e zangada. A família de Saro o havia abandonado. No resplendor da magia da noite anterior, senti uma mistura de muitas emoções. Era tudo dolorosamente agridoce. Comecei a me perguntar se algum dia conheceria as pessoas que perderam um dos momentos mais importantes da vida do filho por minha causa — e se eu poderia perdoá-los por partir não o meu coração, mas o de Saro.

Coloquei os telegramas em cima da cômoda do hotel, bem à vista, caso Saro quisesse lê-los depois, sozinho. Então olhei pela janela do nosso quarto, para a ponte Vecchio e o rio Arno fluindo suavemente sob seus arcos. Tive dificuldade para encarar aquela realidade: ao criar uma família, Saro havia perdido outra.

Parte dois

PRIMEIRO VERÃO

Nun si po' aviri la carni senz' ossu.
"Não se pode ter a carne sem o osso."
Provérbio siciliano

ILHA DE PEDRA

—*Allacciarsi la cintura di sicurezza.*

Não entendi de primeira as palavras da comissária de bordo no alto-falante. Eram como peças de um quebra-cabeça que eu não conseguia montar.

— Afivele seu cinto de segurança — disse então outra comissária em inglês, no corredor, indicando o acessório. Enquanto nos preparávamos para pousar na Sicília, tudo precisava de tradução, até mesmo um idioma que eu falava havia vinte anos.

Da janela do avião, me deparei com duas imagens contrastantes: um exuberante mar azul-safira abaixo e uma árida montanha pedregosa na frente. Água e pedra. Fluidez e impenetrabilidade. Não havia nada entre as duas além de mim, voando pelos ares, descendo em um pontinho de pedra no meio do Mediterrâneo, a ilha onde Saro nasceu.

Eu só conseguia pensar nas cinzas do meu marido em uma bolsa de viagem no bagageiro acima do assento e como eu prometera à sua mãe, uma semana depois da morte de Saro, que eu levaria as cinzas do filho para ela. Mas agora eu estava com um enorme nó no estômago. *Como vou conseguir sobreviver ao próximo mês?* Não bastava ser viúva na minha casa, na minha língua, dormindo toda noite na cama que dividi com Saro. Não satisfeita, resolvi levar minha dor para o outro lado do mundo por causa de uma promessa. Eu estava atravessando os ares rumo a uma montanha de mais incertezas, mais fragilidade, mais sentimentos que não tinham fim. Dor à la siciliana. Minha residência no próximo mês seria uma casa onde *il lutto* — o luto — marcava a porta da frente feito uma mortalha.

De repente, aquela me pareceu uma decisão ruim. Como eu conseguiria aguentar um lugar onde tudo, incluindo a trajetória do sol, era diferente? Eu não poderia ter escolhido deixar as coisas como estavam? Não podia ter escolhido a maneira mais fácil, a maneira que não levava a uma concentração de dor? Eu tinha medo de estar exigindo demais de mim, testando minha coragem cedo demais. Saro só havia falecido quatro meses antes.

Zoela dormia profundamente no meu colo, seu panda de pelúcia preferido embaixo do braço. Suas pálpebras tremiam enquanto eu fazia cafuné no seu cabelo. Havíamos cruzado nove fusos horários, e ela só dormira no último trecho da viagem.

Em questão de minutos, íamos desembarcar e fazer uma viagem de carro de uma hora e meia — passando pela montanha de pedra à nossa frente — para encontrar uma mulher, uma mãe, e uma cidade esperando meu retorno. O retorno dele. Saro estava voltando para descansar ao lado do pai, Giuseppe — o homem que um dia rejeitou o próprio filho por minha causa. Eu estava retornando com a filha de Saro, a única pessoa que ainda carregava o nome dele.

O avião tocou o chão com três solavancos suaves, e segurei Zoela com mais força, tomando cuidado para não acordá-la ainda. Aquela garotinha de olhos castanhos e o rosto que Saro adorava. Ela era a responsável por um amor e uma reconciliação ainda mais profundos para todos nós. Era a razão pela qual Saro quis lutar, ano após ano, contra o que era mais aconselhável para a sua saúde, e sempre voltar à Sicília. Estar com a filha na sua terra natal tratava seu coração tanto quanto a quimioterapia tratava seu corpo — ou até mais. Ver a filha sentada à mesa de sua mãe devolveu cor ao seu rosto; ele ria sem esforço. Saro garantiu experiências eternas mesmo com o curto tempo que lhe restava. Imprimiu lembranças na filha dançando com ela à beira do Mediterrâneo. Uma parte de mim morria de vontade de poder continuar proporcionando a Zoela verões sicilianos, lindas memórias passando o tempo com a família do pai. Contudo, eu me questionava sobre qual seria o preço físico e emocional a pagar por isso, em um momento em que eu ainda estava tentando encontrar meu rumo e ajudá-la a encontrar o dela.

Eu tinha extrema consciência de que estava viajando com uma criança de sete anos que ainda sentia tanto o luto que à noite seu corpo tremia até ela adormecer. Uma criança que afastava o prato no jantar porque queria esperar o pai. Uma criança que se recusava até mesmo a falar com a avó italiana ao telefone porque o som da sua voz lhe lembrava o pai. Minha decisão de ir para lá significava que eu precisaria cuidar dela e da sua dor a mais de onze mil quilômetros de casa. Meu sofrimento e meu amor exigiam toda a minha força, e mais ainda.

Meus pais questionaram se era sensato viajar para a Itália, principalmente sozinha com Zoela. Eu sabia que precisávamos ir, só nós duas. Apesar da oferta do meu pai e da minha madrasta de viajarem conosco, eu sabia que precisávamos fazer isso sem a distração e a pressão da minha família tentando cuidar de mim. Sem minha tentativa de traduzir siciliano, italiano e inglês. E eu não queria precisar tomar conta deles no exterior. Eles nunca tinham viajado para lá, e aquele não era o momento ideal para esse tipo de primeira vez. Além disso, eu não queria que minha sogra tivesse a sobrecarga de hóspedes adicionais. Nonna e eu precisávamos de um tempo sozinhas para vivermos juntas o luto e nos conhecermos melhor. Precisávamos começar pelo fim e criar um novo começo.

Ainda assim, meus pais ficaram preocupados. Naqueles quatro meses desde a morte de Saro, meu luto ainda era marcante. Meu pai, sempre o advogado da situação e dono de um bom senso do tamanho do Texas, me fez um interrogatório de perguntas básicas: Você pode trocar sua passagem se quiser voltar antes? Minha madrasta usou uma tática diferente: O que você pode levar para te tranquilizar? Descanse lá. Não faça nada que você não queira. Minha mãe se ofereceu para reunir algumas lembranças para a mãe de Saro. E eu também me perguntava se, por baixo daquilo tudo, minha família também carregava algum traço mínimo de ressentimento pela maneira como os sicilianos um dia rejeitaram sua filha.

Era nítido o preço físico que o luto havia me cobrado. Além da ausência do conforto do corpo de Saro e do seu espírito, suas massas e sopas também deixaram de existir. Eu tinha perdido sete quilos enquanto ele estava no hospital. As pessoas mais próximas de mim me lembravam de me hidratar, comer, dormir. Eu dizia que estava bem, mas a verdade era que eu precisava tomar lorazepam para enfrentar a fila de carros na saída da escola de Zoela.

Eu ainda acordava chorando todos os dias. A ausência de Saro ao meu lado na cama me destruía antes mesmo de os meus pés tocarem o chão. Eu me arrastava dia após dia por pura força de vontade, pelo impulso primitivo da maternidade e pela sensação de que, se eu me entregasse por completo, talvez nunca mais conseguisse me recuperar. De noite, eu rezava para Saro aparecer nos meus sonhos. Eu queria fazer amor com ele. Queria vê-lo. Desejava sua voz, seu sorriso. Ansiava pelo seu cheiro. Quando minha dor se tornava demais, eu focava em coisas práticas, como fazer cálculos frenéticos em folhas de papel sobre quanto tempo duraria a modesta apólice de seguro de Saro, com escola particular, dois terapeutas, dívidas médicas e a inerente instabilidade da minha carreira.

Também comecei a escrever cartas para ele, conversas unilaterais: *Saro, meu bem, o que vamos fazer com toda essa perda? Me ajude a seguir em frente. Me mostre como ser uma família de dois, uma mãe solo, agora que você se foi.*

Mas eu também sentia uma urgência tomando conta de mim ao longo dos meses, desde que havia ligado para Nonna e avisado que iria à Sicília. Sentia um desejo incansável e confuso de que Zoela soubesse que o lar e a família eram ainda maiores do que a morte. Depois de tudo o que havíamos enfrentado para finalmente nos tornarmos uma família, a vida pareceria de uma crueldade insuportável se simplesmente nos arrancasse aquilo. Por mais que quisesse ir por causa de Zoela, eu também precisava ter certeza por mim mesma. Queria testar a permanência, a ideia de que a família é sobre quem você escolhe para estar perto e como você ama. Eu precisava provar isso para mim mesma e para Zoela. Eu ficava pensando se as conexões pelas quais eu havia lutado com tanto afinco, a família que eu havia lutado para formar, duraria tanto quanto o amor.

Mesmo assim, enquanto o avião manobrava, por um breve instante cogitei seriamente pegar minhas malas e embarcar de volta para Los Angeles. Porque realizar as vontades de Saro — tanto para sepultar quanto espalhar suas cinzas — significaria admitir que ele estava morto. Não só morto em Los Angeles, mas morto na Sicília, morto na casa da mãe, morto no quarto onde sempre dormíamos, morto tomando café de manhã, morto à mesa da mãe. Parecia demais para suportar. Entretanto, segui em frente em nome do amor.

O calor seco de um dia de julho, carregado de maresia, confirmava que estávamos na Sicília. Zoela caiu no sono de novo no meu colo, no banco de trás do Fiat sem ar-condicionado, com Cosimo ao volante e Franca no banco da frente. Zoela tinha ficado acordada tempo suficiente para passar o dedo ao longo da esteira de bagagens, abraçar os tios e andar até o carro. Eu invejava seu sono. Tudo o que eu queria era fechar os olhos e que o que viesse a seguir fosse só um sonho.

— *Passami un fazzoletto* — disse Franca a Cosimo enquanto ele dirigia. "Me passe um lenço."

Fora essas palavras, ela ficou calada, lutando contra o enjoo por causa do movimento do carro enquanto nos dirigíamos a Aliminusa, a cidade natal de Saro. Passamos por cidadezinhas costeiras, uma atrás da outra, a leste de Palermo. Passamos por uma fábrica da Fiat fechada havia muito tempo e por um novo supermercado. Depois, saímos da autoestrada e começamos a subir para as colinas, passando por uma paisagem que eu conhecia tão bem quanto meu próprio quintal.

Viramos perto do deteriorado ponto de passagem da corrida automobilística Targa Florio, construído na década de 1950 para esse circuito europeu de corridas nas montanhas. Fitei algumas casas de pedra em campos de trigo e pequenos vinhedos familiares. Contemplei as colinas cor de âmbar que pareciam costurar a terra ao céu, procurando pela imagem familiar de ovelhas pastando no sopé. Mas estava quente demais; até as ovelhas sabiam quando se recolher.

Cosimo passava o tempo trocando as estações do rádio. Tentamos pôr a conversa em dia falando sobre o que tinha acontecido desde que nos vimos pela última vez na primavera — a primeira e única visita deles a Los Angeles, logo quando Saro voltou para casa e ficou sob cuidados paliativos. Eles foram embora três dias antes de ele morrer, se despedindo daquela maneira tão dolorosa de pessoas que moram a meio mundo de distância, que carregam o sofrimento adicional de saber que não estarão por perto para o momento final da transição e sempre se perguntarão se a despedida foi suficiente.

— *Come vanno i maiali?* — perguntei a Cosimo. "Como estão seus porcos?" Suas galinhas, seus porcos e suas oliveiras sempre eram assuntos que despertavam seu interesse.

— Matei todos para comer no inverno — disse ele, dando de ombros.

— E o trabalho? Como está? — perguntei, esperando conseguir bater papo durante a viagem, apesar do fato de estar trêmula de cansaço e ansiedade generalizada. Conversar era uma estratégia para não desabar, ficar firme para quando Zoela acordasse e o que quer que acontecesse quando chegássemos à cidade.

— Perdi minha vaga quando fui para Los Angeles na primavera. Estou esperando para ver se vão precisar de mim neste verão, com tantos turistas. Mas a cidade acabou de declarar falência. — Ele sempre abandonava o italiano e passava para o siciliano quando começava a discutir política e corrupção.

Eu sabia que ele penava trabalhando como guarda de trânsito em Cefalù e como fazendeiro. Como muitos sicilianos, ele se agarrava a qualquer coisa que cruzasse seu caminho. No seu caso, era um trabalho sazonal de meio período em uma cidade recém-falida.

Olhei para as bochechas coradas e a pele marrom de Zoela enquanto Cosimo dirigia e falava. Imaginei se, no futuro, ela se recordaria de algum desses momentos. Será que se lembraria de quando tínhamos ido ver sua avó com as cinzas do pai em uma bolsa de viagem aos nossos pés?

La terra è vascia é a maneira como os fazendeiros locais descrevem essa parte da Sicília. Essas palavras, "A terra é baixa", são tanto uma afirmação quanto uma parábola. Eles falam para quem é de fora que, para trabalhar essa terra, fazê-la sobreviver, transformar semente em colheita, é preciso se curvar. Bem baixo. É preciso trabalhar incansavelmente e muitas vezes sem esperar nada. A terra é problemática nessa parte da Sicília. É difícil de cultivar, rochosa e, em geral, resistente ao arado. Quem depende dela para se sustentar precisa se submeter a um trabalho extenuante. *La terra è vascia* coloca trabalho e amor como experiências gêmeas. Quando chegamos a Aliminusa, reuni coragem, segurando firme a alça em cima da porta do banco traseiro. E sabia que tudo o que estava por vir seria tanto sobre trabalho quanto sobre amor.

A primeira coisa que vi quando viramos à esquerda na via Gramsci foi um batalhão estoico de mulheres mais velhas e viúvas, de tamanhos variados, sentadas em um banco na calçada de pedra. As viúvas, como de costume, estavam todas usando preto. Elas nos esperavam, sentadas na frente da casa em que Saro passou a infância. Estavam preparadas para lamentar a morte do meu marido. Já haviam feito isso antes, muitas vezes — para elas mesmas, para a família, para os vizinhos, talvez desde o início dos tempos. Os sicilianos estavam acostumados a dar boas-vindas aos mortos.

Quando passamos pela última pizzaria de Cerda, a cidade vizinha, Cosimo tinha telefonado para casa, como sempre fazia. Era um gesto de consideração para que minha sogra, Croce, uma mulher estimada cujo nome significa "cruz", como a cruz na qual

Jesus foi crucificado, não tivesse que ficar sentada no banco do lado de fora da sua casa por muito tempo no calor do meio-dia, esperando. Seu nome é forte como sua personalidade, um nome bíblico para uma mulher de afeição e reputação incomuns em uma cidade em que traições e transgressões podem seguir alguém por gerações.

As mulheres da via Gramsci — a mãe de Saro, sua prima de primeiro grau, uma prima de terceiro grau por casamento e algumas vizinhas — surgiram das suas casas para nos cumprimentar quando chegamos. Elas faziam questão de estar lá para testemunhar a chegada de Saro.

Enquanto subíamos a rua, Cosimo manobrou com habilidade seu Fiat em volta de um trator estacionado parcialmente em cima da calçada no meio de uma rua íngreme de mão única. Ele passou por mais duas casas fechadas e parou o carro na frente da estreita casa de dois andares de Nonna, localizada no meio da rua sem saída. Nós estávamos lá. E as mulheres também.

Antes que eu pudesse acordar Zoela e levantar a cabeça dela do meu colo, a porta abriu de supetão. Os braços da minha sogra se estenderam.

— *Sei arrivata.*

Em um piscar de olhos, suas pequenas mas fortes mãos de setenta e nove anos estavam nos meus ombros. Eu ainda estava saindo do carro quando as bochechas dela encostaram nas minhas. Sentindo sua maciez, afundei ainda mais na perda. Novamente, o tempo parou. Cada uma tomou um momento para se recompor, ou uma eternidade. O tempo estava elástico de novo. Ficamos lá paradas, sem acreditar que aquilo, aquele momento que sabíamos havia anos que chegaria, estava acontecendo.

Então ela me soltou e estendeu o braço por trás de mim para dentro do carro, buscando Zoela, sua amada neta, filha do seu filho.

— *Amore mio. Amore mio.* — Sua voz vacilava.

Ela levou um lenço aos olhos molhados. Ajudou Zoela a sair do carro e a levou até o peito. Zoela estava acordando, exausta, com calor, desorientada. No abraço da avó e tão longe de casa, ela começou a chorar e se esticar para mim.

— *È stanchissima* — disse em defesa de Zoela, preocupada que Nonna se ofendesse. "Ela está muito cansada." Então o coro de mães, enlutadas e avós cercando o carro ecoou, concordando.

— *È stanchissima, certo.*

Desconfiei que a mãe de Saro talvez tivesse pensado que Zoela estava chorando por causa dela, já que não se falavam havia meses. Nonna nunca, em toda a sua dor, me obrigou a fazer com que Zoela falasse com ela ao telefone. Pelo contrário, ela só perguntava todos os dias quando nos falávamos:

— *Come sta la bambina?*

Por fim, Nonna chegou ao motivo pelo qual estávamos todos parados lá fora, cercando um carro no meio do dia.

— *Dov'è?*

Ela queria as cinzas. Ela queria o filho.

Enfiei o braço dentro do carro, levantei a bolsa do chão e lhe dei. Seu rosto foi do estoicismo à palidez de uma folha de papel ao ver a minha bolsa. O filho que ela dera à luz, criara, alimentara e amara estava lá dentro.

Emanuela, a prima que morava do outro lado da rua, escorou Nonna.

— *Entrate, entrate* — indicou ela, nos pedindo para entrar, e a arrastou em direção à porta, afastando-a da rua com a eficiência de uma socorrista. Mudou de posição para protegê-la do sol.

O coro de viúvas abriu o círculo em volta do carro e em conjunto conduziu a mim e Zoela para dentro da casa de Nonna, todos nós nos movendo como um rebanho enlutado. Conforme nos acompanhavam, de repente tive a sensação de que havia cometido um grande erro. Cercada por um grupo de viúvas idosas, me senti oprimida e sufocada, como se de repente não fosse haver oxigênio suficiente para mim e Zoela. Peguei minha bolsa. Dentro dela eu tinha lorazepam suficiente para tomar um comprimido por dia por trinta dias. Fiquei preocupada de não ser suficiente.

A entrada da casa de Nonna tinha tradicionais cortinas de renda feitas a mão, venezianas e uma fachada de pedra desbotada. Ao passar pela porta, entrava-se logo na sala de estar, direto da rua para os aposentos. A casa, como todas as outras da rua, originalmente tinha sido um estábulo. Havia sido construída mais de um século antes para acomodar porcos, uma mula, galinhas e barris de azeite de oliva. As famílias dormiam no sótão acima dos animais, no chão. Quando Nonna se casou, a eletricidade já tinha chegado à cidade. Quando Saro era criança, havia água corrente, um banheiro semiacabado e chão de cerâmica. Essa combinação formava o lar que eu vim a conhecer. O espaço não havia sido projetado com alterações em mente. Ou a pessoa estava fora da casa ou estava dentro. O mundo dos campos, de sol e vento, e então, sem pompa, o mundo do lar — uma morada despretensiosa, funcional.

Estava escuro dentro da casa, o que não era incomum para uma casa siciliana no verão. Para se proteger do sol e dos elementos hostis do verão — ventos que traziam as areias do norte da África, um sol tão intenso que é capaz de secar as roupas e fazer pasta de tomate a céu aberto em uma tarde —, as casas na cidade ficavam com as cortinas fechadas durante o dia. O ar mais fresco criado pela combinação de paredes de pedra e pouca luz era um alívio. Mas a casa também parecia menor, vazia, triste. Emanava perda. O ar transbordava isso.

Uma vela vermelha com o santo Padre Pio pintado no vidro queimava em um centro de mesa de renda na mesa de jantar, no meio da sala. A mesa de jantar agora era um altar.

Nonna colocou a bolsa ao lado da mesa e me instruiu para tirar as cinzas de dentro. Obedeci. Elas estavam em uma urna de viagem especial saída diretamente da funerária em Los Angeles. A urna era enfeitada com um estojo de seda azul que a fechava como um envelope. Ela colocou as cinzas de Saro sobre a mesa, perto da vela. A luz do cômodo parecia ficar mais fraca à medida que mais gente chegava, enchendo a sala e bloqueando a luz que entrava da porta aberta, e, pela primeira vez, percebi que o sofá e as cadeiras tinham sido empurrados para os lados da sala. Estavam dispostos para circundar a mesa, que também não estava no lugar costumeiro. Nonna ocupou um lugar mais perto da mesa, mais perto de Saro, e me disse para sentar ao lado dela. Zoela se acomodou no meu colo. Ouvi alguém perto do quarto falando ao celular:

— *Chiama il prete. È l'ora.* — "Diga ao padre que está na hora."

Nos trinta minutos seguintes, a sala se encheu de mais gente, alguns ficando pouco tempo, outros se instalando. Os mais idosos se sentavam enquanto os mais novos ficavam em pé. As portas permaneciam abertas, com apenas a renda para nos proteger do mundo além do nosso luto coletivo. Eu nunca havia testemunhado um velório siciliano. Só tinha ouvido falar por Saro. Ele me explicou que os mortos eram colocados na sala de estar da casa. O primo de Saro, Giacchino, é o marceneiro da cidade e também o fabricante de caixões. O depósito que ele usa para guardar uns dez a doze caixões de uma só vez é vizinho à casa de Nonna. Muitas vezes ela é a primeira na cidade a saber que alguém morreu, na hora em que ouve Giacchino abrir o depósito com a chave mestra. Ele sempre pega um caixão e o leva à família enlutada. O corpo é colocado dentro por parentes, e o ritual do luto começa. Antigamente, podia durar uma noite inteira. Ao amanhecer, o corpo é carregado até a igreja da cidade para uma missa e depois levado pelas ruas ao cemitério nos limites da cidade. As pessoas ficam à porta de casa para assistir à procissão do funeral passar.

Sentada ali, comecei a perceber que eu não só estava testemunhando um velório siciliano, mas também estava exatamente no centro dele. Eu sabia que levaríamos as cinzas de Saro para o cemitério no dia seguinte, lógico. Mas eu não tinha como saber que tantos vizinhos e parentes apareceriam na sala de Nonna para prestar homenagens, rezar, oferecer condolências à filha de Saro e a mim, sua nova viúva, assim que aparecêssemos. Eu tinha achado que, após um dia de viagem internacional, chegaria à casa da minha sogra e poderia descansar. Ficaria sozinha com ela. Nós comeríamos, choraríamos, conversaríamos, como fazíamos antes. Mas agora um filho — e também um marido — estava morto. Nada estava normal.

    Minha sogra estava sentada rezando o terço bem baixinho, de forma que só ela conseguisse ouvir. E ela balançava. Outras mulheres, de diversas idades, faziam o mesmo. Estavam em um coro de oração. Mais gente chegou e lhe deu dois beijinhos. Deu os pêsames. Ela não se levantou. Não olhou para cima. Não parou de rezar em momento algum. Nenhuma delas parou. Nem suas primas, nem minha cunhada, Franca, nem as viúvas ou esposas da via Gramsci.

    Em meia hora, o padre chegou e também começou a rezar. Suas orações significavam que a elegia oficial tinha começado. O pranto, as lágrimas, tudo formava uma melodia de perda, estridente, que parecia remontar à Antiguidade. Zoela balançava no meu colo, meio acordada, meio dormindo. Meu corpo tremia um pouco. Chorei novas lágrimas, lágrimas que eu não havia colocado para fora em Los Angeles. Lágrimas que só podiam me encontrar na Sicília. E, conforme a intensidade do lamento se tornava quase um transe, um chamado para todas as perdas de todos os tempos, eu queria desabar. Queria me deitar no chão. Queria gritar a plenos pulmões. Queria correr sem destino pela rua. Meu marido estava morto.

    Porém, apenas fiquei lá sentada, atordoada por causa do fuso horário, com Zoela no colo e sem saber como funcionava aquele ritual de luto. Saro e eu nunca tínhamos ido a um funeral na Sicília. A casamentos, sim. A funerais, não. Comecei a fitar mais de perto a urna na mesa, como se tudo aquilo tivesse sido um erro. Ele não podia estar morto em dois lugares, em duas realidades. Minha mente me dizia que ele poderia descer a escada da casa da mãe a qualquer instante, ver a cena e me contar como as jovens viúvas sicilianas se comportavam. Ele me diria qual era o protocolo. Em outro cenário, ele desceria e perguntaria: "O que é tudo isso? Parem de chorar. Estou bem aqui." Nós sorriríamos e sairíamos para uma longa caminhada no campo. Ele me mostraria as amoras da estação. Mas nada disso aconteceu.

Puxei Zoela mais para perto e agarrei o medalhão pendurado no meu pescoço. Nele havia minha conexão com Saro. Attica tinha me dado um medalhão, e dentro havíamos colocado um pouco das cinzas para eu poder carregar comigo. Foi um gesto sagrado e fraternal.

Minha terapeuta havia sugerido que eu pegasse um pouco das cinzas e espalhasse sozinha quando estivesse na Sicília. Ela sabia que a viagem estava me deixando ansiosa. Sugeriu que eu fizesse alguma coisa só entre mim e Saro. Depois da minha sessão com ela, tive um sonho sobre estar em um pomar com Saro ao meu lado. No dia seguinte, uma amiga me ligou para me contar que também tinha sonhado com Saro. No sonho, eles estavam comendo damascos. Considerando a confluência da sugestão da minha terapeuta com os sonhos, tracei como significado que eu deveria espalhar um tanto das cinzas de Saro embaixo de uma árvore de damasco em um lugar que ele tinha me mostrado no ano anterior. Assim, eu dividiria as cinzas dele em três partes: uma para sepultar em Los Angeles, uma para a mãe dele e uma para minha própria cerimônia pessoal.

Sentada na casa da minha sogra escutando as orações católicas que também eram conectadas aos mundos árabe e judeu, eu soube que aquele momento era para a mãe de Saro, a irmã, as vizinhas e primas. Aquele momento era para uma cidade de sicilianos que tinha perdido um dos seus. Nós havíamos feito um memorial, uma celebração da vida, em Los Angeles. Esse era o funeral que minha sogra estava esperando dar ao filho. Puxei Zoela para mais perto, sentindo-me dominada enquanto o som que emergia do conjunto de vozes ao meu redor extravasava, um grande lamento de partir o coração, que fluía para o teto.

De manhã, acordei na cama de casal dos pais de Saro, no andar de cima, logo antes do primeiro sinal de luz. Os primeiros e fracos raios do dia se infiltravam pelas venezianas do segundo andar. Eu conseguia ouvir sinos de ovelhas a distância. O pastor as estava levando para um lugar mais baixo. Zoela dormia ao meu lado.

Do térreo, vinha o som da suave e familiar coreografia de Nonna na cozinha. Eu sabia que ela estava acordada fazia um tempo. Ela queria se sentar com o filho sozinha no quarto onde ela mesma havia nascido. Ela precisava fazer isso antes de enterrar uma parte da própria maternidade para sempre. E, sem dúvida, ela já havia preparado o molho para o nosso almoço.

Na noite anterior, Nonna tinha me dito que acordaríamos cedo para ir à missa das sete. Estaríamos no cemitério às oito, a tempo de fazer uma cerimônia particular antes de o cemitério abrir para os moradores da cidade. Esse último detalhe, "antes de abrir", era importante, porque sepultar cinzas era incomum ali. Ela não queria chamar atenção. Franca buscou ajuda na prefeitura da cidade para lidar com toda a papelada do consulado italiano. Tudo precisava ser preenchido com as especificações minuciosas da Itália para que eu transportasse e sepultasse as cinzas dele. Eu havia tido inúmeras conversas e trocas de e-mails com ela falando que precisava de um endereço e do número do túmulo para o jazigo final, e ela não conseguia fornecer nenhuma das duas informações porque o cemitério em Aliminusa se situava em uma rua sem um nome oficial, no ponto mais distante da cidade. Como é comum em grande parte do interior da Sicília, os cemitérios, que datavam da época dos gregos e dos árabes, eram posicionados do lado de fora da cidade, muitas vezes em estradas secundárias, morro abaixo, sem saída. As pessoas que moravam lá sabiam sua localização, e era só isso que importava. Gente de fora não era enterrada ali. Apenas um forasteiro precisaria do nome da rua.

Para tornar a burocracia ainda mais complicada, quando Saro morreu, não havia um jazigo disponível onde se pudesse colocar suas cinzas. As construções no cemitério haviam sido interrompidas como resultado da austeridade econômica, ou talvez por alguma influência indireta da máfia. Os lotes que estavam disponíveis já haviam sido tomados, pré-comprados havia muito tempo por famílias abastadas para as gerações de falecidos que ainda viriam. A família de Saro não tinha um jazigo vazio, e não era a única família na cidade que se encontrava nessa situação desagradável. Por conta disso, havia surgido uma prática comum: as pessoas começaram a "emprestar" jazigos para as famílias que precisavam, sendo acordado que, no futuro, quando um novo espaço ficasse disponível, os restos mortais seriam transferidos para a nova sepultura dentro do cemitério. Pelo menos foi isso que me explicaram em Los Angeles enquanto eu me esforçava para entender e colocar toda a documentação da viagem em ordem. Parecia surreal, exatamente o tipo de manobra burocrática italiana que tornava a Itália a razão de muitas piadas.

Eu não queria ter nenhum problema ao transportar as cinzas de Saro para a Itália. Fui bem meticulosa a respeito. Talvez minha hipervigilância se devesse a uma infância com pais que me ensinaram como evitar confrontos com as autoridades. Quando adulta, em Roma, eu tinha precisado lidar com a realidade de ser uma mulher de certo tom de pele e idade. Fui abordada muitas vezes. Fui chamada pelos *carabinieri* e pela polícia de imigração mais de uma vez. Eu me encaixava no perfil típico de imigrantes entrando na Europa. Eu podia ser do Marrocos, de Cuba, da Etiópia ou do Brasil, dependendo de qual funcionário estivesse olhando para mim e o que as autoridades acreditavam ser a ameaça do momento. Ao longo dos anos, eu havia aprendido a ficar perto de Saro nos corredores da retirada de bagagem e na imigração. Havia aprendido a manter meu passaporte americano à vista, para não haver obstáculos ou atrasos que colocassem em risco as conexões dos nossos voos.

Carregando as cinzas de Saro e com Zoela do meu lado, não podia arriscar nem mesmo uma mínima margem de erro. Antes da viagem, tive pesadelos com revistas policiais, com as cinzas de Saro sendo jogadas fora ou, pior ainda, tiradas de mim na frente de Zoela, por eu não ter feito tudo certinho como manda o figurino. Eu jamais viajaria com uma caixa de pó sem identificação. Além disso, as leis italianas proibiam estritamente transporte clandestino de restos humanos. Cinzas requerem documentos próprios de viagem.

Todo o processo foi um exercício épico de loucura burocrática italiana. Sem mencionar os custos, o equivalente a três meses de mensalidade de escola particular. Precisei de duas certidões de óbito (em inglês e italiano), um certificado da funerária, documentos de viagem e certidões de nascimento, tudo traduzido para o italiano, certificado com uma *apostille* (uma certificação legal que torna um documento emitido em um país válido em outro) e depois novamente carimbado pelo governo italiano. Para cada papel e assinatura havia uma taxa e um imposto. Em mais de uma ocasião, disse a mim mesma que, se Saro soubesse quanto me custaria em dinheiro e estresse para levar suas cinzas para a Itália, ele me diria para jogá-las no Pacífico e colocar um ponto-final na história. Mas não foi isso o que ele tinha dito. *Traga uma parte de mim para a Sicília.*

Se ele nunca tivesse me pedido que sepultasse suas cinzas na Sicília, não sei se eu teria feito isso. Talvez as espalhasse no nosso local preferido da praia de Santa Barbara, no lugar exato para onde ele ia com tanta frequência para se animar durante os anos de tratamento.

Zoela despertou devagar, se espreguiçando contra mim.

— Meu amor, a mamãe vai à igreja daqui a pouco e depois ao cemitério agora de manhã com as cinzas do *babbo*. — Assim que disse isso, percebi que estava falando de mim mesma na terceira pessoa.

No fundo, eu estava torcendo para ela não querer ir. Eu estava exausta das horas de viagem de avião e do trajeto sinuoso de carro até a casa da família de Saro. Achava que não aguentaria fazer o papel de mãe atenta durante uma missa. Era possível que eu tivesse que carregá-la pelas ruas de paralelepípedos da cidade até o cemitério. Ela estaria cansada e abalada. A maternidade tem suas demandas. Naquela manhã, esposa enlutada e nora estrangeira eram os únicos papéis que eu conseguia exercer.

— Posso ver? — perguntou ela, esfregando os olhos para acordar.

— Ver o quê?

— As cinzas.

Aquela não era uma pergunta que eu tinha previsto. Me sentei e deixei que os pés tocassem o chão de mármore.

— Filha, elas estão lá embaixo em uma caixa azul em cima da mesa. Você já viu. — Comecei a sentir o cheiro de café passado vindo da cozinha lá embaixo. — Vamos arranjar alguma coisa para você comer. — Eu estava mudando de assunto, meu clássico redirecionamento parental.

— Mas eu quero ver. Eu quero ver o que tem dentro. — Ela se sentou na cama, firme e determinada. A expressão no seu rosto me mostrou que lágrimas estavam prestes a cair. — Quero ver o *babbo*.

Ela estava pedindo para ver o pai havia meses. Sua morte, seu desaparecimento completo, era inconcebível naquela mente jovem. Quando eu falava da morte do pai, ela se lembrava de quando havia se despedido dele, do memorial; quando tentei contar para ela que o corpo dele não existia mais, mas seu espírito estava conosco para sempre, ela se recusou a aceitar. Ela detestava esse novo mundo, no qual ele era inacessível para ela fisicamente, mas de alguma maneira ainda estava com ela de forma invisível. Com sete anos, ela era cem por cento literal. Invisível era igual a não existente. Minha filha, que ainda não estava nem no segundo ano, passava por sua primeira experiência no grande mistério sobre o qual os humanos refletiam desde o início dos tempos: Para *onde* vamos quando morremos?

Sempre intuitiva e exigente nas suas vontades, ela também era a criança que, três dias depois da morte do pai, me disse que estava cansada da casa cheia de adultos sofrendo: "Todo mundo vem aqui por sua causa. Ele era o meu pai. Por que eles não vêm por minha causa?"

Eles iam. À sua maneira adulta, a família e os amigos checavam se ela estava bem, levavam brinquedos e presentes para ela, depois saíam do quarto e se sentavam perto de mim. Três dias daquilo foi suficiente para ela perceber um padrão e chamar minha atenção. *Quero ver meus amigos*. Três dias, e ela estava me ensinando o que precisaria.

No dia seguinte, convidei cinco amigos dela para a nossa casa. Eles brincaram. Escreveram mensagens para Saro a pedido dela. Criaram trabalhos de arte no quarto onde ele tinha morrido. Colocaram flores perto da vela que eu deixava acesa. Cantaram, dançaram. Em suma, minha filha tinha orquestrado um velório nível ensino fundamental.

— Você não pode ver as cinzas dele. A caixa está lacrada. Não dá para abrir — argumentei.

Eu sabia que não era verdade, mas precisava dar uma razão concreta para o cérebro dela não criar uma solução alternativa. A razão verdadeira era que eu preferia fazer qualquer outra coisa a abrir a urna na mesa de jantar da avó dela, que era agressivo demais para uma criança com o seu temperamento.

E, enquanto suas lágrimas faziam sua estreia siciliana, acrescentei:

— Mas eu tenho um pouco aqui neste medalhão. Você pode ver estas.

Durante os minutos seguintes, ficamos sentadas na cama fitando o interior do medalhão. De um lado havia um retrato bem pequeno de Saro que eu tinha recortado de uma foto; do outro, um pequeno saco plástico lacrado que eu havia grudado na peça em formato de coração. Encaramos o medalhão até Nonna gritar lá de baixo:

— *Tembi, sei sveglia? Caffè è pronto.* — "Tembi, você se levantou? O café está pronto."

Uma hora e meia depois, cruzei a porta da cozinha de Nonna a caminho da igreja. No fim das contas, Zoela escolheu ficar em casa com sua prima adolescente, Laura. Na verdade, ela voltara a pegar no sono, e eu esperava que continuasse dormindo até eu retornar.

Naquela manhã, o calor veio com tudo. Minha sogra e eu andamos de braços dados, caminhando em uma lenta harmonia, descendo em direção à rua principal, a única entrada e saída da cidade. Ela carregava as cinzas de Saro e me puxou mais para perto quando passamos pela padaria e pelo queijeiro. Nós comeríamos pão e queijo feitos dentro dessas lojas quando fosse meio-dia. Eu não tinha certeza do que ela havia preparado, mas comeríamos a comida dos enlutados. Disso eu tinha certeza. Seria reconfortante, fácil de digerir. O tipo de comida que dava forças para seguir em frente.

Passamos por roupas recém-lavadas penduradas em cordas e paralelepípedos cobertos de estrume de ovelha. O carteiro passou apressado em sua vespa, rumando para a cidade seguinte antes de retornar a Aliminusa em seu trajeto de volta até a costa. Ao circundarmos a piazza, a única praça na cidade, escutei um vendedor de frutas ao longe anunciando sua mercadoria em um dialeto gutural através de um alto-falante em cima da cabine da sua pequena caminhonete.

— *Pomodori e pesche, freschi, freschi, buoni, buoni!*

Os tomates e os pêssegos que ele prometia estavam frescos e eram uma oportunidade imperdível. Pude ver a porta da farmácia sendo destrancada, e o açougueiro recebia seu primeiro freguês, um idoso usando uma *coppola*, que apagou seu cigarro antes de entrar.

Nonna e eu subimos os largos e lisos degraus de mármore da igreja e entramos na sacristia escura. Nós nos apoiamos uma na outra durante todo o percurso de dez minutos. Outras pessoas estavam esperando lá dentro. Então ela se afastou de mim para entregar as cinzas ao padre e tomar seu lugar no banco mais próximo do altar. Eu me sentei ao lado dela. Pairando sobre todos nós havia uma estátua de santa Ana, mãe de Maria e santa padroeira da cidade.

O padre celebrou uma missa breve, abençoando a urna de cinzas. Borrifou água benta em cima, depois falou de Nonna e de sua força durante a doença do filho. Rezou por mim e por Zoela. Eu lutava contra um jet lag e cansaço intensos para focar nas palavras dele. Se conseguisse fixar minha atenção em alguma coisa, conseguiria aguentar aquele momento. No entanto, só o que eu sentia era um enorme desejo de ter Saro perto de mim naquele banco. Então baixei a cabeça e dirigi o olhar para a mesa onde o padre havia colocado as cinzas de Saro. Era humilde, pequena, coberta com uma toalha enfeitada. Não tirei os olhos de lá até minha sogra pegar minha mão porque estava na hora de irmos embora.

Saímos da igreja, descendo os degraus brancos estriados até o carro de Cosimo, que nos esperava. Ir de carro nos ajudaria a evitar a descida íngreme a pé e garantiria que não corrêssemos o risco de encontrar outros moradores, agora que mais gente certamente estava na rua. O coveiro da cidade estava nos esperando com uma chave para abrir o cemitério.

No arco que levava ao corredor principal dos mausoléus, soprava um vento suave. Formávamos um pequeno grupo de pessoas enlutadas: Nonna, Franca, Cosimo, duas primas, dois amigos de infância, um amigo de uma cidade vizinha — que era pintor e conhecia Saro desde a juventude —, o padre e o coveiro.

Durante toda a cerimônia, eu me apoiei em um cipreste. Precisava ser sustentada por alguma coisa com raízes profundas. Passarinhos se aglomeravam na árvore, como se para acompanhar aquele drama humano ou simplesmente procurar abrigo nos corredores dos mausoléus. Qualquer que fosse o motivo, era neles que eu podia focar. Eu sentia como se estivesse flutuando por cima do meu corpo, no céu com eles. Estar presente no meu corpo significaria sentir a fraqueza das minhas pernas, as dores nos quadris. Eu teria que sofrer a tontura que ameaçava me derrubar nos paralelepípedos. Meu corpo estava em um lugar horrível, assustador, instável. Então eu flutuava sobre ele. E escutava.

Escutei o que estava sendo dito primeiro pelo padre: mais palavras, mais orações. Depois escutei Vincenzo, o amigo pintor que também fora amigo próximo do mentor de Saro, Giuseppe "Pino" Battaglia, um conhecido poeta siciliano. Vincenzo começou a ler as palavras de Pino, como um chamado à oração. Era um poema para os mortos, mas, enquanto escutava, eu imaginava que o poema na verdade era para mim.

Il mio nome è aria,
il vento che soffia.
Ora io vivo ancora in campagna

Meu nome é o ar,/ o vento que sopra.../ Agora vivo novamente no campo

A poesia ia me salvar. Era mais real e estável para mim do que o meu próprio corpo. Naquele momento, percebi por que eu havia voltado para aquela ilha de pedra: eu precisava de algum tipo de salvação. Queria desesperadamente, mesmo que fosse por um segundo, me livrar daquela tristeza sempre presente e ocupar meu espírito. O poema era o amor; o verso, uma linha me conectando a Saro, à Sicília e à minha casa em Los Angeles, onde os livros de Pino ocupavam nossas estantes.

O coveiro gesticulou em direção às cinzas. Aquilo me trouxe de volta ao meu corpo, como se um galho de árvore houvesse caído e me atingido. Quase desmoronei com o peso de uma súbita percepção arrebatadora. Compreendi pela primeira vez que eu estava sepultando metade da minha vida na Sicília. Cada sorriso, cada alegria, cada segredo compartilhado, uma vida de aspirações. Eu estava entregando tudo aquilo e tudo de mim que eu conhecia a um túmulo de mármore. Os sons de uma mula ao longe, o aroma de feno recém-cortado e a maresia no ar eram minhas testemunhas — os elementos que agora vigiariam tudo.

O coveiro subiu na escada artesanal, feita de madeira de oliveira e amarrada com cordas e o que parecia ser bambu seco. A escada, imaginei, tinha sido feita pelo pai ou pelo avô do coveiro como uma maneira de eles alcançarem os níveis mais altos da parede do mausoléu. Ele subiu com agilidade, segurando uma marreta. Em meio às minhas lágrimas, percebi que ele estava usando calças velhas, mas engomadas. A marreta atingiu a fachada de cimento, a camada entre a cripta e a pedra frontal de mármore, e estilhaçou aquele ponto, lançando pedacinhos no chão. O som fez os pássaros grasnarem e saírem voando. A partida deles forçou uma abertura no ar, tão quieto e parado.

Fechei os olhos e alguém se apoiou em mim. Podia ter sido Nonna, ou sua prima, ou simplesmente alguém da cidade que frequentava funerais e sempre aparecia em tais momentos.

— *Tutto bene, forte stai.* — "Está tudo bem, se mantenha firme."

Alguém pediu as cinzas para a minha sogra. Ela as entregou ao coveiro, que desceu alguns degraus para pegá-las. Quando abri os olhos, ele estava de volta lá em cima, e eu o vi colocar Saro dentro do espaço escuro atrás do cimento. Percebi que a fachada não tinha sido completamente despedaçada. Ele tinha conseguido com habilidade fazer uma pequena abertura, apenas larga o suficiente para deslizar a urna para dentro. Ficamos todos parados em silêncio enquanto ele pegava um balde de cimento fresco e uma espátula. Em questão de minutos, fechou a abertura. Alguém puxou meu braço para dizer que tinha terminado. Era hora de ir embora. Eu havia feito uma parte do que tinha ido fazer. Saro havia sido sepultado na Sicília. Mas eu ainda precisava entregá-lo à Sicília.

No trajeto de carro para casa, exaustos, esgotados, pensei em Zoela nos esperando. Tudo o que acontecesse entre Nonna e eu nas semanas seguintes determinaria se a Sicília permaneceria parte do passado de Zoela ou se poderia também ser parte do futuro dela. Qualquer um conseguia ver que nós três — mãe, nora e neta — formávamos uma tríade da dor, que estávamos nadando em terra firme. Era um ponto de partida perigoso. Eu esperava que passarmos um mês juntas nos faria ficar mais próximas, que a perda não nos afastaria. Nosso futuro parecia frágil. Contudo, na volta do cemitério, ainda era cedo demais para dizer. Naquele momento, tudo o que eu queria era colocar um quilômetro de rua de paralelepípedos entre mim e o cemitério e voltar para a minha filha. Era ela quem me dava uma razão para continuar seguindo adiante. Porque, mesmo no luto, a maternidade me fazia estar presente. Era a minha salvação na época e foi assim desde o primeiro dia.

ALGO INCRÍVEL

Eu sempre quis ser mãe. Sempre. No ensino fundamental, Attica e eu brincávamos juntas inventando enredos elaborados em que cada uma de nós tinha seis filhos — três meninos e três meninas. Todos os nomes começavam com a mesma letra ou tinham que rimar. Nossa brincadeira tinha uma alta dose de drama e era cheia de tramas típicas de *sitcom* que tomávamos a liberdade de pegar emprestadas de *Good Times* e *A Família Brady*.

Eu via meu papel de "mãe" como uma série de tarefas bem definidas: administrar a casa; preparar refeições complexas; planejar idas emocionantes ao mercado de mentirinha, onde Attica e eu nos revezávamos no papel de caixa, na sala de estar da minha avó, usando uma cadeira da sala de jantar como a esteira de passar as compras. Pegávamos as comidas na despensa e as colocávamos na sala. Eu insistia que fossem agrupadas de acordo com o tipo de alimento: pães e biscoitos juntos; pêssego em calda, carne enlatada e latas de vagens no peitoril da janela perto da televisão.

Saro e eu estávamos casados havia dois anos quando parei de evitar filhos e deixei o destino seguir seu curso. Um ano depois, eu estava mais curiosa do que preocupada. E achei que o tempo de espera era perfeito, pois tentar fazer minha carreira deslanchar teria sido mais difícil com uma gravidez e um bebê.

Lá pelo quarto ano, estávamos tão ansiosos que decidimos fazer um teste de fertilidade, os dois. Os resultados não se mostraram nem definitivos nem impressionantes: uma pelve desnivelada, no meu caso, e uma baixa motilidade espermática, no dele — provavelmente devido a um trabalho que o mantinha de pé perto de altas temperaturas mais de oito horas por dia —, geravam desafios. Não ficamos excessivamente decepcionados. Tínhamos bastante tempo pela frente. Eu não havia nem chegado aos trinta. Podíamos também optar por uma inseminação artificial em casa, se fosse necessário. Contudo, em particular, comecei a aprender mais sobre adoção, uma ideia que sempre tocou meu coração.

Pesquisando um pouco, encontrei uma agência fundada por duas mães no norte da Califórnia que se especializava em adoções de crianças negras, especificamente adoções inter-raciais. Toda vez que eu recebia uma de suas *newsletters*, meu coração dava pulos com as fotos das famílias. Eu via crianças de todas as origens sendo adotadas por famílias de todas as origens e configurações. Via crianças que encontravam um lar fixo com pessoas que pareciam corajosas o suficiente para arriscar amar com A maiúsculo e abraçar o desconhecido. Pessoas como eu imaginava que era. Elas privilegiavam algo além do sangue quando viam uma família. As pessoas naquelas páginas também se pareciam com a família de onde eu viera, com uma variedade de tons e matizes. Pareciam-se com o mundo que eu conhecia e a família que eu esperava formar.

Minha família tinha acolhido minha prima por meio de uma adoção internacional apenas um ano antes de Saro e eu caminharmos rumo ao altar. Eu a observava crescer, de longe, encontrando-a nas festas e reuniões de família. Via a alegria nos olhos de seus pais. Via o amor. Via como a adoção era uma atitude intencional e de coração aberto. Via outra maneira possível de formar uma família — e fiquei cativada.

— Vamos mesmo fazer isso? — perguntei a Saro quando lhe entreguei uma pilha de formulários.

Tinham se passado dois anos desde seu diagnóstico, e ele estava em remissão. A perspectiva de começar uma família, a esperança de vida diante da doença, nos enchia de emoção.

— Lógico que sim. Talvez seja a melhor coisa que vamos fazer na vida. — Ele pegou o formulário, deu uma olhada nele e depois me fitou. — Tenho que digitar isso?

— Não, escreva suas respostas a mão. Depois eu dou um jeito.

— Como vamos abordar o histórico médico? — perguntou ele, levantando os olhos dos papéis.

Ele fez uma cara específica. Eu estava começando a me acostumar a ter de volta sua pele cor de oliva e as bochechas ruborizadas depois que ele tinha parado de tomar as drogas mais fortes. Entretanto, a vulnerabilidade em seu rosto e a natureza da pergunta pairando no centro de nossa vida eram algo a que eu nunca conseguiria me acostumar. Essas coisas me deixavam morrendo de medo.

— A verdade. Sempre. Simplesmente falamos a verdade. — Eu o agarrei e dei um beijo em sua testa.

Se era para nos tornarmos pais por meio da adoção, tudo teria que ser firmado com base na verdade. Nossa esperança era que fôssemos combinados com uma mãe biológica igualmente disposta a expor suas verdades. Estávamos correndo um risco. Um grande risco. Queríamos que ela nos visse pelo que éramos, mesmo com a doença. Que éramos pessoas profundamente apaixonadas, pessoas que tinham passado pela dor, que tinham sobrevivido e seriam pais sabendo o que realmente importava.

— Você tem que responder à pergunta "Por que Tembi vai ser uma ótima mãe?". O que vai dizer? — Pressionei-o para começar quando nos sentamos à mesa de jantar com uma pilha de informações sobre adoção à nossa frente.

— Vou dizer que você é perfeita.

Como ele podia ser ao mesmo tempo impertinente e charmoso, ainda não conseguia entender. Eu sempre era uma coisa ou outra. Sua dualidade ainda era a coisa mais sexy possível.

— Essa é uma resposta idiota. Não diz nada. Pior, diz mais do que nada: diz que você valoriza a "perfeição". Seja lá o que for isso.

— Será que você não pode só me deixar fazer isso? Eu te amo. Se quero dizer que você é perfeita, vou dizer. — Ele pegou uma caneta para começar a escrever. — Vamos ser escolhidos porque a mãe vai ver que estamos apaixonados.

— Certo, tudo bem, estamos apaixonados. Mas você pode ser mais específico? — Eu gostava do fato de ainda provocarmos um ao outro. Era uma marca de normalidade após a doença, e eu não queria que acabasse.

— O que você escreveu sobre mim? — Ele abaixou a caneta e esticou a mão para pegar o meu formulário.

— Que você é uma das pessoas mais inteligentes que eu conheço, que escreve poesia, é generoso, que a sua comida aproxima as pessoas, que você toca blues na guitarra, fala três línguas e lê cinco. — Cutuquei-o com o pé embaixo da mesa. — Mas não escrevi que costumava confundir Kevin Bacon com Val Kilmer.

— Você nunca vai esquecer isso.

— Não enquanto viver.

— Tem certeza de que não quer tentar engravidar? Não quero que perca essa experiência, se for algo que quiser de verdade. — Ele colocou os papéis de lado por um instante, esperando para ver o que eu teria a dizer.

Era possível; nós tínhamos espermatozoides congelados. No dia em que foi diagnosticado, de alguma forma meu marido teve os recursos mentais e emocionais necessários para sair do consultório do oncologista, dirigir três quilômetros e se encaminhar para um banco de esperma. Nenhum de nós disse uma única palavra durante o trajeto, nem consideramos dar meia-volta. Em vez disso, chegamos sem agendamento ao balcão da recepção, ele entregou à mulher um bilhete do médico e logo depois desapareceu nas instalações da clínica. Saro era uma pessoa capaz de manter o olhar no futuro, mesmo diante de um diagnóstico de câncer, protegendo algo que poderia vir a existir. Quando voltou, meia hora depois, disse: "Não sei se o que acabou de acontecer nos dá um futuro, mas fiz o que pude." E aí fomos embora. Desde aquele dia, passamos a pagar uma taxa mensal pela possibilidade conceber um filho biológico.

— Eu não quero engravidar, juro. A única experiência que eu não quero deixar de ter é a de ser mãe.

Eu não tinha interesse em recuperar o esperma — e nenhum de nós queria voltar a uma rotina de salas de exame e testes de laboratório. Eu não queria que, para começarmos uma família, precisássemos da intermediação de médicos e seus jalecos brancos. Além do mais, Saro confessou em voz baixa certa noite que não gostava nada da ideia de arriscar a sorte com a própria genética, dada a natureza desconhecida do seu câncer.

Nas semanas seguintes, preenchemos o que pareciam ser resmas de formulários, registramos nossas impressões digitais, passamos pela verificação de antecedentes do FBI, obtivemos a certidão de nada consta da polícia, fomos entrevistados e tivemos nossos registros financeiros revirados. Escrevemos uma carta para a "Querida mãe biológica", com a promessa de que era "nosso compromisso criar seu bebê em um ambiente de tolerância, com todo o carinho, compaixão e amor que seu filho ou filha merece".

Angariamos cartas de recomendação de amigos. Escrevemos dossiês um sobre o outro, respondendo a perguntas como "Explique por que vocês estão tão animados para se tornarem pais" e "Descreva a sua casa". Escrevemos sobre os nossos cachorros, nossa família estendida, a escola perto de casa. Afirmamos que sabíamos se tratar de uma decisão difícil para a mãe biológica e agradecemos a ela por nos dar a oportunidade de nos apresentarmos. E, mais importante, conseguimos uma carta dos médicos de Saro, declarando que a doença dele estava em remissão.

Depois de tudo isso, ainda havia mais. Terminei minha participação em *Bernie Mac, Um Tio da Pesada* e fui direto para o aeroporto pegar um avião até um curso intensivo para pais em pré-adoção, sobre os cuidados com um recém-nascido. Na aula, coloquei fralda e pus bonecos para arrotar, focando no contato visual e na necessidade de formar um vínculo. Eles falaram para uma sala cheia de pessoas querendo ser pais que a beleza da adoção era que os papais podem segurar e alimentar o bebê exatamente da mesma maneira que as mamães, o que aumentava a ligação da criança com o pai. Depois peguei outro avião e voltei para começar a trabalhar em um programa sobre uma família com quíntuplos adolescentes cujo protagonista era interpretado por Andy Richter.

Saro e eu chegamos a frequentar até um curso em Los Angeles sobre adoção inter-racial, do qual recebemos um certificado por desafiar nossas crenças sobre "questões de raça", "privilégio branco" e "diferenças na experiência inter-racial para filhos de raças e etnias diferentes". Embora nenhum de nós dois tivesse experiência direta que nos permitisse saber como essas questões se interligavam com a adoção, deixamos o curso confiantes de que, como um casal inter-racial e intercultural, compreendíamos o potencial dos aspectos interculturais da parentalidade — apesar de termos pais em dois países diferentes que não conseguiam sequer falar uns com os outros.

Limpamos o pequeno escritório em nossa casa, na esperança de que um dia fosse preenchido com um berço, uma cadeira de balanço e um trocador de fraldas. Naturalmente, tentamos escolher nomes para o nosso futuro filho ou filha. Não importava se fosse menino ou menina. Não importava a etnia. Não importava a combinação de etnias. A única coisa que importava era: pedimos que não fôssemos mostrados para mães biológicas que sabiam estar grávidas de gêmeos. Essa foi nossa única condição. Eu sabia que podia lidar com muita coisa, mas não com dois bebês ao mesmo tempo. E aí esperamos.

Eu estava no meio da aula de pilates, fazendo flexões no *reformer*, quando olhei pela janela do estúdio perto de nossa casa e avistei Saro. Seu rosto estava radiante.

— O que aquele cara está fazendo? — perguntou a instrutora, me liberando das alças da máquina enquanto observava Saro atravessar às pressas o estacionamento.

— É o meu marido — expliquei, observando-o e tentando processar por que ele estaria em um lugar ao qual nunca vinha.

Assim que as palavras saíram da minha boca, meu cérebro começou a processar a situação. Era sobre o bebê. Pulei do *reformer* e corri até a porta para encontrá-lo. Se estivesse certa, as coisas estavam avançando rápido. Só fazia três meses desde que tínhamos começado o processo.

— Ela nasceu. A neném nasceu. Temos uma menina — disse ele, me entregando suas chaves. — Temos que ir agora.

— Ir para onde? Quem ligou? Espera. Onde... onde ela está?

— Havia uma menininha em algum lugar esperando por nós. Aquilo estava realmente acontecendo. E rápido. Eu era mãe de uma menina. — Onde está a neném?

— São Francisco. A mãe biológica quer conversar com a gente. Ela nos escolheu, mas quer conversar com a gente. Você tem que vir para casa. Temos que ligar para ela daqui a uma hora. Toma, você dirige.

Deixamos meu carro no estacionamento. Meu primeiro minuto como mãe aconteceu do lado de fora de um estúdio de pilates em Silver Lake.

Fomos para casa. Ligamos para a agência e recebemos informações acerca da mãe biológica da nossa filha, da saúde do bebê e das circunstâncias que levaram àquela decisão por parte da mãe. Fomos instruídos sobre como falar com aquela mulher que tinha acabado de ter um bebê: deixá-la guiar a conversa; o que perguntar (qualquer coisa que quiséssemos); como tranquilizá-la (escutar); como agradecer (era só falar de coração). Fomos informados de que a conversa duraria cerca de trinta minutos, talvez menos. No fim, nossa ligação durou mais de uma hora. Ela era sensata, intuitiva, pé no chão. Fiquei tocada ao saber que só tomou a decisão sobre a família adotiva depois de segurar a filha nos braços, mesmo que por apenas alguns minutos. Antes de escolher os pais para a criança à qual estava dolorosamente renunciando, ela olhou no fundo dos olhos da neném, sabendo que as duas precisavam daquele momento.

Quando conversamos, identifiquei amor e esperança em sua voz. Desconfiei que ela só começaria a processar de verdade tudo aquilo nos dias seguintes, e então viria a torrente de sentimentos — um processo que duraria até o fim de sua vida. Eu estava aprendendo em primeira mão como a adoção envolve perda. Ela estava renunciando à filha que amava e com quem se importava, de modo que a criança pudesse desfrutar uma vida que ela não podia oferecer. Saro e eu ficamos nos entreolhando enquanto tentávamos responder a todas as perguntas que ela nos fazia, mesmo a que mais temíamos, sobre a saúde dele. No fim, ela disse:

— Quando vi vocês, tive certeza.

Desligamos o telefone como pais de primeira viagem — pais apressados, frenéticos, empolgados e superfelizes. Jogamos nossas escovas de dentes em uma mala de mão e rumamos para o aeroporto, a fim de pegar o primeiro voo disponível para Oakland.

Ao chegarmos, fomos direto para o escritório da agência, onde iríamos encontrar a jovem que tinha nos escolhido como pais da sua filha. A facilitadora, Karen, tinha nos incentivado a conhecê-la em pessoa, como parte dos princípios da adoção aberta. Era "aberta" no sentido de que não seguia os moldes de antigamente, em que nenhuma das partes conhecia a outra e os registros sobre o assunto eram lacrados. Estávamos realizando uma adoção em uma época em que era desejável que os adultos concordassem em se encontrar pessoalmente. Isso nos daria a oportunidade de conhecer uns aos outros e compreender que cada um de nós seria vital para que a criança entendesse sua origem.

Quando Saro e eu chegamos, meu corpo tremia de nervosismo e empolgação. Mas era um nervosismo diferente do que senti no dia do meu casamento, do nervosismo que sentia quando fazia testes para algum filme ou programa de TV. Era uma euforia desenfreada. Eu queria me doar completamente para aquele momento. Sabia que minha vida estava prestes a tomar uma nova direção. E, embora estivesse ansiosa, havia também uma serenidade interior, que me estabilizava, porque de algum modo eu sabia que tudo estava acontecendo segundo uma espécie de predestinação divina. Saro e eu paramos diante da porta do escritório, nos demos as mãos e nos encaramos. Então ele disse:

— *Andiamo!*

A primeira coisa que notei a respeito da mãe biológica de Zoela foi a beleza. Ela era deslumbrante. A segunda coisa que notei foi que ela também estava exausta. Afinal, tratava-se da decisão mais difícil da sua vida.

No instante seguinte, já estávamos nos abraçando. Eu a abracei como fazemos quando queremos agradecer a alguém de corpo e alma. Como se a conhecesse a vida toda. Como se ela soubesse todos os segredos para cuidar de uma criança que ambas amávamos e, através daquele abraço, pudesse transmitir esses segredos para mim. Nós nos afastamos chorando e sorrindo.

Saro lhe perguntou como ela estava se sentindo. Karen sentou-se conosco e tirou fotos de modo que um dia pudéssemos contar a nossa filha como tínhamos nos reunido, conversado e traçado um plano que começou no amor que todos sentíamos por ela. Poderíamos compartilhar os retratos que captavam esse sentimento.

Depois, Karen explicou quem estava cuidando da bebê enquanto estávamos nos conhecendo, no escritório. Sabíamos que essa maneira de juntar as famílias era uma parte da missão da agência. Sempre que possível, a equipe tentava proporcionar um momento para que as mães e os pais biológicos e adotivos se conhecessem primeiro, antes que os pais adotivos conhecessem a criança. A agência queria que nos reuníssemos como pais para entender, de verdade, que estávamos selando um pacto de amor e compromisso que deveria sempre estar centrado no que fosse o melhor para a criança. E, em seus vinte anos de trabalho como facilitadora de adoções, a equipe também sabia que, para uma mãe biológica renunciar ao filho e começar a aceitar esse ato, ajudava conhecer a família adotiva.

Contamos à mãe biológica o nome que planejávamos dar à bebê: Zoela. Saro e eu adorávamos esse nome italiano antigo, que significa "paz na terra". Achávamos que seria simbólico para uma criança que reunira estranhos. O nome refletia a diversidade de sua genética e suas culturas. Ela era afro-americana, filipina, italiana e até, acrescentou Saro, siciliana.

Então nos oferecemos para levar a mãe biológica em casa para termos mais um tempo juntos, longe do escritório. Ela aceitou. Deixamos a agência em Oakland como três pessoas em um novo relacionamento e fomos para a casa dela em São Francisco. Não tínhamos muito a dizer e não ficamos jogando conversa fora — havia ali apenas a consciência sincera de que tínhamos mudado a vida uns dos outros e estávamos mudando a vida de uma criança.

Passamos por uma rotatória e um parque e chegamos ao apartamento onde ela morava. Era outono, e as árvores ainda estavam cheias. Ela saiu do carro e nós a acompanhamos até a porta de casa, a abraçamos de novo e tiramos uma última foto. Nela, estamos visivelmente abalados; os olhos dela estão vermelhos e meu braço envolve seus ombros como se eu não quisesse deixá-la partir. Nós três — cada um de uma cultura diferente, cada um em um momento crítico da vida — havíamos passado por uma transformação crucial. E aí ela subiu a escada e seguiu para uma vida que seria apenas dela, uma vida que inquestionavelmente carregaria sua própria tristeza em silêncio.

— Acho que não consigo fazer isso — falei, assim que Saro e eu voltamos para o carro. — Não consigo me mexer, muito menos dirigir.

Comecei a chorar de um modo que não fazia sentido para mim. Eu sentia que, caso saíssemos dali, caso deixássemos aquele momento, estaríamos transformando todos nós. Estávamos assumindo a guarda de um pacotinho de amor e deixando a mãe biológica em um mundo de dor. Desabei em cima do volante, paralisada por emoções contraditórias.

Saro pegou minha mão.

— Nossa filha está nos esperando.

— Eu sei, eu sei. — Pensar nela, o bebê que ainda nem conhecíamos, aquela pequena de olhos lindos e cabelo preto, a criança que viera a este mundo esperando por nós, despertou em mim um entusiasmo tão intenso quanto minha tristeza.

— Vamos ligar para a agência e contar o que está acontecendo — disse Saro.

Liguei para Karen no escritório e contei que estava sentindo um conflito que não esperava, que quase não fazia sentido.

— É bem normal, bem normal. Foi um grande dia — tranquilizou-me ela, a voz serena, confiante. — Muita coisa aconteceu desde ontem. Mas quero que você saiba que isso é o cerne da adoção. Lembre-se do que está sentindo neste exato momento. Lembre-se, porque o cerne da adoção é esse amor e essa perda, tudo de uma vez. Sua filha vai conhecer esse sentimento algum dia. É a percepção de que ela teve que se despedir de algo para conhecer uma nova possibilidade. Que foi assim que o seu amor como família aconteceu. Você se despediu e agora precisa conhecer sua filha.

Karen tinha razão. Suas palavras e sua voz me deram clareza e um objetivo.

Desliguei e me aproximei de Saro.

— Vamos conhecer nossa filha.

Havia algumas famílias na Bay Area que ofereciam suas casas para as crianças que recebiam alta do hospital, mas cujos pais adotivos ainda não tinham chegado para pegá-las. Quando paramos o carro na frente da casa da mulher que tinha acolhido Zoela por uma noite, novamente senti uma descarga de adrenalina e nervosismo, o estômago embrulhado e o coração disparado.

— Entrem, sejam bem-vindos. Sei que vocês estão loucos para ver a neném. — A mulher que abriu a porta parecia uma combinação de Joni Mitchell com uma professora de meia-idade de estudos feministas da Wesleyan University. O cabelo grisalho estava repartido no meio e ela usava uma calça de veludo cotelê e tamancos. Sua casa cheirava a fórmula infantil e sândalo. Ela manteve a porta aberta, como se fizesse isso todos os dias, uma espécie de doula hippie acolhendo recém-nascidos em uma casa baixa e comprida em uma colina de Marin County.

Quando entramos, vi que a mulher tinha dois filhos, um branco e outro negro, com cerca de um ano de diferença. O mais velho, de três anos, ficou de pé atrás da mãe o tempo todo. No fundo, pude ver o outro filho sentado em uma cadeira de alimentação. Ela havia parado de dar comida a ele para atender à porta e ainda estava com uma colher na mão. Não chegou a pousar a colher enquanto o retirava da cadeira, acomodava-o no quadril e dizia ao menino mais velho para nos mostrar a bebê. Em questão de segundos, estávamos sendo conduzidos pelo corredor da casa antiga, pisando em brinquedos e passando por um aquário. Então, chegamos a um berço no canto do quarto principal.

O menino apontou para dentro. Lá, dormindo de barriga para cima, vestindo um macacão azul com um gorro de tricô na cabeça, estava Zoela. Em sua presença, em contato com seu espírito, percebi que tinha encontrado um novo tipo de amor. Saro deu uma olhada nela e recuou um passo. Depois se sentou na cama que havia ali e deixou a emoção invadi-lo. Passou vários minutos sem se mexer. A mulher que nos recebeu aproximou-se e nos informou quantas vezes Zoela comia, quando ela ficava agitada, como arrotava fácil. Quando Saro por fim a segurou, a neném agarrou o dedo mindinho dele e o manteve apertado. Ele também havia encontrado um novo tipo de amor. Quase catorze anos antes, ainda em Florença, Saro havia me prometido "algo incrível". E lá estava.

A maternidade me transformou em alguém que eu estava destinada a me tornar. Zoela me fez virar uma nova pessoa, me reestruturou. Certa vez, quando ela ainda não tinha nem quatro meses e a peguei no colo para lhe dar de mamar tarde da noite, fui tomada por um medo. Se fosse verdade o que eu conhecia a respeito de mim mesma até o momento, imaginei que a mãe que eu estava me tornando seria igualmente imperfeita, frágil e ao mesmo tempo forte, e, nos dias bons, abençoada com momentos de graça e sabedoria. Essa criança seria minha acompanhante nessa jornada.

— Vou te dar o melhor de mim, sempre e onde eu puder — murmurei, a boca perto do alto de sua cabecinha, pairando sobre aquele ponto sensível dos bebês que nos faz recordar a fragilidade de uma nova vida.

Com a maternidade, veio a lembrança ofuscante de que eu não conseguiria escapar da angústia do que significa ser humano. A vida é tumultuada e complexa. O câncer havia me ensinado isso. Ser mãe sob a ameaça da doença de Saro só salientava esse fato.

Em apenas alguns meses, Zoela começou a expandir minha visão de mundo, minha visão quanto a mim mesma e minhas possibilidades. Ela fez um poço de determinação e poder surgir dentro de mim. E, ao mesmo tempo, eu me sentia incrivelmente vulnerável.

— Vou fazer qualquer coisa para garantir que você fique bem neste mundo. Vou fazer o possível para te poupar sofrimentos desnecessários — garanti-lhe enquanto ela dormia. No entanto, sabia por experiência própria que as mães podem decepcionar, podem machucar, podem impor condições para o seu amor. Que mãe nunca fez isso, fosse nos detalhes, fosse de formas grandes e odiosas? Pensei especificamente nos anos em que a mãe de Saro passou sem ver o filho porque ele havia escolhido um amor que ela não entendia.

Naquela noite, prometi a mim mesma que, mesmo se eu não fizesse mais nada, seria uma mãe que se empenharia em deixar de lado minhas ideias e limitações e veria essa criança, a filha com que eu havia sido abençoada, como a pessoa que ela poderia ser. Eu estaria presente em seu casamento, nos nascimentos e nas mortes.

Enquanto eu a embalava para dormir, a grande extensão das luzes de Los Angeles piscando pela janela acima de minha cadeira, pensei nas várias tristezas que ela sem dúvida algum dia sentiria. A dor faz parte da vida. Disso eu tinha certeza. Se eu pelo menos pudesse lhe ensinar como ser resiliente, como amar com todas as forças, como sentir menos medo… Como suportar a mágoa, tanto a infligida por outras pessoas como a que ela poderia involuntariamente infligir a si mesma... Eu queria que ela soubesse que o amor pode chegar de várias formas. Que às vezes pode parecer uma renúncia, mas também pode significar não renunciar jamais. Que talvez um dia ela amasse alguém de uma forma para a qual o mundo ainda não estivesse pronto. Que ir atrás desse tipo de amor teria suas dificuldades, mas, no fim das contas, ele poderia ser melhor do que qualquer coisa que ela fosse capaz de sonhar.

PÃO E SALMOURA

Sete anos depois, Zoela estava brincando no andar de cima da casa da avó, assistindo a *Píppi Meialonga* em italiano em um aparelho de DVD portátil apenas algumas horas após Nonna e eu termos sepultado as cinzas do seu pai no cemitério local. No andar de baixo, eu observava Nonna se movimentar na cozinha como um navio firme e silencioso navegando por águas turbulentas. A cozinha era o espaço onde eu imaginava que ela desembaraçasse a trama de sua vida, inspecionando cada fio. Eu conseguia ouvir a cacofonia de sons da rua ao meio-dia, à medida que aumentavam e diminuíam: um cachorro latindo, o motor de um trator parado em ponto morto, Emanuela chamando Assunta do outro lado da rua para contar que havia comprado pão na padaria na volta do mercado. Os sons eram conhecidos, reconfortantes e dissonantes da realidade da minha vida em Los Angeles, onde a minha própria cozinha tinha permanecido em silêncio desde a morte de Saro. Só de parar na frente do fogão eu já sentia vir à tona uma tristeza encerrada no fundo dos meus ossos. Ali, porém, na cozinha de Nonna, eu podia ficar sentada. Podia observar. Podia acompanhar alguém experiente cortando alho fresco, salpicando doses generosas de sal no molho, da mesma forma como eu tinha feito com Saro. Eu podia fazer companhia a alguém. Só estar ali com outra pessoa, em silêncio. Havia mais a ser dito do que qualquer uma de nós soubesse como dizer.

Examinei a cozinha de Nonna. Era pequena e comprida: tanque, pia e fogão, um depois do outro, ao longo de uma parede com armários de fórmica acima. A área da parede embaixo dos armários marrons simples era coberta de azulejos marrons de vinte por vinte. Vinhetas rurais antigas se repetiam, pintadas em três azulejos: um homem fazendo vinho, uma mulher servindo o jantar para a família à luz de um lampião a óleo e uma mãe e uma filha lavando roupa em uma praça. Depois do fogão, havia um forno a lenha de parede, antigo, típico da virada do século. Tinha sido usado durante toda a infância de Nonna. Sua mãe tinha assado pão ali diariamente. Era ali que costumavam ferver a água para cozinhar a massa. Nos dias atuais, Nonna jogava seus restos para compostagem no forno, através de uma portinhola de ferro forjado com um trinco.

Na outra extremidade da cozinha ficava o único banheiro da casa e, junto a ele, um armário fechado que comportava a geladeira. Naquela casa, a função precedia a forma. Cada um desses espaços foi se tornando o que era à medida que as modernidades chegavam à cidade durante o século XX: eletricidade, água encanada, refrigeração. Os eletrodomésticos eram colocados onde havia espaço e acesso à água. Sua disposição levava em conta facilidade de acesso e necessidade; frequentemente também dependia das épocas em que as famílias tinham dinheiro suficiente para gastar com eletrodomésticos e outras modernidades. A refrigeração foi a última modificação tecnológica a entrar nas casas; assim, quando uma família conseguia bancar uma geladeira, colocavam-na no único espaço disponível. As pessoas trabalhavam com o que tinham. Tratava-se de uma abordagem em relação às mudanças estruturais da vida que de repente compreendi com uma urgência renovada.

Uma grande perda acaba incorporando todas as outras perdas da vida de uma pessoa. Comecei a perceber isso nos meses seguintes à morte de Saro. Seu falecimento ressuscitou todo tipo de sentimento de perda, incluindo a dissolução do casamento dos meus pais, que ocorreu, como salientou minha terapeuta, quando eu tinha sete anos — a mesma idade da minha filha. Parecia que partes de mim, tanto do passado quanto do presente, precisavam ser profundamente reconfortadas, e o luto misturava esses dois tempos. Que Zoela e eu tivéssemos experimentado uma perda na mesma idade parecia fazer com que as partes mais jovens de mim mesma ansiassem muitíssimo por estabilidade.

O consolo que eu recebia de Nonna era um sentimento estranhamente familiar. Ele me fazia lembrar de estar na casa da minha própria avó nos verões após o divórcio dos meus pais. Foi minha avó materna quem cuidou de mim e de Attica todos os verões seguintes. Na época, eu estava sofrendo com a separação da família. Meus pais tinham se divorciado, abrindo mão da ideia de durar para sempre, e começado a seguir caminhos separados. Deixar-nos com a mãe de minha mãe nos primeiros verões após o divórcio fazia todo o sentido, pois eles estavam se dedicando a reconstruir suas vidas. Minha avó já havia se aposentado e, como fora educadora, queria influenciar a vida de suas únicas netas. Queria nos dar algo que não conseguíamos ter em casa: estabilidade.

Quando eu era criança, muitas vezes ficava sentada calada observando minha avó Odell cozinhar. Estudar as cozinhas e as mulheres que as controlam é algo que faço desde a infância. Era no chão da cozinha dela que eu brincava quando era bem pequena, era lá que eu comia sentada em um banquinho. Ela morava em uma casa modesta de tijolos, pintada de branco e com venezianas pretas. E, como a casa de Nonna, na Sicília, a porta da frente dava diretamente na cozinha. Construída na década de 1950, continha todas as promessas dos Estados Unidos daquela época: fogão de quatro bocas, bancadas laminadas, mesa de fórmica, geladeira e congelador. Uma ilha com banquetas giratórias e uma vista para a sala de estar adjacente à cozinha. Uma despensa do teto ao chão com uma bandeja giratória embutida e uma prateleira de temperos. Minha avó havia ascendido de suas raízes de meeira; sua cozinha era prova dessa ascensão.

A mãe dela, minha bisavó Fannie, vivia a dois quarteirões de distância, e era em sua casa que eu passava as tardes debulhando vagem ou brincando de cinco-marias. Ela era dona de um café de beira de estrada para "gente de cor" que passava pela rodovia 59 e pelas estradas secundárias que davam nos assentamentos rurais de negros que acabaram se tornando cidades no leste do Texas. Fannie servia pastéis, sanduíches de frango à milanesa, refrigerante e couve — produtos do Sul e da região de pinheiros entre Houston, Dallas e o leste da Louisiana, lugares com varandas de telhados inclinados e casas compridas típicas com jornal colado sobre as janelas para fornecer isolamento no inverno. Uma brisa fortuita lançava ao vento pequenas lascas da tinta branca das varandas, como se fosse neve. As tábuas embaixo eram cinzentas e pálidas e soltavam farpas sem avisar. As pessoas mantinham uma cadeira na extremidade da varanda, uma única cadeira de balanço, de pinho, talvez duas quando alguém parava para oferecer um balde de milho, doce e recém-colhido. Minha família vinha desses lugares e de várias áreas rurais próximas, inclusive de Nigton, no Texas, onde gerações de minha família tinham morado, primeiro escravizados, depois como meeiros e finalmente como educadores. Com eles aprendi que a comida era o suporte físico e emocional que ajudava as pessoas a enfrentar as dificuldades da vida.

Na cozinha da minha avó, dei os primeiros passos na culinária. Primeiro aprendi a mexer macarrão enlatado com uma colher de pau em uma panela de latão. Eu queria imitá-la, imitar suas ações. Hoje, quando penso sobre o passado, entendo que ela me deixava "cozinhar" para poder se dedicar a tarefas mais importantes. Ela cuidava da mãe idosa, da sogra e do marido, meu avô, que tinha mal de Parkinson. Suspirava enquanto cozinhava, externalizando sua própria dor, seu ressentimento, sua perda. Colocava tudo aquilo na comida, em combinações de doce e salgado, salmoura e manteiga. Dava para ver que ela cozinhava por necessidade, mas também de uma forma que me parecia um método de autorrelaxamento. E eu não a incomodava. Alguma coisa me dizia, mesmo quando eu era criança, para não a perturbar e ficar quieta. Sua cozinha me ensinou que os sabores podem trazer o amor e afastar a raiva, e que algo doce tem capacidades reconciliadoras e pode apaziguar um coração. "O amor de um lar em paz" era o princípio norteador de minha avó.

Nonna estava de pé junto ao fogão, de costas para mim. Era assim que nossas refeições sempre começavam. Ela colocou uma panela de metal sobre a chama. Reparei que era menor do que as que ela costumava usar antes. A panela no fogo era sempre a promessa de massa cozida na água vinda da cordilheira das Madonias. Contudo, havia menos macarrão a se fazer naquele dia. Saro podia facilmente devorar duas tigelas de qualquer coisa que a mãe preparasse, mas naquele dia éramos apenas Zoela e eu.

Eu a observei temperar a água com punhados de sal marinho, extraído provavelmente da salina a duas horas dali. O sal era fino e úmido, como se tivesse sido retirado recentemente do mar. Ela esfregou o que restava nos dedos sobre a água como uma oração melancólica. Eu ainda estava dominada pelo feitiço do cemitério, dos pássaros, da temperatura arrasadora.

Eu não sabia dizer se Nonna realmente queria preparar aquela comida. Não conseguia distinguir necessidade de obrigação — a necessidade de fazer algo para se sentir viva diante da perda ou a obrigação de alimentar as hóspedes que vieram de longe. Eu desconfiava que nenhuma de nós duas estava exatamente com fome.

Mas era isso o que fazíamos. Era o que acontecia ao meio-dia todos os dias. O almoço na Sicília é sacrossanto. Era, como se diz lá, *Nè tu letu, nè iu cunsulatu*: nem você feliz, nem eu confortada. Ainda assim, iríamos comer.

Eu havia trocado de roupa e vestia um chemise. Nonna tinha tirado a saia e a camisa pretas formais e vestia as roupas de viúva mais simples e confortáveis, que usava em casa. O uniforme era o mesmo — uma camisa preta e uma saia reta —, mas a versão informal era menos rígida, feita de algodão. Ela portava uma cruz de madeira no pescoço.

— Precisa de ajuda? — Eu fazia essa mesma pergunta em sua cozinha havia quase quinze anos.

— Não — respondeu, balançando a cabeça. Ela gostava de ter a cozinha só para ela.

Ela nunca me deixou cozinhar na casa dela. Jamais. Nem mesmo seu filho, que era chef, tinha essa permissão. Não importava quantas noites eu dormisse sob o seu teto, não importava quantas vezes ela lavasse meus sutiãs e passasse minha roupa de baixo a ferro, eu era sua hóspede. Mesmo que também fosse parte da família. Ela preferia trabalhar sozinha, no próprio ritmo; não queria companhia enquanto cozinhava. Antes, eu apenas dava uma passada, conversava amenidades, mas nunca fiquei do início ao fim da preparação. Como para muitas outras mulheres da cidade, sua cozinha era seu domínio. Eu era proibida até de pôr a mesa.

Assim, saí para a rua. Ouvi o alto-falante do último vendedor ambulante passando em seu veículo: "*Susine, pere, pesche, uva!*" Ele estava anunciando frutas — ameixas, peras, pêssegos, uvas — cujas variedades só podiam ser encontradas na Sicília e raramente no supermercado. O vendedor ambulante tinha cerca de cinquenta anos, um rosto fino e barba por fazer. Era alto, levemente curvado, e tinha um sorriso largo com dentes separados, como peças de dominó afastadas. Fazia anos que eu o via passar. Para mim, seu rosto era uma colagem das culturas da ilha: pele cor de oliva escura, olhos azuis, o nariz grego que aparece nas estátuas de Apolo e cabelo preto cacheado. Eu era fascinada pelos sicilianos, uma população que durante séculos fora dominada por um povo após outro, fosse da Grécia, da Espanha, do norte da África, fosse da Normandia. Eles formavam uma cultura mista de vencedores e vencidos, pessoas que lidavam com uma mistura frequentemente desconfortável de idiomas, religiões e grupos étnicos que passaram a coexistir. No espectro dos rostos sicilianos, é nítida uma combinação de africanos, gregos, árabes, judeus, espanhóis e normandos. Como resultado de todo esse movimento de invasão e acomodação, os sicilianos eram conhecidos por um ceticismo sincero que considero ao mesmo tempo irritante e encantador. Sua comida é uma mescla fascinante de culturas colidindo no prato.

O vendedor parou a minicaminhonete Piaggio na frente da casa de Nonna, debruçando o corpo para fora da janela do motorista, microfone na mão. É uma velha tradição na Sicília — o vendedor ambulante anunciando seus produtos em forma de música. Saro uma vez me disse que isso talvez remontasse à época do domínio árabe na Sicília.

Ele parou no meio da rua, bem na minha frente. A localização permitia que as mulheres que moravam mais abaixo na rua subissem para comprar suas mercadorias e as mulheres que moravam mais acima descessem para fazer o mesmo. Era igualitário, era justo. Além do mais, o microfone era barato e não funcionava bem. Daquele ponto da rua, o som se propagava melhor. Até as mulheres que deixavam a televisão no volume máximo enquanto cozinhavam conseguiam ouvir as ofertas. Ele continuou cantando suas mercadorias: ameixas, peras, nectarinas. Imediatamente percebi que ele não ia conseguir fazer muitas vendas. Havia chegado tarde no dia para oferecer as frutas. Eu desconfiava que ninguém fosse se afastar do fogão para inspecionar, discutir e adquirir frutas, principalmente dado que muitas das variedades que ele vendia já tinham sido catadas dos pomares próximos pelos maridos, filhos e genros que se ocupavam da terra. Na cozinha de Nonna, eu havia reparado em um pequeno caixote de madeira cheio de peras frescas sobre a bancada. Devia ter sido deixado ali enquanto estávamos no cemitério. A casa estava sempre destrancada. As peras, eu deduzia que tinham vindo da fazenda do seu primo Cruciano.

O homem saiu da cabine da caminhonete e se aproximou de mim.

— *Buongiorno, signora*. — Ele estendeu a mão, e vi terra embaixo das unhas. Apertei sua mão áspera. — *Condoglianze per suo marito*. — "Meus pêsames pelo seu marido."

E de repente eu queria cair em seus braços. Algo dentro de mim se suavizou. Era isso que uma cidade pequena podia me dar e que Los Angeles nunca poderia. O rapaz do mercadinho em Silver Lake não sabia que meu marido tinha morrido, apesar de eu fazer compras lá toda semana havia anos. Ali, naquela cidadezinha, um vendedor ambulante de frutas de cujo nome eu não conseguia me lembrar sabia e lembrava que meu marido tinha morrido.

— *Grazie.* — Meus joelhos subitamente pareceram moles como macarrão, e fiquei surpresa pela vulnerabilidade na minha voz.

Ele firmou o braço para escorar meu corpo, que vacilava.

— *Ma che si può far? La vita è così. Si deve combattere. Punto e basta.* "Mas o que se pode fazer? A vida é assim. Temos que lutar. Ponto." Concordei, e mais alguma coisa se soltou dentro de mim. Meus olhos formaram poças de lágrimas. Ele não se retraiu nem afastou o olhar. Pelo contrário, assentiu de volta.

— *Sì, è così.*

Depois, deu um passo para trás e voltou para o seu veículo. Estendeu a mão para as *susine* — ameixas sicilianas pequenas, tenras e ovais, de um roxo com tons vermelhos e azuis —, colocou dois punhados em um saco e me deu.

— *Grazie, Salvatore* — ouvi por cima do ombro. Minha sogra tinha aparecido à porta de casa, sem que eu percebesse.

— *Signora, ha bisogna di qualcosa?* — "Senhora, precisa de alguma coisa?"

— *A posto.* — respondeu ela. "Tudo em ordem."

Com isso, Salvatore voltou para o veículo, agarrou o microfone e recomeçou mais uma vez a anunciar as frutas como se estivesse cantando uma serenata. Em poucos segundos, estava descendo a rua de ré, pendurando o tronco para fora da janela e acendendo um cigarro. O motor engasgava por causa da ré.

Virei-me e entrei na casa com meu saco de ameixas.

— *Banane e Patate viene più tardi* — disse-me Nonna.

O vendedor que todos chamavam de "Bananas e Batatas" viria mais tarde. Ele era chamado assim porque essas eram as primeiras palavras que gritava quando trafegava pelas ruas anunciando suas mercadorias. Eu esperava estar dormindo quando ele passasse mais tarde. De repente, precisava deitar a cabeça em algum lugar. Ia tentar aguentar o máximo até o almoço antes de subir cambaleando para o quarto e tirar um cochilo.

Dentro de casa, vi Nonna arrumar os pratos na mesa da cozinha. Comer na cozinha era normal no café da manhã. No caso do almoço e do jantar, porém, desde que eu me lembrava, nós sempre tínhamos comido à mesa de jantar em outro cômodo. A mesa estava posicionada embaixo de uma moldura oval com uma cópia de um quadro a óleo romântico, do século XIX, retratando José, Maria e o menino Jesus. O menino Jesus estava sentado todo pleno e ereto, como um adulto, mas com o rosto de um adolescente. Ele oferecia a José um ramalhete de lírios ainda no caule. No fundo, havia um vale, depois campos, depois montanhas. Eu sabia, das minhas aulas de história da arte, que os lírios representavam a pureza, a castidade e a inocência, mas também podiam representar a ressurreição. A pintura me passava a ideia de inocência, mas prenunciava a ressurreição que viria depois que aquela inocência fosse perdida. Sempre gostei daquele quadro. Com o seu evidente romantismo pastoral, eu o achava a obra de arte mais otimista de uma casa cheia de crucifixos e fotografias de papas. Mas era a moldura artesanal que eu realmente adorava. Sempre me lembrava uma moldura semelhante que minha bisavó tinha. A dela emoldurava um trio formado por Martin Luther King, Jr., John F. Kennedy e Robert Kennedy. Havia ali um tipo diferente de otimismo romântico. Um tipo diferente de perda. Fazer as refeições à mesa de jantar de Nonna sempre foi um vínculo particular com outra vida que tive a milhares de quilômetros de distância. E eu valorizava aquela conexão. Naquele dia, porém, a mesa não estava posta. Em vez disso, servia como altar para uma vela que queimava em um descanso de renda feito a mão.

De volta à cozinha, Nonna deslocava uma panela de lentilhas para a boca de trás do fogão. Preparadas naquela manhã, antes de Zoela ter despertado e pedido para ver as cinzas, agora estavam de novo fervendo em fogo baixo. Senti cheiro de alho. Eu sabia que havia hortelã por causa da panela de terracota que ela mantinha embaixo do banco do lado de fora de casa. As lentilhas seriam o acompanhamento da massa, eu imaginava. Elas eram cultivadas ali. Eu nunca tinha comido lentilhas na infância ou na adolescência. Na verdade, acho que só soube o que eram lentilhas depois dos vinte e cinco anos. Foi Saro quem me ensinou a gostar delas e, mais tarde, a entender que, na Sicília, são mais do que um produto. São sorte e destino. Do ponto de vista culinário, são consumidas pelo valor nutritivo, em especial em épocas de seca ou escassez. Do ponto de vista cultural, têm a fama de propiciar uma jornada venturosa para os viajantes e trazer boa sorte no ano-novo. Mas são também um alimento do luto — trazem a experiência humana completa para a mesa. As *lenticchie* eram o alimento ao qual a família recorria em busca de consolo e sustento quando a vida lhe dava um problema irremediável.

Continuei sentada ali, absorta em reflexões superficiais em nosso silêncio compartilhado. Fragmentos de recordações surgiam e sumiam com a mesma velocidade. Em Los Angeles, eu havia ficado obcecada por querer me lembrar de tudo. Tinha um medo extremo de esquecer qualquer coisa e assim perder ainda mais de Saro. Eu escrevia tudo. Levava um caderno junto comigo para recordar as imagens. As juntas de seus dedos quando ele segurava uma faca. Como ele enxugava primeiro a metade inferior do corpo depois de tomar banho. O comprometimento quase patológico que o fazia dirigir quilômetros a fim de obter uma cópia impressa de seu jornal italiano, *la Repubblica*, de uma banca na periferia de Beverly Hills porque o jornaleiro guardava o último exemplar para ele, não importava o que acontecesse. O dorso de seu nariz na manhã em que ele morreu. Na mesa de Nonna, as memórias apareciam mais rápido do que eu conseguia retê-las. Eu me sentia zonza.

Nonna colocou uma vasilha rasa de lentilhas com macarrão ditalini na minha frente. Na mesa, havia água, mas não vinho. Nunca vinho. Ela não era adepta do provérbio *Mancia di sanu e vivi di malatu* — coma com gosto, beba com moderação. Nonna não bebia, nunca havia bebido, em toda a sua vida. Também nunca tinha usado calça comprida. Eu sabia que precisaria providenciar vinho para os dias seguintes.

Ela havia cortado *un filoncino*, um pãozinho que, a partir do momento em que nos sentássemos, ela consumiria em silêncio, arrancando um pedaço após outro, puxando e torcendo habilmente, do mesmo modo como se arranca uma fruta madura do galho. Ela também havia servido azeitonas temperadas, coração de alcachofra em conserva e uma salada de tomate com orégano, regada com azeite artesanal.

— *Chiama la picciridda* — disse ela em siciliano. "Chame a pequena."

Eu me levantei da cadeira com assento de palhinha trançada e me dirigi à estreita escada de pedra que levava ao andar superior. De um modo estranho, manter aquela rotina simples e valiosa me reconfortava. Eu estava subindo uma montanha íngreme, jogada contra o desconhecido, encalhada em meio a um luto intenso. Só podia esperar que, se seguisse as migalhas da rotina familiar, no fim conseguisse achar um jeito de sair da floresta.

No andar de cima, Zoela estava na cama. Ela havia abandonado *Píppi* e o DVD. Eu não conseguia dizer se estava acordada ou dormindo. Existe uma qualidade dramática na luz da Sicília em certas horas do dia. A luz se lançava, forte e dominadora, contra o tórax pequeno da minha filha. É uma luz que só tive a oportunidade de ver em Aliminusa. Vinha direto da única janela do quarto de Nonna, um cômodo amplo, mas pouco mobiliado. Zoela devia ter aberto as venezianas e as empurrado junto às dobradiças. Era um dos detalhes da vida italiana que ela adorava. Ela havia trazido luz para um quarto que raramente era tão iluminado, principalmente nessa hora do dia. Nós duas sempre achamos a escuridão da casa de Nonna desnorteante, mas também revigorante. Enquanto eu absorvia a visão de Zoela deitada nos lençóis engomados, imaginei Saro ali naquela luz. Imaginei-o abraçando nossa filha.

— *Vieni, amore. È ora di mangiare. La nonna ti ha fatto la pasta* — falei, avisando que a avó tinha feito macarrão para ela. Eu estava inserindo o italiano aos poucos na vida de Zoela, como sempre fazia nos dias após a chegada. — Comer vai fazer bem para a gente.

— Me leva no colo — pediu ela, como se estivesse com medo ou ainda com sono.

Eu sabia que regressões periódicas, tanto emocionais quanto no desenvolvimento, eram alguns dos sinais de tristeza nas crianças. Tinha visto isso acontecer comigo mesma, por isso a entendia. Eu estava disposta a aceitar suas atitudes, mesmo que isso implicasse carregar uma criança de sete anos. Mas secretamente eu esperava que aquilo não se tornasse um hábito ali. Uma centelha de raiva fugaz, mas familiar, me tocou. Por um centésimo de segundo, eu quis matar Saro por ter morrido. Esses momentos frequentemente me pegavam de surpresa, mas em geral apareciam quando eu precisava pedir ajuda a outro adulto. Quando ela acordava de noite, quando eu precisava de uma ajudinha para sair de casa, quando ela queria ser carregada no colo.

— Tá bom, mas, quando chegarmos lá embaixo, você vai até a mesa andando.

Ela sabia que havia poucas coisas que eu seria capaz de lhe negar enquanto estivéssemos tão longe de casa. Ceder às suas necessidades me dava um propósito como mãe, como uma pessoa enlutada e como uma ex-cuidadora que tinha que lidar com uma ausência desconcertante após uma década cuidando de outra pessoa.

Alguns minutos depois, arrastei a cadeira para perto da mesa e consumi a refeição diante de nós, uma comida que era tanto uma oração quanto uma prece de tristeza.

— *Ma che farai nelle prossime settimane?* — perguntou-me Nonna, enquanto Zoela pegava um pedaço de pão.

Eu não havia pensado sobre o que faria na semana seguinte. Não havia pensado sobre o que faria após chegar e enterrar as cinzas. Tudo depois disso era um quadro em branco.

— *Non lo so* — respondi. "Eu não sei."

— *Riposati, devi riposarti.*

Ela sabia como era ficar viúva, então escutei suas palavras: eu deveria descansar.

Continuamos a comer. Quando estávamos à mesa, tudo o mais ficava em suspenso.

A comida de Nonna me fortalecia como uma fonte mística de nutrição. Eu parecia uma criança tranquilizada pelo conforto que havia na consistência e na tradição — o conforto e a consistência pelos quais eu ansiava. Eu tinha passado a contar com aquela mulher mexendo sua panela. Ela demonstrou uma graça firme e a compreensão de que a melhor coisa que podia nos dar era um estômago cheio e muito descanso. Era uma receita para contrabalançar o tipo de ruptura que nós três — ela, eu e Zoela — agora partilhávamos. Havia um murmúrio baixo de tristeza que embasava tudo; eu o ouvia com tanta frequência quanto ouvia os passarinhos no céu. Parecia que tudo que avançava em minha vida dependia de aceitar esse murmúrio.

Tínhamos quatro semanas pela frente. Era tempo demais para três pessoas em luto ficarem juntas, muito terreno emocional imprevisível para ser transposto. Eu não confiava nos meus próprios sentimentos. E certamente não confiava que qualquer uma de nós estivesse pronta para criar uma nova relação, quando estávamos todas tão abaladas. Ao comer a última porção do rústico caldo de lentilhas, senti que elas eram pedras achatadas cheias de promessas em minha boca. Então, olhei para Zoela, que parecia momentaneamente bem-disposta e à vontade comendo à mesa da avó.

O BOLO DO SCHIAVELLI

— Saro, isso está te matando. — Eu segurava a foto de um bebê angelical, usando uma camisola de batismo toda bonitinha e um colar de ouro de adulto, de onde pendia uma cruz.

Depois que Saro já tinha se mudado para os Estados Unidos, a irmã dele, Franca, deu à luz sua segunda filha. Franca nos mandava fotos das filhas nos feriados, mas foram as fotos do batismo da segunda sobrinha dele que me mostraram a gravidade da situação.

— Estou bem, vou ver o pessoal algum dia — disse ele, olhando por cima do meu ombro, depois se afastando bruscamente como se algo na foto o tivesse deixado enjoado.

Eu havia chegado à conclusão de que nosso casamento iria sofrer uma perda silenciosa se não tentássemos mudar o estado da relação de Saro com os pais. Embora eles não tivessem cumprido ao pé da letra a promessa de nunca mais falar com ele, a relação não avançava. Eles haviam se falado brevemente pelo telefone poucas vezes em dois anos, e quase sempre quando Saro tinha certeza de que o pai não estava em casa.

— Um dia quando? Quando alguém morrer? — Não tive pena de empregar um cenário dramático para enfatizar meu argumento. — Você não vai querer que o próximo encontro com seus pais seja em um funeral.

— Não vou ao funeral de ninguém.

— Tudo bem, foi um exagero.

— Não, o que eu quero dizer é que não vou conseguir ir ao funeral de ninguém. Não vai dar tempo. É impossível ir de Los Angeles a Aliminusa em vinte e quatro horas. — Ele havia aberto uma garrafa de San Pellegrino de um litro e bebia diretamente do gargalo.

— Espera, quer dizer que você já calculou? As horas, os voos?
— Guardei a foto na gaveta da cozinha. — Eu não fazia ideia.

— Lógico que já calculei.

— Querido, isso significa que, se alguma coisa não mudar, você talvez nunca mais veja seus pais de novo?

— Sim e não. Acho que sim. Quer dizer, sim. — Ele colocou a garrafa na geladeira. — Não vamos falar sobre isso.

Mas falar sobre isso tinha se tornado exatamente o que eu queria fazer. Eu até tinha me conformado com a ausência deles no casamento, mas nunca esperei que aquilo se prolongasse por tanto tempo. Agora, estava vendo que Saro tinha se resignado a desempenhar seu papel naquele melodrama familiar siciliano até o fim. E quanto mais pensava naquilo, mais sentia a necessidade de conhecer essas pessoas. A ignorância era algo que dava para mudar. Meu amor por ele, não. Se eles queriam me odiar ou se não gostavam de mim, então que pelo menos *me* odiassem, não a ideia que tinham de mim. A situação já havia passado dos limites. Estava na hora de uma boa e velha conversa à siciliana.

Comprei duas passagens para a Sicília para o mês seguinte. Acrescentei uma viagem ao Marrocos, que estava na nossa lista de desejos fazia tempo, no caso de nossas tentativas de paz e reconciliação serem recebidas com indiferença — ou pior: hostilidade declarada. Imaginei que poderíamos ao menos fazer amor em uma tapeçaria em Fez e pegar o trem para Marrakech, tomando chá de menta e devorando cuscuz e *harissa* a cada esquina. O Marrocos poderia limpar o paladar, se a Sicília e a reconciliação com a família se mostrassem pratos amargos demais para digerir.

— Vamos para a Sicília — anunciei certa noite.

Saro havia acabado de chegar de seu emprego mais recente em um hotel cinco estrelas em Beverly Hills. O cheiro de grelhado e de fritura encheu o ambiente assim que ele fechou a porta. Seus sapatos estavam com manchas de sopa ou molho, brancas com pontos verdes. Imediatamente pensei em molho bechamel com ervas.

— O quê?

— Sicília. Vamos para a Sicília. — Tirei o fone do gancho na parede da cozinha e estendi para ele. — Ligue para a sua família agora, diga que estamos indo.

Ele detestava ultimatos, mas tinha sido a única maneira que eu consegui encontrar para falar de uma coisa sobre a qual não falávamos.

— Em primeiro lugar, lá são seis da manhã. — Ele jogou a bolsa e as chaves na bancada com um barulho enfático.

— Eles são fazendeiros, não são? Não acordam junto com as galinhas?

— Antes das galinhas.

— Melhor ainda.

— T, o que você está fazendo? Desligue o telefone. Acabei de chegar em casa.

Recoloquei o fone no gancho. Ele subiu a escada de nossa casa nova de dois em dois degraus, para tomar um banho quente e se afastar de mim.

— Sè não quer ligar para eles, então escreva outra carta — gritei para ele. — Mas logo. Já comprei as passagens.

Ele acabou ligando, e a resposta foi imediata e direta:

— *Non venite al paese*. Não apareça na nossa cidade.

Fiquei sem chão. Eu não conhecia nenhuma palavra, em inglês ou italiano, para descrever o buraco no meu estômago. Então, na mesma velocidade, minha coluna se endireitou como se eu fosse Sofia, a personagem de Oprah Winfrey, caminhando pela estrada no filme *A Cor Púrpura*. Aquelas palavras — "Não apareça na nossa cidade" — fortaleceram minha decisão. A família dele era tão disfuncional que eu teria que tomar providências para levar a montanha até Maomé.

Eu amava Saro de uma maneira que não me deixava alternativa. A resistência deles era diretamente proporcional à minha crescente determinação em tentar reconciliá-los de alguma forma. Eu poderia ser rejeitada de vez pela família, se aquilo fosse mal recebido. No entanto, não conseguiria viver em paz se não lançasse uma última e desesperada cartada na tentativa de resolver a situação.

Saro, por sua vez, estava nervoso com a possibilidade de que essa viagem de fato mostrasse que a rejeição era definitiva. Se ela não corresse bem, eu imaginava que ele daria as costas para a família em silêncio e rechaçaria a própria história.

Inseguros, mas determinados, embarcamos seis semanas depois em um avião com destino àquela antiga ilha no meio do Mediterrâneo, com a esperança de talvez visitar Aliminusa, uma pequena cidade construída em cima de um posto avançado árabe do século V, em uma região do mundo que eu só tinha visto em filmes como *O Poderoso Chefão* e *O Homem das Estrelas*.

O que eu conhecia da Sicília eram detalhes esparsos lançados a conta-gotas nas histórias que Saro me contava. Ele havia jogado futebol ao lado de olivedos com sapatos emprestados de um primo mais velho. Sua família só tinha dinheiro para comprar um par por vez, e sua mãe o tinha proibido de estragá-los. Ele comia damascos tirados das árvores do avô. A cidade, durante muitos anos, se vangloriara de ter mais cabeças de gado do que pessoas. A cozinha da casa onde Saro morava tinha sido um estábulo para a mula da família até ele chegar à adolescência. E só havia um aparelho de televisão na cidade durante a sua infância. Apesar de não ter visto fotos de Saro quando criança, podia nitidamente visualizá-lo como um menino com joelhos saltados, a cabeça coberta por um cabelo preto espesso e olhos castanhos curiosos e penetrantes. Ele era inteligente demais para uma escola de uma sala só, terrivelmente sensível e capaz de colher uma fileira de alcachofras tão rápido quanto os garotos com o dobro de sua idade. Mantinha um livro de poesia embaixo da cama à noite. Mas havia tanta coisa que eu não sabia.

Saro não tinha grandes expectativas em relação à viagem. Contudo, afirmou que, mesmo que o encontro com os pais não acontecesse, ou, talvez pior, se eu os conhecesse e não gostasse deles, eu ainda ia *adorar* a Sicília. Disso ele tinha certeza. Eu queria acreditar, porque sabia o quanto era importante para ele que eu amasse o lugar. Então eu disse "Claro", apesar de secretamente pensar na Sicília como pouco mais do que uma parada no caminho para o Marrocos.

No entanto, fui fisgada assim que pousamos. A Sicília me encantou, com seu mar azul-safira e seu terreno árido e rochoso, que, surpreendentemente, também brindava o visitante com verdejantes campos de papoulas.

Mostramos nossos passaportes e nos hospedamos em um pequeno hotel familiar na costa nordeste, perto de Cefalù, onde ficaríamos os dez dias seguintes. Eu, a esposa americana negra, e Saro, o filho da Sicília que tinha se casado com uma estrangeira que nem tinha se dado ao trabalho de adotar o seu sobrenome, legal ou socialmente.

O Hotel Baia del Capitano foi nossa base para nos recuperarmos da diferença de fuso horário e termos tempo para estabelecer um fluxo de comunicação com a família de Saro, que vivia em uma cidade a quarenta minutos de distância. O restaurante do hotel se tornou nossa segunda sala de estar. Ali nós líamos os jornais, conversávamos com os funcionários, comíamos com o chef. Os alimentos que saboreei pareciam as fontes de todos os sabores possíveis; tudo o que eu tinha provado até então era como uma representação inexata desses sabores. Devorei tomates, funcho, laranjas e aspargos assados, cozidos, refogados e curados, em pratos marcantes, porém delicados, complexos, mas simples. De grão em grão, a ilha ia cada vez mais me envolvendo.

E nada se comparava a ver pelos olhos de um nativo uma região que antes eu desconhecia. Era sublime enxergá-la pela perspectiva e pelas histórias de alguém que eu amava profundamente. Saro se tornou meu guia para o coração de sua cultura, sua língua e sua culinária. Comecei a me identificar com aquela parte dele que ficava rememorando o passado depois de assistir a *Cinema Paradiso* ou *O Carteiro e o Poeta*, cada um desses filmes criando um retrato cinematográfico dos sicilianos e da cultura da ilha.

Ali na Sicília, fazíamos amor ao som dos sinos da igreja pela manhã, depois nos levantávamos já ansiosos, impulsionados pelo desejo de um espresso e pelo prazer de conversar com os habitantes locais. Nós nos apaixonamos ainda mais, à medida que o homem com quem eu me casei ia ganhando um foco mais nítido, como se eu estivesse vendo uma parte dele que era invisível até estar contextualizada. Sua terra natal o tornava uma versão mais fiel de si mesmo. Quer eu viesse a conhecer os pais dele ou não, a viagem tinha nos conectado com mais intensidade. Tínhamos viajado juntos ao olho do furacão como uma equipe, arriscando ser rejeitados, mas dispostos e de peito aberto. Comecei a entender partes dele que estavam escondidas e necessitavam da luz do sol siciliano para respirar. E de repente essa compreensão tornou a ideia de encontrar sua família algo menos pesado. Estranhamente, eles passaram a não importar mais. Pelo menos não do modo como eu havia imaginado. Naquela viagem, era como se eu tivesse me casado novamente com Saro e também me casado com o lugar de onde ele vinha.

Ainda assim, mantínhamos a esperança de ter um encontro com sua família.

A logística da Operação Reunião de Família funcionava do seguinte modo: toda manhã, deixávamos uma mensagem na cidade para Franca, dizendo-lhe que estaríamos no hotel entre cinco da tarde e sete da noite, caso alguém decidisse descer a montanha e fazer uma visita. Franca estava desesperada para ver o irmão cara a cara. Desde a nossa chegada, vinha tentando intermediar a paz e convencer o pai a ir nos encontrar no hotel com o restante da família. As tradições familiares ditavam que, se o pai de Saro se recusasse a ir, então a mãe, como era costume na Sicília patriarcal, também não iria. E se os pais não fossem, Franca não poderia ir. Tomar uma atitude contrária àquele código de conduta seria um sinal de desrespeito, um ato de rebeldia. Saro explicou que era um acordo bizantino que, se não fosse tratado com cautela, poderia resultar em uma espécie de ruptura no núcleo da família, uma zona de guerra em ambos os lados. Giuseppe, como era seu direito, estava ditando as ações da família toda, assim como tinha feito dois anos antes em relação ao nosso casamento.

Na cidade, não era segredo que estávamos a pouco mais de trinta quilômetros, pacientemente esperando em um hotel. A notícia tinha se espalhado, como acontece nas cidades pequenas. A mãe de Saro tinha pedido aconselhamento do padre e falado com suas amigas mais chegadas. Pelo que Saro me contou, Franca e a mãe "estavam trabalhando no problema". Só tínhamos que dar tempo ao tempo. Toda vez que ele tentava me explicar, eu jogava as mãos para cima e lhe dizia para me servir mais vinho.

Enquanto isso, toda tarde nós ficávamos à espera, bebericando vinho ou espresso ou ambos, aguardando no caso de alguém vir encontrar o filho pródigo e sua esposa americana. Aquelas tardes no jardim eram surreais. Nós nos arrumávamos como se fôssemos sair. Eu me maquiava, fazia um penteado. Organizava os presentes que tínhamos comprado como um gesto de boa vontade. E aí esperávamos, feito manequins de vitrine, tendo como cenário de fundo o mar Mediterrâneo, até ficar óbvio que ninguém apareceria.

Eu me sentia num universo paralelo. A Sicília parecia um lugar onde o livre-arbítrio individual tinha sido abandonado e as pessoas estavam sob o feitiço de algo maior do que elas mesmas: história, tradição, medo de retaliação. Eu nunca tinha testemunhado uma cultura tão ávida por jurar submissão ao grupo em detrimento do indivíduo. Saro vivia tentando me explicar que era uma questão de manter a paz. Que as famílias ficavam divididas para sempre quando uma esposa ou uma filha ou um cunhado se colocavam contra o chefe da família. Uma visita só poderia acontecer com sua bênção. Caso contrário, tudo seria rancor e tensão com uma alta dose de fofocas. Ele não queria isso para a mãe, não queria isso para a irmã. Então, ficávamos só esperando. E mantive a boca fechada enquanto via meu plano para levar a montanha até Maomé virar fumaça.

Na terceira tarde de espera, olhei as deslumbrantes águas azuis pela janela do hotel e desabei. Finalmente permiti que a decepção, a dor e a rejeição me inundassem. Eu havia voado por meio mundo apenas para não ver ninguém tomar uma atitude e fazer a coisa certa. Ninguém queria colocar Saro e seus sentimentos em primeiro lugar. Eu tinha me levado para o exílio.

— Não vou descer para o jardim hoje. Vou ficar no quarto. Me chame se alguém chegar.

— *Amore*, por favor. Vem comigo. Se ninguém aparecer em quinze minutos, trocamos de roupa e vamos à praia. Depois jantamos ao pôr do sol.

— Saro, isso é um absurdo completo! E eu me sinto uma idiota por ter pensado que podia dar certo. Não entendo este lugar, esta cultura, estas regras. Quer dizer, adoro a ilha, é linda, mas também odeio tudo isso.

— Tentei te explicar. — Ele me abraçou. Quando se afastou, percebi a mágoa em seus olhos. Mas também vi um novo e claro entendimento da situação. — Fizemos o que viemos fazer; a decisão é deles. Eu te amo. Agora só depende deles.

Passados quinze minutos, ninguém tinha aparecido.

Foi só na quarta tarde que Franca nos contou que receberíamos nossas primeiras visitas, os primos de segundo grau de Saro. No dia seguinte, viriam sua tia e seu tio, irmão do seu pai. Nonna e Franca tinham levado dias, mas por fim tramaram um plano. Todo dia, grupos pequenos da família estendida iriam fazer uma visita, dessa forma colocando pressão sobre o pai de Saro. Elas estavam usando a psicologia reversa do Velho Mundo para criar um ambiente que faria Giuseppe parecer, aos olhos de todos, um pai teimoso e insensível, um homem disposto a assistir à esposa chorar abertamente e se recusar a ir à missa porque ele a estava afastando do seu único filho homem. Gostei da atitude daquelas mulheres.

Então, houve uma mudança. No sétimo dia, Franca e Cosimo apareceram com as filhas. Foi um gesto radical. Ao vê-la pela primeira vez, fiquei tão emocionada que chorei. Ela se parecia muito com Saro — ainda mais alta, com olhos bondosos e um sorriso radiante. Quando se aproximou de mim e nos demos dois beijinhos nas bochechas, quase desfaleci. Eu já tinha desistido de pensar que aquela situação fosse acontecer algum dia. Imediatamente comecei a admirar a mulher que havia agido na surdina e se esforçado por aquele momento. Eu sabia que aquela atitude representava um desafio: estar naquele jardim sob uma trepadeira de buganvília, finalmente conhecendo a cunhada, significava escolher o amor pelo irmão em detrimento da submissão perene à forma como as coisas eram feitas. Só por isso, ela era uma heroína.

Ainda assim, o pai de Saro, Giuseppe, que tinha sessenta e poucos anos, se recusava a aparecer. Ele havia tomado uma decisão e insistia em mantê-la. Naquela altura, a situação toda já estava transbordando de *páthos* siciliano, e, para ser sincera, eu temia pelo bem-estar de um homem capaz de rejeitar implacavelmente o próprio filho. Ainda assim, tentava humanizá-lo. Ver as coisas do ponto de vista dele.

Eu imaginava que, em algum lugar dentro de si, o pai de Saro devia saber, ou pelo menos cogitar, que, se não visse o filho daquela vez, provavelmente nunca mais o veria. Os Estados Unidos, a distância e uma esposa estrangeira que havia feito tudo o que podia não permitiriam que isso acontecesse. Em algum lugar profundo, ele devia saber que aquela viagem de longa distância até a Sicília era nossa oferta de paz, nosso ramo de oliveira, talvez o maior que ele jamais veria em uma ilha onde não faltavam oliveiras.

No fim da manhã do oitavo dia, Saro encheu nosso Fiat alugado e me passou as chaves.

— Aqui, você dirige. Quero encontrar Polizzi Generosa. Vamos seguir até ficarmos cansados ou cheios demais de comida boa para dar meia-volta.

Ele me contou que Polizzi era uma cidadezinha da qual ouvia falar desde criança, mas que nunca tinha visitado. Me pareceu uma boa ideia.

Havia uma regra tácita em nosso relacionamento de que eu era a motorista e ele era o copiloto quando estávamos fora de Los Angeles, principalmente porque eu dirijo desde a adolescência e ele só havia tirado a carteira de habilitação aos trinta e cinco anos, já morando nos Estados Unidos. Tínhamos aprendido que um de nós era péssimo como passageiro: eu. Com minha impaciência e meus comentários, eu o distraía e depois o deixava bravo, em geral uma combinação das duas coisas. Ele havia aprendido a me passar as chaves e se contentar em se debruçar pela janela e pedir informações quando necessário.

Duas horas após deixarmos nosso hotel no litoral, nos deparamos com Polizzi Generosa, uma cidadezinha nas montanhas. Eu estava com hipoglicemia, enjoada e basicamente destruída. Não tinha previsto nem a longa distância nem as estradas estreitas e íngremes com abismos de embrulhar o estômago e vista para os vales rochosos lá embaixo. Com uma olhadela para os prédios de pedra que se erguiam do precipício rochoso da montanha, você percebia imediatamente por que Polizzi Generosa (que significa "cidade generosa") tinha sido um posto avançado no período helenístico, e mais tarde normando, um lugar estratégico para a defesa graças à sua posição elevada. Chegar lá, mesmo mil anos depois, não era fácil. Demandava mais do que uma vaga noção do que se fazer.

Enquanto trocava de marcha no Fiat e deixava marcas de pneus na estrada, eu arremessava ameaças ridículas para Saro, concluindo com a promessa de que nunca lhe daria filhos se ele não me encontrasse uma *trattoria* que oferecesse o melhor prato de comida local e uma dose generosa de vinho da casa imediatamente. Ele encarou minha hipérbole e minha hipoglicemia com indiferença e tentou mudar de assunto.

— Algum dia você vai me agradecer por essa memória.

Quando o pressionei com mais reclamações, ele finalmente ameaçou me largar em uma *trattoria* para esfriar a cabeça enquanto ia assistir a uma partida de futebol na TV em um bar. Era o tipo de provocação irritada reservada para jovens casados que se encontravam perdidos em uma ilha ao mesmo tempo familiar e estrangeira. Por fim, estacionei e saí faminta do carro.

Eram por volta das duas e meia da tarde. Hora da sesta. O horário em que uma cidadezinha siciliana é uma cidade fantasma, com janelas fechadas e um discreto barulho de pratos sendo guardados antes do repouso.

Nós nos dirigimos calados para a Pasticceria al Castello em busca de duas coisas: um banheiro e uma folga um do outro. A porta aberta da confeitaria exalava os aromas mesclados de baunilha, amêndoa e açúcar. Deixei Saro passar primeiro pela cortina de contas. Por mais que estivéssemos irritados um com o outro, eu ainda era uma mulher negra na região rural da serra da Sicília. Não que achasse que alguma coisa fosse acontecer. Contudo, sempre deixei Saro fazer o primeiro contato, assim como ele me deixava fazer o primeiro contato quando viajávamos pelas estradas secundárias do leste do Texas até as terras que constituíam o berço da minha família. Éramos práticos mesmo quando irritados.

O confeiteiro e dono do lugar, Pino, permitiu que eu usasse o banheiro enquanto Saro dava uma espiada na partida de futebol em uma pequena TV. Não esperávamos mais do que um espresso e talvez a indicação de uma *trattoria* ainda aberta.

Saro e Pino começaram a falar em dialeto. Em poucos segundos, Saro já tinha contado que, embora fosse nativo da Sicília, na verdade morava em Los Angeles comigo, sua esposa, uma atriz. O rosto de Pino se iluminou, e de repente seus olhos se voltaram para mim.

— Você conhece o Vincent Schiavelli? — Ele me perguntou em um italiano rápido e truncado, mas que consegui entender.

Eu sabia que Vincent Schiavelli era um famoso ator coadjuvante, que havia participado de *Um estranho no ninho*, *Ghost — do outro lado da vida*, *Amadeus* e *Batman: o retorno*.

— Sim, claro — respondi em italiano. — Não pessoalmente, mas sei quem é.

— Esta é a cidade natal do avô dele. E ele vem muito aqui. Você tem que levar alguma coisa minha para ele. — E, antes que eu pudesse protestar, Pino desapareceu dentro de sua toca de fornos de confeitaria atrás da vitrine.

— Lógico que vamos levar — gritou Saro.

Pino reapareceu com um bolo redondo de uma camada em um prato de papel dourado. Não era um bolo qualquer, mas o bolo tradicional de Polizzi Generosa, explicou ele. Um bolo feito de uma forma específica apenas naquela cidade específica nas montanhas remotas da Sicília, uma cidade que não costumava receber muitos visitantes. Um bolo do qual Saro nunca tinha ouvido falar. Um bolo que eu não queria, mas que percebi imediatamente que iria conosco.

— Certo, lógico que vamos levar — Saro repetiu nosso compromisso, enquanto Pino o embalava em papel cor-de-rosa e enfeitava com uma fita dourada, adicionando um cartão com seu telefone. Antes que eu pudesse lhe dizer que não fazia a menor ideia de como entrar em contato com Vincent Schiavelli, o bolo estava nas minhas mãos e estávamos saindo porta afora. Virei-me para Saro e lhe lancei um olhar que dizia: "É sério? Você sabe que esse bolo nunca vai sair da Sicília." Ao que ele replicou com outra fala não verbal: "Não se preocupe, eu mesmo vou carregar."

Não sei o que aconteceu entre a hora em que Franca voltou para Aliminusa e nós voltamos de Polizzi. No entanto, no dia seguinte, nosso último dia na Sicília, nos sentamos para o nosso espresso da tarde, os dois arrumados, prontos para receber convidados, quando um carro parou no estacionamento de cascalho e Franca desceu — e atrás dela surgiu a mãe de Saro.

Concentrada na torrente de emoções de Saro ao ver a mãe, não percebi a presença corpulenta caminhando atrás dela até Saro segurar minha mão.

— Tembi, aquele é o meu pai — disse ele, apertando minha mão com tanta força que quase dei um grito.

Aí me largou rapidamente, levantou-se da cadeira e se aproximou da mãe. Eu não conseguia tirar os olhos do pai de Saro.

Giuseppe enfim tinha ido até onde estávamos hospedados para encontrar o filho que não via fazia anos, sob uma trepadeira de buganvília no jardim do hotel. Soltei um "Porra!" audível. Eu não sabia quem cumprimentar primeiro, nem tinha pensado no que diria. Antes que pudesse controlar minhas emoções, ele estava junto de mim. Houve um abraço cordial. Ofereci um sorriso vacilante.

— *Ti presento mio padre* — apresentou-nos Saro, falando como se estivéssemos na sede da ONU.

Giuseppe era mais alto do que eu imaginava, o rosto curtido por uma vida de trabalho no campo. Vestia uma calça formal amarrotada, uma camisa abotoada até o pescoço e paletó, como se fosse à igreja. E usava o mesmo chapéu da foto que eu tinha visto.

— *Salve* — cumprimentou ele simplesmente, a voz rouca por causa dos cigarros e da emoção latente.

A seu lado, estava a mãe de Saro, Croce, usando uma saia formal e uma blusa florida. Ela segurava uma bolsinha preta que parecia ser usada raramente. Afastou-se do marido e seguiu direto para Saro. Estava radiante, emocionada pela ideia de poder abraçar o filho de novo. Também notei alívio em seu rosto. Mais tarde, eu descobriria que foi ela quem virou o jogo e negociou o encontro. Ela havia acordado naquela manhã, nosso último dia na Sicília, vestido suas melhores roupas de domingo, preparado o café para o marido e anunciado que ia pegar carona com o primo para viajar até a costa e ver o filho. Apontou para um prato de massa em temperatura ambiente e disse a Giuseppe que ele podia ficar ou ir, mas ela já havia tomado a decisão. Não viveria mais um dia em paz se o filho embarcasse no avião e voltasse para os Estados Unidos sem que ela o tivesse visto de novo, sem que tivesse posto os olhos na mulher com quem ele havia escolhido passar o resto da vida.

Depois de abraçar Saro, Croce se voltou para mim. Seu rosto se abriu em um sorriso terno e largo. À minha frente estava uma mulher determinada, com um sorriso igual ao do meu marido. Ela se inclinou e disse:

— *Grazie*.

Naquela noite, fechamos nossa temporada na Sicília com nosso primeiro jantar de família em uma *trattoria* de beira de estrada adjacente às ruínas gregas de Hímera. Era um lugar que o pai de Saro podia pagar sem problemas e longe o suficiente de sua cidade natal para não gerar mais fofocas. Partilhamos uma refeição como uma frágil família birracial, bilíngue e mistura do Novo Mundo com o Velho Mundo.

Senti um alívio tremendo por aquilo finalmente estar acontecendo. Ao mesmo tempo, também fiquei extremamente atenta a cada uma das minhas ações. Estava constrangida com meu italiano, minhas demonstrações de afeto por Saro, até com a roupa que havia escolhido: calça jeans e um top que deixava a barriga à mostra. Usei um suéter para me cobrir durante todo o jantar. Nunca imaginei que a opinião deles sobre mim fosse importar. Mas importava.

Saro e os pais conversavam em dialeto; eu captava fragmentos da conversa. Saro se voltava para mim de vez em quando para traduzir. Eu segurava a mão dele embaixo da mesa. Falei com Cosimo, sentado no outro lado da mesa, sobre quantos irmãos eu tinha, onde meus pais viviam, os nomes dos programas de TV de que eu tinha participado. Quando não estava conversando amenidades com ele, eu me concentrava nas duas lindas menininhas que eram minhas novas sobrinhas. Ambas tinham menos de cinco anos, e eu podia falar à vontade com elas, sem me preocupar de estar usando o tempo verbal errado ou um artigo masculino com um substantivo feminino.

Enquanto a refeição se desenrolava, ninguém se referiu aos anos passados. Não houve desculpas formais nem qualquer gesto de remorso pelo tempo perdido. Apenas comemos e seguimos em frente, como se estivéssemos começando nossa relação a partir daquele momento.

Comi massa com alcaparras da região e um molho de tomate simples que agradou ao meu paladar como nenhum outro. Devorei uma caponata de berinjela e alcachofras grelhadas salpicadas com hortelã fresca. Tomei um espresso depois do jantar, sob insistência do pai de Saro, apesar de ter descoberto fazia pouco tempo que isso arruinava qualquer chance minha de uma boa noite de sono. De coração, afastei quaisquer obstáculos que pudessem existir entre mim e aquela tentativa hesitante de estabelecer vínculos à moda siciliana. Até superei minha aversão por aguardente e tomei um gole de graspa de pera. Eu queria que todos ao meu redor se sentissem à vontade. Sabia que nunca poderia ser um deles, mas podia ser o tipo de esposa que incentivaria o marido a consertar as coisas com sua família. Isso, pelo menos, eu provei ser. E me deu uma calma sensação de triunfo, até de otimismo. Nós tínhamos conseguido.

De volta a Los Angeles, tirei um bolo da mala — o bolo de Polizzi que havíamos carregado por três continentes. Pino nos falou que era um bolo seco e poderia ser mantido embalado e não refrigerado por até dez dias. Ele nos assegurou que, assim que estivesse nas mãos de Vincent em Los Angeles, Vincent saberia o que fazer com ele. Algo sobre um licor que podia ser despejado no bolo ou sobre como ele parecia um *panforte* ou um bolo de frutas americano, sendo que eu nunca tinha provado nenhum dos dois nem tinha muita vontade de provar. Assim, como me recusei a cuidar dessa dificuldade extra, Saro se tornou o guardião do bolo quando embarcamos em um trem em Fez. Eu o empurrei para o fundo do armário no nosso quarto de hotel em Marrakech. Na minha cabeça, não havia a menor possibilidade de aquele bolo desembarcar em solo americano. Não havia a menor possibilidade de o aclamado ator Vincent Schiavelli se dispor a comer uma sobremesa levada até ele por dois completos desconhecidos.

Mal tínhamos acabado de entregar nosso formulário da alfândega, depois de pousarmos em Los Angeles, quando Saro me perguntou:

— Então, como você vai fazer para entrar em contato com o Vincent? — Ele fez a pergunta com uma ponta de desafio, como se tivesse cumprido a parte dele e agora fosse a minha vez.

Deixei que passassem dois dias, depois liguei para o meu agente para falar com o agente de Vincent Schiavelli sobre o que, tenho certeza, soava como uma história confusa sobre um bolo e uma conexão com a Sicília.

Trinta minutos depois, meu queixo caiu quando o próprio Vincent Schiavelli ligou para a nossa casa. Duas horas depois, o ator estava no nosso apartamento de um quarto, usando óculos de aro de metal e um casaco de linho claro sobre seus mais de 1,80 metro de altura.

— É perfeito, vou dar um jantar hoje à noite. Isso aqui vai ser uma sobremesa deliciosa. — Ele estava encantado, sorrindo com a alegria incrédula de quem estava prestes a compartilhar o sabor de sua amada terra ancestral com os amigos mais próximos, e que um estranho tivesse se dado ao trabalho de lhe trazer o bolo.

Conversamos amenidades, sobre de onde Saro era exatamente, havia quanto tempo ele estava nos Estados Unidos, como tínhamos chegado até aquele bolo, como Pino havia descoberto que podia nos dar o bolo para trazer e entregá-lo a ele. Não mencionei que eu também era atriz, o que, no mundo de Pino, significava que naturalmente Vincent e eu éramos colegas e teríamos contato. Depois de quinze minutos, tirei uma foto de Saro, Schiavelli e O Bolo logo antes de Vincent descer todo feliz os degraus de nosso prédio e voltar para a própria vida.

Saro e eu contamos essa história durante anos. Ele a usava como uma prova da tenacidade e determinação de seu povo. Ele a usava como uma forma de explicar aos americanos o que significa manter intacta uma parte de si mesmo quando você transita entre duas culturas, chamando dois lugares de lar. Cada vez que a contava, indicava que o protagonista da história não era ele, mas sim "o bolo do Schiavelli". O bolo era o tecido conjuntivo que havia levado uma estrela de Hollywood até a casa de um imigrante. Era assim que ele via a história. Para mim, era emblemática de como a Sicília me fez ver que lar é um lugar que levamos no coração.

Ele, no entanto, raramente falava sobre o pai, a contenda na família e nosso exílio. Essa história era mais difícil de contar porque era difícil de viver. E durante anos a renovada conexão com os pais pareceu tão frágil quanto um pergaminho perto do fogo. Quando enfim visitamos a casa de infância de Saro durante as férias, para um casamento da família e depois uma primeira comunhão, dormi sob o teto de Croce e Giuseppe como uma hóspede, limitando-me a conversar o mínimo possível, ser discreta, esconder o rosto em um livro até a viagem terminar. Eu respeitava os pais de Saro pela mudança por que estavam dispostos a passar. Muitas pessoas nunca chegam a esse ponto na vida. A verdade, porém, é que nunca tive a expectativa de ser próxima a eles. O máximo que eu esperava era uma reconciliação delicada e um respeito mútuo civilizado. Agora eu podia esperar ser notificada se alguém ficasse indisposto ou doente. Mal sabia que seríamos nós os portadores de tal notícia fatídica.

AREIA VULCÂNICA

Duas semanas depois de iniciada nossa viagem de um mês pela Sicília, a primeira sem Saro, eu e Zoela pegamos uma balsa para fazer a travessia de quatro horas até Stromboli, uma ilha vulcânica e o ponto mais afastado no arquipélago da Sicília. Eu estava desesperada para sair de Aliminusa. As lembranças quase constantes de Saro — na casa de Nonna, na praça da cidade, no bar bebendo um espresso — começaram a me dar vertigens. Estar na cidade era uma experiência dupla: em alguns momentos, um conforto; em outros, um gatilho para enormes ondas de tristeza. Alguns dias na costa e uma viagem rumo a um conjunto remoto de ilhotas pareciam ser exatamente o que eu precisava para saciar meu crescente desejo de vagar pelo mundo e para dar tanto a mim quanto a Zoela uma folga da cidade.

Eu desconfiava que Nonna também precisasse de um tempo sozinha. Nós três havíamos estabelecido uma rotina de refeições abundantes, longos cochilos e fins de tarde passados no banco em frente à casa, rememorando nossa perda. Na cozinha, Nonna e eu conversávamos tomando uma xícara de café. Eu a observava secar o orégano fresco colhido no quintal, depois peneirá-lo a mão, usando a mesma peneira de plástico que costumava usar desde a época em que Saro era solteiro em Florença. O verão estava saturado de sabores e memórias. E o único momento em que nós duas ficávamos longe uma da outra era quando ela ia à missa de tarde.

Havia uma fila dupla de turistas embarcando. Segurei a mão de Zoela ao atravessarmos o cais.

— Filha, vamos sentar dentro da cabine, não no deque. O vento vai estar forte demais e a viagem até o vulcão é longa.

— Posso ver um filme? — perguntou ela ao mesmo tempo que agarrava as alças da mochilinha, como eu tinha ensinado.

— Não, não é igual a um avião, não tem filmes a bordo. Você pode ler ou, melhor ainda, tentar tirar uma soneca no meu colo.

Estávamos na metade da nossa temporada na Sicília e ela ainda não tinha desenvolvido um padrão de sono perceptível. A diferença de fuso horário prejudicava qualquer um. E desde a morte de Saro, estávamos dormindo na mesma cama. Na casa de Nonna não era diferente. Zoela precisava disso. Eu também. À noite, ela se aconchegava junto a meu corpo. Talvez tivesse medo de me perder, de eu morrer dormindo como o pai, caso ela passasse para o lado oposto da cama. Por isso, ficava grudada em mim. E sua pequena figura me ancorava. Eu procurava ficar perto dela durante a noite tanto quanto ela procurava ficar perto de mim. Estávamos ambas sondando a permanência da outra. Por isso, se ela cochilasse no barco, estaria menos irritadiça quando chegássemos, e talvez eu também tivesse a oportunidade de fechar os olhos um pouco.

Quando nos acomodamos em nossos assentos, tive a sensação de que aquela viagem representava uma primeira vez importante, que testaria minha capacidade de incorporar meu antigo eu, meu eu aventureiro, a pessoa que tinha viajado bastante antes do câncer e de passar a cuidar do marido. Será que ela ainda existia? Será que eu poderia despertar aquele antigo eu? Com Saro, eu tinha visto quase todos os recantos da Sicília, mas havia outros lugares, lugares especiais, que tínhamos vontade de conhecer, mas nunca pudemos por causa da doença. Eu havia visitado Stromboli vinte anos antes, quando era estudante e estava solteira, mas jamais com Saro.

Disse a mim mesma que, em minha nova vida, seria eu a responsável por apresentar o mundo a Zoela. Eu teria que lhe mostrar que ainda éramos capazes de encontrar momentos de alegria ou entusiasmo em meio à tristeza. Ainda não sabia se era verdade, mas queria testar essa ideia. Stromboli parecia um primeiro passo épico e simbólico. Contudo, quando já estávamos a bordo e os motores giraram e as hélices submersas movimentaram o barco, percebi que não tinha pensado bem naquilo.

Minha ansiedade atacou como um cutelo retalhando um osso de galinha. Após cinco minutos de uma viagem de quase quatro horas, eu já estava morrendo de medo das coisas que podiam dar errado, ciente de que eu estava sozinha com Zoela em mar aberto, sem sinal de celular até atingirmos terra. Além do mais, eu não tinha nenhum plano real sobre o que faríamos quando chegássemos. Nunca tinha viajado com ela assim, sozinha. Na sua mochila, havia um envelope com informações de contato de emergência que eu havia digitado ainda em Los Angeles. Também incluía cópias de nossos passaportes de ambas as nacionalidades, no caso de nos separarmos ou algo acontecer comigo. Se as coisas dessem muito errado mesmo, eu queria que as pessoas soubessem de onde ela vinha, com quem entrar em contato, e que aquela menininha de rabo de cavalo e pele marrom não estava sozinha no mundo. Havia passado horas na internet procurando dicas sobre como viajar para o exterior como mãe solo. Foi assim que aprendi que um progenitor sozinho que tenha o sobrenome diferente dos filhos pode enfrentar dificuldades. E esse era exatamente o meu caso. Eu precisava de algum documento que me unisse a Zoela no papel, algo que conciliasse nossos sobrenomes diferentes. Assim, além da nossa foto juntas, adicionei o sobrenome de Saro ao meu na lista de contatos de emergência: "Locke-Gullo". Depois digitei, em negrito: "PADRE MORTO 2012. PAI FALECIDO EM 2012."

Eu não queria transmitir todos os meus medos para Zoela; por isso, quando ela adormeceu no meu colo, sussurrei no seu ouvido:

— Meu amor, vamos escalar um vulcão e ver lava.

Em seguida, fechei os olhos e tentei me concentrar nas maravilhas geológicas de Stromboli, na lembrança de terra fundida, mar, vento e a Mãe Terra expelindo seu núcleo interior. A magnitude de um vulcão e sua constância diante de tanta fragilidade humana me fascinavam. Havia algo tão primitivo naquilo, algo em sua atividade que contrastava com a minha tristeza. A ilha era um ímã para uma viúva aventureira e curiosamente criativa como eu. Ao menos era disso que eu tentava me convencer.

Enquanto fazia carinho na cabeça de Zoela, invoquei imagens alegres de nós duas subindo uma trilha até o vulcão, passando uma tarde na praia de areia preta, observando a lava contra o pano de fundo do sol se pondo em um céu azul-claro. Fantasiei que nós duas nos transformaríamos após realizar essa espécie de peregrinação até um lugar onde a humanidade tinha conseguido fazer as pazes com a instabilidade da vida. Quer dizer, os habitantes de Stromboli viviam na base de um vulcão ativo, sabe. Embora ele não causasse nenhum dano havia duzentos anos, se algum dia surgisse uma emergência, não seria fácil sair dali. Contudo, as pessoas seguiam suas vidas, permanentemente conscientes da situação, aceitando multidões de turistas na alta temporada e depois vivendo em relativa solidão nos outros meses. A ideia desse lugar era ao mesmo tempo fascinante e aflitiva. Tentei me acalmar com o chiado do motor da embarcação.

No entanto, minha ansiedade era maior do que minhas reflexões à la *National Geographic*. Ela cresceu como uma ameba sem forma definida, grudando-se a todo tipo de possibilidades dramáticas — desde o barco afundar até Zoela ficar enjoada, ou eu desmaiar por causa do calor, ou perder meu cartão e precisar lavar pratos para pagar nossas passagens de volta para Cefalù. De repente, tudo o que eu queria fazer era voltar para a terra firme, voltar para Aliminusa, voltar para a segurança da casa de Nonna. Então tive um estalo e percebi como eu poderia ser, agora que estava viúva. Eu poderia ser obstinada ou ingênua, ou, pior ainda, ambas as coisas. *Por que diabos tive essa ideia?* Eu não tinha mais vinte anos, não tinha um parceiro para me dar suporte. Estava levando uma criança pequena para uma longa aventura sem nenhum outro adulto. Nenhuma ajuda extra. De repente, me bateu a consciência de que estávamos longe da comunidade e da cozinha de Nonna.

Não estávamos mais cercadas por pessoas que nos conheciam, nem em um local onde instintivamente nos sentíamos protegidas. Onde o bem-estar de Zoela não dependia exclusivamente de mim. Se acontecesse alguma coisa — uma doença, um acidente, a perda de documentos — em Aliminusa, eu tinha uma cidade inteira à minha disposição para ajudar a resolver o problema. E ali certamente teria que entreter Zoela de vez em quando, enchê-la de gelato quando ela se deparasse com o tédio inevitável e possivelmente carregá--la quando ela se cansasse. Eu tinha dado um enorme e intrépido salto, depois entrado em pânico quando meus pés saíram do chão. Tanto era assim que levantei a cabeça de Zoela do meu colo, peguei a bolsa e engoli um lorazepam.

Havia famílias alemãs e francesas acomodadas à nossa volta no barco, junto com alguns jovens casais italianos ávidos para se bronzear na areia vulcânica preta. Zoela e eu fazíamos parte do pequeno grupo de americanos, a maioria jovens universitários de cabelo oleoso e short amarrotado tirado da mochila que carregavam pela Europa. Éramos as únicas pessoas negras.

Em pleno mar aberto, em um barco cheio de desconhecidos, tive plena consciência da minha vulnerabilidade e, de quebra, da vulnerabilidade de Zoela — da crueza estrutural de nossa vida e de nossa incapacidade de lidar com qualquer aborrecimento adicional. Puxei-a para mais perto e lancei uma prece ao horizonte.

A primeira coisa que notei quando chegamos a Stromboli foi o porto. Havia muito mais construções do que quando eu havia estado ali vinte anos antes. A segunda coisa foi Rocco, com quem tive uma noite de sexo casual, agora duas décadas mais velho. Não era difícil notá-lo. Ele estava perto de um bar no porto. Suas marcas de identificação estavam todas lá: a vespa, a mesma compleição, o mesmo rosto, ambos um pouco mais surrados. Soltei uma gargalhada. *Saro, você está me provocando do céu.*

Ver Rocco no porto saudando as multidões de turistas foi como espiar um audacioso universo paralelo pelo espelho. Naquele universo, a minha versão de vinte anos tinha feito escolhas diferentes. Eu havia escolhido Rocco, meu casinho de uma noite, e aquela aventura em uma praia de areia preta à meia-noite havia se transformado em uma vida servindo cerveja para os turistas no verão e passando as roupas de baixo dele na baixa temporada. Rocco era um sinal de alerta em 3-D, bronzeado pelo sol. Ambos tínhamos sido os próprios clichês românticos — garota boazinha sempre se apaixonando por cafajestes inatingíveis, gigolôs italianos rondando universitárias americanas —, só que ele ainda estava, obviamente, preso naquilo. Bastou um olhar para Rocco e puxei Zoela para mais perto.

Eu queria adverti-la de que homens empoleirados em vespas eram como um gelato que parece de pistache, mas tem sabor de anchova. Decidi, porém, deixar essa conversa para outro momento, um futuro distante.

Em vez disso, fiquei surpresa com um sentimento que se infiltrou em mim, um senso de injustiça sutil, quase indecifrável. Como aquele homem ainda estava lá depois de vinte anos? Eu tinha vivido uma vida inteira — um amor de tirar o fôlego, um casamento, uma filha e a morte. Muitas mudanças radicais. No entanto, lá estava ele, tão fixo e constante como o vulcão da ilha. Senti uma pontada leve de ressentimento na barriga enquanto o encarava. Ele era um ponto sensível, um sinal demarcando minha vida antes e depois de Saro. Sua presença era uma recordação da ausência do meu marido.

Inspirei fundo, tentando relaxar e encarar tudo de maneira leve. *Tudo bem, universo, entendi. Você é volátil.*

Então, levei Zoela para caminhar ao longo do porto de mãos dadas, fugindo de qualquer possível contato visual com Rocco. Depois de alguns passos, de repente me senti empoderada, invisivelmente mais forte. Eu havia levado minha filha para aquele lugar distante. Tinha conseguido. Minha incerteza anterior se dissolveu e me senti capaz. Era como se talvez, quem sabe, eu pudesse navegar pelas complexidades de minha nova vida e não ficar completamente perdida. Ou, no mínimo, eu conseguia viajar com Zoela para uma ilha longe de casa. Ou talvez fosse o lorazepam falando.

Apertei a mão de Zoela e apontei o cume do vulcão à nossa frente.
— Querida, isso é um vulcão ativo. O primeiro que você vai ver.
Ela o fitou rapidamente e depois se virou para mim.
— Quanto tempo vamos ficar aqui, mamãe? Estou com fome.
Lógico que as crianças têm prioridades que não incluem vulcões e recordações de sexo casual.
Prometi pizza e gelato, palavras mágicas que melhoram o humor de qualquer pessoa de bom senso. Então iniciamos nossa caminhada para a cidade, seguindo a rua estreita em aclive da qual eu me lembrava da viagem de anos antes. Sabia que haveria locais para comer ao longo do caminho por causa da quantidade de turistas que tomaram a mesma direção. Pelo menos, comeríamos bem na ilha. Agora que eu estava ali, não importava mais tanto assim se faríamos uma trilha até o vulcão. A trilha, ao menos aquela que eu seguia internamente pela paisagem da dor, já havia começado.
Meia hora depois, estávamos sentadas em um restaurante no sopé do vulcão, com uma vista deslumbrante do Mediterrâneo. Zoela pediu *spaghetti alle vongole* — massa com vôngole, salsinha fresca e pimenta calabresa em flocos. Quando eu tinha sete anos, nas viagens ao leste do Texas, comia salsicha enlatada e bebia grandes quantidades de Tang. Ela era bem filha do pai, com toda aquela sofisticação culinária.
Quase sugeri que ela não comesse o prato com vôngoles. Só conseguia imaginar o marisco chegando ao seu estômago da forma errada e resultando em um desastre no trajeto de barco de volta para casa. Contudo, era o que ela queria. E eu sabia que Saro teria dito: "Isso, escolheu bem. Aproveite." Eu não tinha orgulho de estar me tornando uma mãe que dizia mais *não* do que *sim*. Portanto, incentivei-a a comer o prato.
— Mas talvez seja melhor não comer todos os vôngoles — adverti. — Só um pouco.
Uma rápida espiada no cardápio com capa de couro e eu já sabia o que queria: *pasta con pesto alla siciliana*. O que faz o prato se desta-

car são duas importantes diferenças em relação ao seu equivalente desprezível, o pesto que você encontra em todo supermercado americano. Na Sicília, os chefs usam amêndoas em vez de pinhões e acrescentam tomates maduros frescos. As amêndoas encorpam e conferem uma textura densa ao molho; os tomates acrescentam um tom rosado e acidez ao prato. O conjunto desses ingredientes surge na mesa em tons terrosos vibrantes e com um aroma combinado de manjericão e tomate.

Zoela e eu comemos em silêncio, algo com que começávamos a nos acostumar desde a morte de Saro. Quando uma coisa tão grande acontece, conversar à toa parece algo banal. Mesmo para uma criança de sete anos. Além do mais, em minha experiência, dois adultos sempre eram melhor do que um quando se tratava de puxar conversa com crianças com menos de dez anos. Saro havia encontrado tranquilamente uma maneira de abordar os tópicos de interesse de Zoela, sempre em mutação. Naquele dia eu sentia ter esgotado o panorama de assuntos. Então, bebi um quarto de litro do vinho branco local, a quantidade perfeita para consumir durante a refeição e ainda manter minhas faculdades mentais intactas.

Zoela tirou seus bonequinhos de *My Little Pony* da mochila e os alinhou na mesa como convidados adicionais. Em outra vida, eu teria dito "Nada de brinquedos na mesa". Porém, na vida que levávamos na época, encontrar momentos de alegria era como encontrar um bilhete de loteria premiado em um estacionamento vazio. Você só agarra e não faz perguntas.

— E se fizermos um brinde ao *babbo*? — perguntei após alguns minutos. Todos os livros sobre luto e crianças sugerem falar sobre o ente querido, incluí-lo nas conversas do dia a dia.

— A gente tem que fazer isso?

— Não, acho que não. Eu só estava pensando nele.

— Eu não quero fazer um brinde pra ele. — Ela arrumou as conchas vazias de vôngoles na beirada do prato. — Eu só queria saber por que ele morreu.

Algumas crianças perguntam "Por que o céu é azul?" ou "Por que minha língua não toca no meu nariz?". Esse era o *Por quê?* da minha filha.

— Filha, ele ficou doente, muito doente, e por muito tempo. O que eu sei é que lutou para ficar vivo o máximo que conseguiu porque queria estar aqui com você.

— Bom, eu não gosto de amar o papai, porque dói. — Ela não afastou os olhos dos vôngoles.

— Eu sei. Você vai sentir isso durante muito tempo. É o que as pessoas me dizem.

Ela mexeu no pônei que usava um chapéu de feltro lilás de abas largas, um chapéu que o fazia parecer um convidado de um casamento no Castelo de Windsor. Depois disse:

— Bom, é só que eu sinto saudade dele. Então eu queria não gostar dele.

Ela havia falado isso antes. Também havia falado que queria morrer e se juntar a ele e desejava que *eu* estivesse morta e não o pai. Havia falado muitas coisas, coisas difíceis de escutar, mais ainda de engolir. Coisas que a terapeuta e os livros todos disseram que eram normais. Quando esses momentos aconteciam, quando a tristeza era grande demais e ameaçava a estrutura da casa, costumávamos ir para o quintal de casa e nos deitar na grama, estendendo os corpos na terra. No cobertor, olhando para as estrelas, eu lhe dizia para dar sua dor para as estrelas. Elas poderiam pegá-la. Eu lhe dizia que ela podia falar qualquer coisa para as estrelas. Podia chorar, podia gritar, podia praguejar. Qualquer coisa que ela sentisse. Muitas vezes, ela dizia apenas: "*Babbo*, você não devia ter me abandonado."

Naquele momento, sentadas a uma mesa aninhada aos pés de um vulcão, eu lhe disse:

— Não gostar dele só ia fazer você sentir uma dor diferente. A dor é tão grande assim porque o amor era grande assim. E ele ama você para sempre.

— Bom, vou parar de gostar dele — replicou ela, de modo enfático, convencida do poder que tinha sobre o amor. Seus olhos ficaram marejados, mas ela continuou: — E estar aqui me faz sentir saudade dele, e eu não gosto disso.

Senti-me enjoada em terra firme.

— Estar aqui em Stromboli? Ou aqui nesta viagem para a Sicília?

— Os dois.

Ela havia colocado para fora algo que me preocupava. Que eu era uma mãe pronta a abrir feridas para as quais não tinha remédio.

O garçom apareceu e serviu mais água. Estava prestes a pedir mais vinho, mas percebi que ainda havia um tantinho na jarra. Eu precisava encarar a situação tão lúcida quanto me permitissem as uvas fermentadas. Por um momento, observei o garçom magro e de cabelo escuro se dirigir para os outros fregueses, nas outras mesas — famílias de férias de verdade. Mães e pais com criancinhas angelicais e adolescentes com cabeleiras fartas. Gente jovem e bronzeada. Gente que Zoela, Saro e eu "meio que" éramos, poderíamos ter sido, teríamos sido se não fosse por *il destino*.

— Meu doce de coco, parar de amar seu pai é tão impossível quanto parar o Sol e a Lua. O amor dele é parte de você.

Ela me lançou um olhar longo e intenso, me perfurando com seus olhos castanho-escuros. Como se não tivesse gostado das minhas palavras, de mim, da conversa, da sua vida. Então desviou o olhar para um grupo de gatos de rua aglomerados sobre um telhado abaixo de nós. Deu de ombros só um pouquinho e perguntou:

— Posso comer outro vôngole?

Merda, pode comer tudo.

O restante do dia transcorreu sem nenhum grande acontecimento enquanto nos deslocávamos de uma loja de suvenires para uma gelateria e de novo para uma loja de suvenires. Ela queria uma estatueta de golfinho feita de rocha preta vulcânica que estava à venda pela ilha toda. Era um suvenir turístico cafona, mas fiquei feliz de fazer sua vontade. Tornamos a passar por Rocco às margens de uma multidão no porto. Ele estava de pé, banhado pelo sol, com um short muito apertado, batendo papo com os turistas. Fiquei com pena de duas louras de vinte e poucos anos com quem ele estava falando, ambas usando a parte de cima de biquínis. "Saltem desse barco, garotas," eu queria dizer. "Acreditem em mim, ele não vale nem um tostão furado."

Ao pôr do sol, Zoela e eu embarcamos novamente na balsa. Quando estávamos em alto-mar, o capitão permitiu que a embarcação seguisse sem pressa enquanto o sol tingia o céu de âmbar. No deque apinhado de gente, observamos uma erupção do vulcão. Rocha líquida incandescente jorrou para o céu, o centro da terra em todo o seu ardor de purificação. Estar balançando em mar aberto e observar a terra cuspir seu núcleo derretido abriu meu coração de uma forma tão ampla quanto o dia em que Zoela nasceu. Era talvez a experiência mais espetacular que eu já tinha visto na natureza. Eu estava vislumbrando a terra em atividade, testemunhando a história geológica. Apertei Zoela com força, apertei Saro com força no medalhão no meu pescoço. Senti que ele estava conosco, testemunhando a mulher e a filha em atividade. Éramos como sobreviventes. Nós duas guardávamos uma espécie de segredo da vida e do que mais importava. E esse segredo, essa compreensão profunda da constância da natureza e do seu oposto, a impermanência humana, era o que no fim nos ajudaria a recuperar nosso equilíbrio — assim esperávamos.

Depois que o sol se pôs e estávamos novamente atravessando as águas, Zoela caiu no sono no meu colo. Olhei por uma escotilha para o mar *noir*, iluminado apenas por uma faixa ondulante de luar. Embora fosse impossível enxergar alguma coisa, continuei olhando. No escuro, vi uma tira do luar dançando na água. Era uma metáfora visual daquele exato momento da minha vida: um fragmento de luz e escuridão. Eu esperava que a jornada seguinte da minha vida fosse iluminada da mesma forma como as ondas sob a luz da lua.

O AMARGOR DAS AMÊNDOAS

— *La lingua va dove manca il dente.*

"A língua acaba parando no buraco do dente." Foi o que Nonna me disse quando nos sentamos para conversar na cozinha antes de sua missa da tarde. Zoela e eu voltaríamos para Los Angeles dali a uma semana, e Nonna me contava uma história de sua infância sobre um rapaz apaixonado por uma garota que seus pais não aprovavam. Um dia, ele a levou para os campos no subúrbio da cidade, só os dois. Passaram a tarde em um estábulo abandonado e, no fim do dia, ele a levou de volta para casa. Na Sicília da época de Nonna, aquilo era o mesmo que ter fugido para longe com o namorado. Significava que os dois teriam que se casar, já que a virgindade dela tinha sido colocada em xeque. Aquilo seria motivo de fofoca e vergonha.

Quando o jovem voltou para casa, os pais, furiosos, não permitiram que ele entrasse e o mandaram embora. Jogaram as roupas dele na rua e depois as incendiaram. Ele nunca mais voltou para casa. Já a família da garota não permitiu o casamento dos dois. Ele estava fadado a ser só, e de fato foi, até o dia de sua morte. Nonna concluiu a trágica história de amor, que existia em diferentes versões em cada cidadezinha da Sicília, com um provérbio sobre a língua e um dente faltando.

Seu relato me deixou intrigada. Os significados ali eram muitos, e, vindo de Nonna, e dado nosso histórico, inegavelmente importantes. Havíamos evitado o destino daquela família, superando a experiência daqueles personagens que agiam como se estivessem em uma espécie de fábula siciliana. Tínhamos superado desavenças; não havia roupas queimadas na rua. Para nós, naquele momento, o ponto mais relevante da história era que o rapaz passou o resto da vida buscando o que havia perdido: uma família, um amor, a própria dignidade. Nonna estava me dizendo que, ao longo da vida, revisitamos espaços vazios. Era seu entendimento do luto. Que estamos sempre tentando reconciliar nossas lembranças com a realidade. O dente que faltava era uma metáfora para todas as coisas que perdemos ao longo da vida.

Contar histórias, ainda mais contos antigos e fábulas da vida siciliana, era uma conexão especial que Saro tinha com a mãe. Eles gostavam de revisitar, por meio da tradição oral, uma Sicília que já não existia. Ela estava compartilhando um momento similar comigo. E, embora eu tenha precisado pedir que ela falasse mais devagar, repetisse certas palavras em dialeto e traduzisse frases para o italiano, ela pareceu disposta a fazê-lo. Eu não era seu filho, mas poderia ser sua ouvinte. Era uma forma de aprendermos a preencher o silêncio no qual tentávamos navegar. Nonna gostava de compartilhar conhecimento por meio de parábolas antigas. Deduzi que a sabedoria implícita naquela história também tinha a ver com despedidas e com continuar vivendo apesar das ausências. Em uma semana, nos despediríamos uma da outra. A partida iminente não saía da minha cabeça. Naquele mesmo dia, mais cedo, ela havia me perguntado se eu já tinha começado a fazer as malas. Para uma americana como eu, pareceu exagero, mas todo verão ela nos aconselhava a fazer as malas dois dias antes da partida.

— Pense no que você quer deixar aqui.

Esse comentário dela permaneceu suspenso no ar.

Depois de três semanas em sua casa, passei a sentir um novo vínculo com ela, um vínculo criado pelas circunstâncias compartilhadas e pelo amor a Saro. Comecei a me sentir um pouco mais à vontade com nossos momentos de silêncio. Respeitei quando minhas emoções pareciam prestes a explodir e ela me pedia que não chorasse.

— *Se cominici tu, non posso fermare* — "Se você começar, não vou conseguir parar", foi o que ela havia me dito diversas vezes ao longo daquela estada.

Não era uma invalidação dos meus sentimentos, mas uma demonstração de como aquilo também era difícil para ela, que estava fazendo o melhor que podia. Eu desconfiava de que ela preferia chorar sozinha, como eu a tinha visto fazer um dia enquanto rezava o terço.

Comigo não era muito diferente; eu chorava o tempo todo à noite, depois que Zoela dormia. Despedidas nunca foram fáceis para mim, mas a ideia de voltar para Los Angeles com minha filha e encontrar uma casa vazia, para a exaustão de testes de elenco e jantares solitários, era quase paralisante, ainda que minhas maiores vontades fossem voltar para a minha cama e rever meus amigos e minha família. No fim das contas, eu estava indo embora de um dos lugares mais pacíficos que conhecia e abandonando uma forma de intimidade com Saro que eu só encontraria em sua comunidade de origem, na presença, na casa e à mesa de sua mãe. Essa proximidade indescritível era acompanhada de um sentimento de perda, embora também fosse reconfortante. Parte de mim não aguentava ficar nem mais um dia e a outra não queria ir embora nunca mais. Era uma dualidade difícil de entender. Eu me lembrava de uma frase de Vincent Schiavelli que tinha lido sobre a Sicília e Los Angeles: "É um dilema estranho. Quando estou na Sicília, quero voltar para Los Angeles. Quando estou em Los Angeles, sinto saudade da Sicília."

A questão se voltaríamos à casa de Nonna no verão seguinte continuava sem ser mencionada, principalmente porque eu ainda não tinha uma resposta definitiva. Um ano parecia tão distante. Eu precisaria considerar questões financeiras, o refinanciamento da hipoteca, os testes de elenco e, acima de tudo, entender se conseguiria enfrentar outra temporada tão permeada por memórias agridoces para mim e Zoela. Como saber onde eu estaria dali a um ano? Nonna provavelmente estava se perguntando se voltaríamos, já que as cinzas de Saro haviam sido sepultadas. Aquela havia sido nossa tradição familiar de verão, sim, mas ela, entre todas as pessoas, sabia como a viuvez poderia mudar as ideias e os planos de vida de alguém. Nonna também tinha consciência, eu imaginava, de que, embora tivéssemos um vínculo muito forte, não éramos exatamente próximas. Voltar ou não seria uma decisão minha.

Nonna e eu não falávamos a mesma língua para que pudéssemos discutir tudo isso, então apenas não tocávamos no assunto. Em vez disso, desfrutávamos nosso tempo juntas, de preferência em sua cozinha, o lugar onde a casa ganhava vida três vezes por dia.

Ela se levantou da poltrona e ajeitou as meias de náilon na altura dos joelhos. Depois, abaixou o fogo e fechou a panela de tomates com a tampa de outro recipiente. O vizinho os havia colhido naquele mesmo dia. À tarde, despelavam-se com o calor, sendo reduzidos a uma polpa vibrante, encorpada e fibrosa que faria parte do jantar à noite.

— Ele tem seu próprio tempo — disse ela, se referindo ao molho.

Eu tinha aprendido a dar valor ao fato de que, em seu mundo, nada era apressado — amor, luto, alegria ou uma panela no fogo.

Zoela brincava no andar de cima com Rosa Maria, ou "Rosalia", como gostava de ser chamada. Era a neta de Giacoma, que morava no fim da via Gramsci. Rosalia era um ano mais velha que Zoela, tranquila e amigável. As duas haviam se conhecido quando Zoela tinha cerca de quatro ou cinco anos e brincavam juntas todo verão. Ela ficava fascinada com uma garota tão diferente dela própria — americana, negra, bilíngue e com uma mãe sempre disposta a dar dinheiro para comprar gelato na padaria da pracinha. Eram inseparáveis. Esperavam uma pela outra à porta da casa das avós. Zoela havia contado para Rosalia onde encontrar doces nas casas das mulheres da via Gramsci. A amizade das duas era firme como o cimento entre os blocos da fachada da igreja.

Elas construíam cabaninhas de lençol e criavam mil e uma brincadeiras com grandes peças de um quebra-cabeça de zoológico e uma Barbie com uma perna só. As duas se comunicavam como gêmeas num idioma que só elas conheciam — uma mistura de italiano, siciliano e inglês. Encontravam formas de suprir o vocabulário que a outra talvez não conhecesse. Quando fui dar uma olhada nelas mais cedo, Zoela tinha me pedido que fosse embora. Toda tarde, ela gostava de transformar o andar de cima da casa de Nonna no seu território de brincadeiras, à medida que o sol começava a se pôr e a cidade voltava a despertar da *siesta*. E, enquanto Nonna estava na missa, Zoela tinha o hábito de descer com Rosalia e surrupiar os bolinhos que ficavam guardados no armário.

Dois dias depois, conheci um fazendeiro quando fui até a cidade enviar um cartão-postal. Ele descarregava amêndoas na frente de sua casa, tirando-as do caminhão e depositando-as na calçada com uma rapidez que chamou minha atenção. Ele tinha a idade de Nonna. Seu rosto era ao mesmo tempo muito velho e muito jovem; havia um emaranhado de rugas em volta dos brilhantes olhos azuis, que poderiam ter pertencido a um astro do cinema se ele tivesse nascido em outro lugar. Eu mal podia acreditar na destreza com a qual manejava as amêndoas, considerando suas pernas curvadas.

— *Signora, prendane un sacchetto.* — Ele fez um gesto para que eu me aproximasse, me falando para pegar um pouco. — *Portine alla Croce.*

Ele pediu que eu levasse para a minha sogra e dissesse que tinha sido seu primo quem as havia enviado. Antes que eu pudesse responder, ele entrou na casa e voltou com uma sacola.

Até aquela viagem, eu nunca havia experimentado amêndoas verdes, as macias e suculentas que deixam um sabor doce na boca. Elas davam em árvores por todos os lados na periferia da cidade. No verão, os galhos ficavam carregados de amêndoas de casca tenra. Elas eram um presente comestível para quem estava disposto a fazer *il raccolto* — a colheita. Os sicilianos costumam comê-las puras ou com uma fruta depois do jantar. Mas o que ele estava me dando era um saco cheio de amêndoas desidratadas, já que, segundo me explicou, precisava abrir espaço para as verdes que traria para casa nos dias seguintes.

Agradeci e as aceitei.

Foi um erro de principiante tentar carregar três quilos de amêndoas pela cidade. Na metade da última subida até a casa de Nonna minhas costas já tinham ido para o beleléu. Quando enfim cheguei, ela me observou, balançando a cabeça, enquanto eu deixava a sacola sobre a mesa da cozinha com um baque.

— *Che cos'è?* — "O que é isso?" Ela já abria a sacola para realizar uma inspeção.

— *Sono mandorle* — "São amêndoas." Percebi que havia acabado de aparecer com mais trabalho culinário para uma manhã até então tranquila.

— *Dove le hai trovate? Ma sei pazza?*

"De onde tirou isso? Ficou maluca?" O tom de voz deixava transparecer que, na verdade, gostava que me entregassem presentes destinados a ela. Era um sinal de consideração e respeito, ainda que fosse dar trabalho.

— Preciso do meu próprio burro de carga para andar pela cidade — brinquei enquanto ela pegava a sacola e a levava em direção à "despensa", o lugar fresco sob a escada onde armazenava azeite, uma quantidade de molho de tomate que daria para um ano, potes de caponata e alcachofra e cabeças de alho penduradas em uma corda. Era também seu lugar para tirar sonecas nos dias mais quentes do verão.

Na manhã seguinte, acordei com o som das marteladas firmes de Nonna do lado de fora. Da varanda do andar de cima, vi o vento agitar lençóis recém-lavados no varal. Prendi o cabelo, coloquei um vestido de linho e desci as escadas. Encontrei-a com a marreta nas mãos diante de uma caixa de madeira virada para cima, martelando as cascas das amêndoas, um mar delas amassadas a seus pés.

— Posso ajudar? — perguntei.

— Vai acabar machucando o dedo.

Sua voz não estava baixa nem alta. Parecia distraída, como se estivesse perdida em pensamento. Percebi no mesmo instante que ela queria ficar sozinha.

— Deixei o café pronto no fogão — disse Nonna, sem olhar para cima.

Fiquei mais alguns segundos observando-a trabalhar. Os gestos dela eram precisos, repetitivos. Descascar, fatiar, cortar, trabalhar. Era essa a sua maneira de contemplar os problemas da vida; e a oração era como entregava esses problemas a Deus.

Estava prestes a me virar para acender o fogo na *caffettiera* quando ela me chamou:

— Se quiser levar para casa, tenho que começar agora, certo? — Ela estava falando das amêndoas.

Na mesma hora percebi que era nossa partida que ocupava sua mente — e ocupava a minha também, enquanto eu tomava café ouvindo o som de amêndoas rachando.

Um vendedor passou, e Nonna continuava trabalhando. Sua prima Emanuela desceu a rua para buscar pão, e Nonna permanecia martelando. Emanuela voltou, e peguei os pães dela. E Nonna seguia quebrando amêndoas.

Coloquei os pães próximos ao fogão, ao lado de alcachofras cozidas e de uma panela de abobrinhas em pedaços que se agitavam levemente em um caldo de hortelã e manjericão em fogo baixo. Então saí da casa, encarando o vento da manhã. Encontrei um tijolo debaixo do banco e o coloquei sobre o caminho de pedra. Depois, peguei uma segunda marreta que estivera ao lado de Nonna aquele tempo todo e comecei a quebrar amêndoas.

— Estão uma delícia. Experimenta. — Ela me entregou uma amêndoa que tinha acabado de tirar da casca.

O gosto era divino, com um sabor suave e um delicado toque doce. O interior era firme e ao mesmo tempo macio, com uma elasticidade deliciosa. Quando deixadas para secar, as amêndoas ficavam ainda mais gostosas, ainda mais robustas. As amêndoas sicilianas não pareciam em nada com as que eram vendidas em lojas de conveniências de postos de gasolina nos Estados Unidos. Eram uma espécie de ato de bondade, uma lembrança de que algo pode ser suave ou firme, dependendo das condições e do cuidado, com ou sem intenção.

Eu me inclinei para pegar outra.

— *Non quella. È amara.* — "Essa não. Está amarga.", alertou ela.

— Não existe nada pior que uma amêndoa amarga.

Amaro, amargo, era o sabor em torno do qual a cultura e a cozinha sicilianas giravam. É um sabor encontrado na natureza, destilado em licor. Com o *amaro*, os sicilianos se tornam íntimos da falta de doçura da natureza; se aproximam de sua intensidade. Na cozinha, ao justapor algo *amaro* com algo *dolce*, os sabores contrastantes tomam forma e ambos ganham destaque, lado a lado. Os sicilianos entendem o amargor como um sabor essencial tanto na comida como na vida. O *amaro* moldou a identidade culinária da ilha. Não existe doce sem amargo. A poesia da ilha nos diz que o mesmo vale para o coração siciliano.

Nonna me mostrou a umidade dentro da casca que eu tinha acabado de quebrar.

— Quando chove muito, isso pode acontecer. — Vi que havia ali dentro um leve indício de mofo. — Tudo em abundância é ruim. Até mesmo água.

Ela estava falando de amêndoas, sim, da mesma maneira que antes havia falado de um dente. Mas eu não conseguia deixar de pensar que ela também falava de muito mais coisas. Nós duas estávamos nos afogando em terra firme em uma tristeza que parecia não ter fim. Bastava uma olhada nela para perceber seu entendimento de que a vida poderia ser amarga, assim como a alegria e o amor. Ela havia perdido o marido e o filho. Tinha sentido o amargor das amêndoas na boca e queria me poupar de sentir o mesmo.

Enquanto trabalhava, eu sentia a brisa nas costas. Gentil e silencioso, o vento era constante na cidade. Esvoaçava cortinas, batia janelas. Arrancava meias úmidas do varal e as jogava contra as paredes de pedra. Carregava o cantar do galo, fazendo pousar um eco tênue entre as oliveiras em flor na divisa da cidade.

E eu sabia que em quatro dias aquele mesmo vento me levaria embora da ilha.

Entrar no olivedo não foi difícil. Encontrei uma abertura depois de um enorme arbusto de louro onde havia uma espécie de buraco na terra; ali consegui puxar o arame enferrujado para cima sem muito esforço. Então me agachei perto de um pé de erva-doce, encolhi o corpo e rolei para dentro do terreno. Deu tudo certo, exceto por alguns pequenos arranhões nas pernas e carrapichos na calça. Além disso, havia terra dentro dos meus sapatos e meus tornozelos ficaram empoeirados, o que provavelmente teria que explicar mais tarde, mas pelo menos eu estava lá dentro.

Ao me levantar, pude ver que muitas das árvores estavam carregadas de frutinhas minúsculas, pequenas azeitonas verdes não muito maiores que uma uva. Saro tinha me ensinado que, quando estavam naquele tom amarelo-esverdeado, as azeitonas estão a meses da colheita. Uma linha de formigas subia em diagonal o tronco nodoso da árvore mais próxima, em uma marcha que parecia urgente. Em toda a extensão do olivedo, parecia que o solo havia sido limpo recentemente. Isso tornaria mais fácil chegar ao local escolhido; eu poderia caminhar sem me preocupar com cobras ou grandes buracos que poderiam ter ficado escondidos pelas *tumminia* na altura do joelho — uma antiga variedade de trigo que brota em qualquer lugar e estação depois de as sementes serem espalhadas pelo vento.

Eu enveredei pelas árvores, caminhando com cuidado para não cair. Quando cheguei ao centro, parei diante daquela perto de onde espalharia as cinzas de Saro. A brisa fresca do fim da tarde vinda do Mediterrâneo me deu coragem.

A árvore que escolhi não era nem a maior nem a mais antiga. Era a que tinha a melhor vista para o mar azul, infinito e deslumbrante, a que estava em solo razoavelmente nivelado para que eu me sentasse quando a emoção tomasse conta de mim.

Minhas mãos tremeram um pouco ao tirar a caixinha de madeira do bolso. Peguei o saco de plástico transparente feito para guardar pequenas joias e o abri. Se tivesse planejado melhor, eu teria uma oração memorizada, pronta para recitar. Mas não foi assim. Estar naquele local sagrado, na natureza, era a única forma de oração adequada para consagrar Saro à *terra firma*.

As cinzas deixaram o plástico com facilidade, caindo suave e lentamente no chão. Eu as vi desaparecer na terra vermelho-acinzentada. E então os últimos vestígios, quase imperceptíveis, foram levados pelo vento.

Ele havia retornado, estaria para sempre de volta ao solo de sua infância, livre entre o mar e as montanhas.

Quando enfim me pus de pé, minha camisa estava manchada de suor e lágrimas. As cigarras não tinham se calado nem por um minuto, em uma sinfonia siciliana. Pouco depois, ouvi um motor de trator sendo ligado ao longe. A vida na Sicília seguia em frente.

Parte três

SEGUNDO VERÃO

Casa quantu stai e tirrinu quantu viri.
"Casa pelo tempo que for preciso
e terra até onde a vista alcança."
Provérbio siciliano

HERANÇA

Dois dias antes do primeiro aniversário da morte de Saro, me senti aturdida ao ser tomada por um pesar súbito. Estava do lado de fora do Galpão 7 nos estúdios da Paramount, em Hollywood, prestes a fazer um teste de uma cena policial para um piloto de televisão. E eu mal conseguia me manter em pé.

Cinquenta e duas manhãs de quarta-feira haviam passado desde a morte de Saro. Um número suficiente de quartas-feiras para que Zoela ficasse mais alta, para que seus dentes de leite começassem a cair. O suficiente para que ela me perguntasse diversas vezes "Por que o *babbo* morreu?" e para que minhas respostas continuassem sendo insatisfatórias. O suficiente para que um pouco mais de tinta começasse a descascar em nossa casa centenária, o suficiente para ver o apartamento ao lado ser desocupado e reocupado. Eu tinha passado por quartas-feiras em que não conseguia sair da cama e quartas-feiras em que não conseguia dormir, tão esgotada que precisei pedir que outras pessoas levassem minha filha à escola, fizessem compras no mercado, me ajudassem a dobrar as roupas limpas.

Eu tinha empilhado cinquenta e duas quartas-feiras, cuja base era aquela manhã de quarta em que tudo havia mudado. Naquela época, meu luto estava no modo sobrevivência — eu tentava não sofrer em público, usava todas as táticas necessárias para seguir em frente. Além disso, tinha certeza de que se eu simplesmente empurrasse com a barriga e não deixasse nada desmoronar, no fim do primeiro ano as coisas ficariam mais fáceis. Mas não ficaram, e eu me senti enganada.

Em vez disso, passei a ver meu sofrimento como um personagem da minha vida, alguém que eu tinha que conhecer, com quem precisava ter um relacionamento pacífico, porque era maior que qualquer coisa que eu já havia experienciado. Ele me puxava para trás e às vezes me impulsionava para a frente. Naquele dia, eu não sabia ao certo o que ele seria capaz de fazer.

Seguindo pelo pátio até a sala de elenco, repassei minhas falas na cabeça mais uma vez: "Encontrei o corpo", em seguida "Por essa ele não esperava". E depois: "Não sei se quero esse trabalho." Essa última fala se encaixava bem naquele momento da minha vida. Um ano havia se passado e eu ainda não sabia o que fazer no papel de viúva.

Olhei para a caixa-d'água acima, naquele lendário local de Hollywood. Eu adorava os estúdios da Paramount. Tinham sido o lar da minha primeira série de televisão, e eu nunca me cansava de sua arquitetura italiana com art déco. Mesmo assim, a caixa-d'água trazia ares de cidade pequena. Na primeira vez que cheguei dirigindo ao estacionamento do estúdio, usei a torre como referência para encontrar meu carro depois. Ela era decorada com o logo da Paramount, uma montanha rodeada de estrelas. A caminho do teste, eu me perguntava como seria estar no topo de uma montanha. Ter escalado e subido o suficiente para estar acima de tudo, da neblina e das nuvens. Eu me perguntava como seria ter uma folga da labuta que era estar de luto.

Um carro de golfe passou por mim com um assistente de vinte e poucos anos do *NCIS: Los Angeles* falando em um *headset*; um mensageiro largou a bicicleta atrás de uma palmeira antes de entrar no refeitório. Por um momento, pensei em entrar e tomar um espresso. Então meu celular tocou. Era minha mãe.

— Já pousou? — perguntei.

Ela estava para chegar de Houston. Meu pai e Aubrey também estavam vindo para ficar conosco no primeiro aniversário. Meu plano era reunir pessoas queridas. Ninguém queria que Zoela e eu ficássemos sozinhas. Muito menos nós mesmas.

— Precisa que eu compre algo no supermercado? — perguntou ela. — Liguei agora para o caso de você estar ocupada com a Zoela mais tarde.

Ela sabia que eu não costumava atender o celular à noite. O entardecer continuava imprevisível para nós. Alguns dias seguiam difíceis, ainda mais com a aproximação do aniversário. Zoela havia voltado a dormir na própria cama, mas demorava a se sentir segura o bastante para cair no sono. Depois eu ia para a minha cama, exausta por ter que conciliar o luto com ser mãe solo. Muitas vezes eu ficava ali deitada de olhos abertos. Quando finalmente adormecia, tinha um sonho recorrente em que Saro e eu fazíamos amor na praia, como havíamos feito na Grécia e em Elba. No sonho, dunas de areia se formavam ao redor da barraca na praia onde nos encontrávamos todos os dias para entrelaçar nossos corpos um no outro. Ele me penetrava e eu gemia, e então olhava para o mar e via as ondas se aproximando. Nossa barraca seria arrastada. E nós também. No sonho, eu dizia: "Rápido, rápido, continua!" E aí eu acordava em meio ao silêncio.

— Não sei, mãe. Podemos pensar no mercado amanhã? Estou indo fazer um teste.

— Que bom, merda para você. — Embora tivesse um negócio multimilionário, minha mãe adorava minha carreira nas artes e sempre ficava entusiasmada com meus testes de elenco. — Vai dar tudo certo. Vou comprar flores. Você merece.

Dez minutos depois, eu estava sentada em uma sala de espera cheia de atores. Cinco minutos depois, estava diante da câmera. Mais cinco minutos, e o teste havia acabado.

Quando cheguei em casa, o sol brilhava pela janela da minha cozinha em um tom dourado, banhando as tábuas centenárias em uma luz que me lembrou caramelo. Escutei o silêncio que preenchia meu lar. Ainda não tinha me acostumado. Às vezes, era ensurdecedor. O silêncio parecia bater contra as janelas, chacoalhar a madeira. Zoela estava na escola, mas eu chamei seu nome e o de Saro, para preencher o som do vazio. Depois, fingi que Saro me chamava de outro cômodo, puxando conversa. Era um jogo que eu fazia para preencher o buraco físico e emocional. Mas, naquele dia, seus nomes saíram da minha boca e caíram no chão com um estrondo. Apenas o silêncio respondeu.

Eu buscaria Zoela na escola dali a duas horas. Ela fazia a casa vibrar, com seus desenhos animados, jogos de cartas, brincadeiras de boneca ou tocando piano. Recentemente, ela havia escrito uma história na qual uma garotinha perdia a mãe, que saía "vagando" atrás do pai da menina, que tinha morrido.

No último ano, ela havia passado pelo primeiro aniversário sem o pai, e me perguntava com frequência: "Quem vai cuidar de mim se você morrer?" A pergunta surgia em conversas no dentista, em voos, quando ela deitava a cabeça no travesseiro.

— Eu estou bem, estou saudável, estou aqui. Vou ficar aqui até você ficar velhinha. — Minha resposta tinha se tornado um mantra.

— Mas você não tem como ter certeza disso. — Aos oito anos, ela já tinha aprendido sobre as armadilhas da vida.

— Tem razão, ninguém sabe quando vai morrer. O que importa é que estamos vivas agora. E eu estou aqui com você agora. — Era o tipo de coisa que os terapeutas e os livros me ensinaram a dizer para aliviar sua ansiedade.

Com o trabalho fora do caminho, o peso do dia estava caindo sobre mim, e de repente me vi sem rumo e distraída. Precisava de ar fresco, então saí para o jardim de Saro, onde as favas cresciam. Em casa, era aquele lugar que aliviava o peso no meu coração. Ressurreição, renovação e sustento — a promessa daquele grão.

Ali, em frente à fonte central, me lembrei de quando o jardim havia sido construído, anos antes, em um mês de janeiro. Naquela primavera, Saro já tinha se recuperado da cirurgia e estava fazendo quimioterapia de novo quando, enfim, provei a *pasta con fave* feita com ingredientes tirados do jardim. Havia algo de diferente naquela primeira refeição advinda de sua horta. Ele tinha encontrado uma maneira de transformar ansiedade, medo e preocupação em algo belo. Cheguei a chorar de verdade quando dei a primeira garfada. Naquele momento, prometi plantar fava todos os anos. Quando a temporada acabava, secávamos dois punhados de grãos que serviriam como sementes para o ano seguinte. Foi assim durante cinco anos.

Mesmo naqueles primeiros meses depois de sua morte, eu tinha replantado as sementes no fim de janeiro, no aniversário de quando fugimos para Nova York.

Olhando a recompensa no jardim, parecia haver dois quilos de favas prontos para a colheita. Saro havia me ensinado como estimar no olho o momento de colhê-las. Eu queria fazer seu prato favorito de primavera, *purea di fave con crostini*, para os quarenta amigos que viriam me ajudar a passar pelo aniversário de sua morte. Dali a dois dias, planejamos celebrar sua vida e brindar ao fato de que Zoela e eu tínhamos, de alguma forma, sobrevivido ao ano mais difícil de nossa vida. Eu havia passado de cuidadora — sempre com incêndios a apagar e em estado de alerta — a esposa enlutada, do caos à melancolia. Queria validar essa transformação, validar o fato de que estava aprendendo a sobreviver. Queria fazer tudo certo. Então comecei a arrancar as vagens pelo talo.

Enquanto colhia, me sentia agradecida pelo alimento no qual aquelas favas se transformariam. Se amigos são a família que escolhemos, minha escolha tinha sido a melhor do planeta. Eles são a minha turma. Cada um entrou em minha vida por acaso — na turma de calouros da faculdade; no primeiro dia em um set novo; na busca pelos sapatos do bebê na caixa de areia do jardim de infância; com Saro se apresentando aos pais de outras crianças birraciais no parque, dizendo "Minha filha se parece com seu filho, devíamos nos conhecer". Minha turma tinha as mais diversas origens, idades, interesses e profissões — havia artistas, advogados, professores, terapeutas, investidores, atores, escritores, motoristas de limusine, cartunistas. O que nos unia era a grande vontade de caminhar lado a lado em momentos de incerteza e dor. Eles tinham chegado até mim por acaso e ficado por escolha. Eu queria que comessem fava siciliana. Favas que eu havia cultivado durante todo o inverno à espera daquele dia. Queria reuni-los para que soubessem que o amor e o carinho deles nos doze meses que se passaram haviam sido as únicas coisas que me mantiveram de pé.

Como aquela era a primeira vez que recebia um grande número de pessoas em casa, eu estava literalmente tentando ressuscitar algo — uma tradição minha com Saro de abrir nossa casa para amigos socializarem e compartilharem uma boa refeição. Ele sempre tinha sido o ímã que atraía as pessoas para nossa casa. Sua companhia, sua comida, suas histórias sobre a infância na Sicília, onde uma vez um professor havia feito os alunos andarem pela cidade com placas escrito "Eu sou burro" presas às costas por não prestarem atenção às aulas. Amigos adoravam aquelas histórias de um tempo e de um lugar que pareciam ter saído de *Cinema Paradiso*.

Depois de sua morte, temi que nossos amigos deixassem de vir por eu não ser como ele. Não tinha a sua política tranquila de "minhas portas estão sempre abertas". Eu era mais rígida, uma mulher cuja necessidade de se planejar chegava a ser quase patológica. Mas, com aquela reunião, eu esperava trazer de volta tanto o espírito sociável de Saro como uma casa cheia de pessoas comendo, derramando vinho na mesa e rindo de lembranças antigas.

Voltei para dentro e coloquei uma pequena montanha de favas sobre a bancada da cozinha, pronta para fazer seu prato de primavera favorito — no entanto, não conseguia me lembrar de todos os passos da receita. Lembrava da parte de descascar e ferver, mas o resto não me vinha. Eu precisava fazer um purê com um pouco da água da fervura ou tinha que fazer um caldo? Acrescentava alho ou cebolinha? Alho, deduzi. Pimenta? Quanto de azeite? Será que manteiga serviria?

Quando em dúvida, havia apenas uma pessoa para quem eu poderia ligar: Nonna.

— Como vão as coisas na cidade?

Além de ser minha consultora culinária, ela havia se tornado a única pessoa com quem eu falava italiano regularmente. Nossas conversas três vezes por semana faziam com que eu continuasse mais ou menos fluente, uma ligação com a minha vida como era antes. Era assim que nos mantínhamos conectadas e atualizadas uma em relação à outra na ausência de Saro. Ele costumava conversar todos os dias com a mãe após a morte do pai. Parecia natural que ela e eu mantivéssemos a tradição depois da morte de Saro. Aquilo nos aproximava.

— Ah, o de sempre. Não ando saindo muito, não adianta levar minha tristeza para passear — respondeu ela, metade em dialeto e metade em italiano. — Mas eu vou à missa de aniversário.

A missa em que o nome de Saro era lido em voz alta a cada mês era sua forma de marcar o tempo. Eu ainda não tinha pensado em como contar que haveria uma reunião em casa em homenagem a ele, para celebrar sua vida. "Celebração" parecia a palavra errada para ser usada com uma mulher para quem aquele ritual cultural não existia. Tive muitos momentos parecidos com Nonna, quando temi que algo que havia dito pudesse ser mal interpretado devido à diferença de idiomas e culturas. Era outra forma pela qual a morte de Saro continuava reverberando. Ele saberia o que dizer, como dominar os pormenores culturais: o que omitir, o que amenizar, o que explicar em detalhes. Em sua ausência, eu tomava todo o cuidado para que minha linguagem — ou seu mau uso — não acabasse criando confusão ou mágoa.

— Zoela e eu vamos receber algumas pessoas. Minha família está aqui. Vamos comemorar Saro. Vou cozinhar as favas do jardim.

Ela sabia sobre as favas herdadas, passadas através de gerações na Sicília e que vínhamos cultivando todo ano. Nonna ficou feliz ao imaginá-las crescendo em solo estrangeiro, nos alimentando a milhares de quilômetros de distância. Ela me deu dicas de como fazer um purê cremoso com elas. Depois conversamos sobre sua neta e a escola. Ela quis saber se Zoela ainda perguntava sobre Saro.

E, pouco antes de desligarmos, outra pergunta de Nonna me pegou de surpresa:

— Vocês vêm para a Sicília no verão?

— Sim, vamos — respondi antes que meu cérebro tivesse tempo de processar uma resposta. A minha rapidez me surpreendeu.

— Acho que vai ser bom para nós — me ouvi dizendo.

Desliguei o telefone e olhei para a pilha na bancada. Algumas pessoas recebiam joias de herança. A minha eram favas.

Dois dias depois, me empenhei em criar uma espécie de altar de lembranças no cômodo do andar de baixo, onde, um ano antes, Saro havia falecido. Zoela e eu acendemos velas, coloquei as músicas favoritas dele, espalhei seus livros preferidos pelo ambiente. Colocamos um rosário em volta da estátua de Buda. Em seguida, abri as portas de correr e fiz uma oração. Uma hora depois, amigos e familiares começaram a encher a casa, um atrás do outro. Eu convidava todos que chegavam a passar pelo quarto, se quisessem, e deixar uma mensagem para Saro. Eles podiam fazer isso em silêncio ou em voz alta ou escrever algo em um livro de recordações.

O quintal estava cheio de pessoas conversando sobre Saro, sobre a vida, sobre acontecimentos recentes, comida. A fonte borbulhava, o cheiro de jasmim preenchia o ar. Naquele dia, o céu da primavera de Los Angeles estava vibrante e acolhedor.

Quando a tarde foi se transformando em crepúsculo, nós entramos. Cerca de trinta pessoas se amontoaram na sala de estar ao redor da lareira, do piano e da grande janela que dava para o jardim de Saro.

— Obrigada a todos por virem. Saro adoraria o fato de estarmos todos reunidos. Ele está aqui com a gente. E eu sei que ele teria alguma história para contar. Mas hoje eu gostaria que, quem quisesse, dividisse uma história sobre ele.

Zoela sentou no meu colo enquanto a sala ganhava vida com histórias sobre o companheirismo de Saro, as peculiaridades, as reclamações políticas, a alma gentil, a hospitalidade e a comida dele.

E, é claro, todo mundo falava sobre o amor que meu marido sentia. O amor por mim, por Zoela. Alguns de nossos amigos músicos pegaram os violões dele e deram início a um showzinho improvisado que tomou conta da casa. Piano, bongôs, guitarra acústica e baixo encheram o ar. Eu não me sentia tão viva fazia um ano.

Quando todos foram embora, bem depois das nove da noite, eu estava cansada, mas ainda flutuando de tanto amor. Ao guardar os restos de comida, notei que havia sobrado purê de fava na geladeira. Pensei na conversa com Nonna dias antes, em como eu tinha me preocupado sobre o que dizer. Havia me comprometido a vê-la de novo. Haveria outro verão. E, assim como ainda tentava entender como cultivar e preparar as favas por conta própria, eu ainda precisava entender muito mais — sobre a vida, sobre maternidade e sobre a intimidade necessária para continuar próxima da família de Saro, mesmo com as diferenças culturais, geográficas e o luto.

À MESA

— Sabe, você não precisa fazer isso. As pessoas vão embora, acontece — disse Julie quando estávamos no The Ivy, na Robertson.

Havia se passado três meses desde que Saro fora diagnosticado com um câncer de tecidos moles com metástase nos ossos, e ele estava passando por diversas sessões debilitantes de quimioterapia. Julie era minha *coach* de atuação, amiga e mentora. Ainda mais relevante era o fato de que seu marido tinha morrido quando ela estava com trinta e poucos anos, deixando-a sozinha com um filho. Ela sabia o que era coragem, encarar adversidades, se virar com o que tem. Além disso, Julie também tinha enfrentado uma doença grave.

— Pode ser mais que você aguenta, não era o que você tinha em mente — continuou ela, olhando nos meus olhos.

Duas noites antes, Saro e eu nos vimos no momento mais crítico de nosso casamento. Estávamos deitados abraçados na cama depois de uma semana particularmente difícil de quimioterapia. Seu sistema imunológico havia sido reduzido a tão poucos glóbulos brancos que poderíamos dar nomes a eles. A situação era horrível. Então o beijei e fiz carinho em seu peito. Ele afastou minha mão.

— Acho que você deveria sair com outra pessoa — declarou.

— O quê? — Ele nunca havia dito nada parecido. Senti o quarto girar. — Não, lógico que não. *Não*, Saro. Eu amo você e só você. Estamos juntos nisso.

Não fazíamos sexo havia meses. Ele estava muito doente, muito fraco, com muita náusea. Nenhum de nós falava diretamente sobre aquilo. Apenas nos abraçávamos a cada noite e depois virávamos cada um para o seu lado, conformados com qualquer minuto de sono que conseguíssemos.

— Não vou sair com outra pessoa. Tenho você. Ponto-final.

— Só não quero que você sofra tanto. Você tem necessidades, e eu não posso satisfazê-las.

— Mais uma palavra e mato você. Agora chega. Não diga isso. Nós estamos bem. — Voltei a pousar a mão sobre seu peito e o beijei. — Vamos ficar bem.

Depois me virei para o outro lado com um entendimento particular de que estávamos entrando em um novo território psicológico. Não se tratava apenas de lutar por sua vida; lutar pelo nosso casamento também seria parte daquilo.

Eu tinha acabado de compartilhar isso com Julie. Pensei que ela me animaria, diria algo para aliviar a tensão e levantar meu ânimo. Não esperava que ela sugerisse que eu o deixasse.

— O que está dizendo? — perguntei.

Eu sentia uma coisa estranha na garganta, mas, antes de compreender o que era, fui tomada por uma onda de raiva. Empurrei meu prato e notei como o lugar estava cheio de bajuladores de celebridades, algo pelo qual o The Ivy era conhecido. Era um cenário absurdo para falar sobre câncer e deixar Saro. De repente, me senti exausta. Aquilo era o oposto do almoço tranquilo de amigas que ela me propôs depois de meses em uma rotina de cuidados intensos.

— Estou falando sério. Ir embora é uma opção — insistiu ela, implacável.

Ela se serviu de mais chá.

— Não, sem chance. Eu nunca largaria o Saro.

Ela não conseguia entender?

— Então você tem que escolher isso — disse Julie devagar. — E quando falo escolher, é *realmente* escolher.

Ela levou o garfo à boca, bebericou seu Earl Grey e se recostou na cadeira. Havia conseguido uma resposta minha, o que parecia ter sido a intenção.

— Faça tudo que pode e deixe o coração aberto — continuou. — Encare o desconhecido. E ele tem que fazer o mesmo, não importa quão ruim as coisas fiquem. Vocês dois precisam enfrentar isso juntos.

Fui embora do The Ivy naquele dia pensando que as raízes de meu casamento poderiam se aprofundar mais do que havíamos imaginado. Ou poderíamos nos tornar estranhos um para o outro, naquela luta contra um inimigo em comum. Compreendi que teria que escolher ser cuidadora. E mais importante ainda: percebi que, pela primeira vez, o que estávamos enfrentando exigiria que eu fosse um porto seguro para Saro, de uma maneira que nunca antes precisei ser. Aquela conversa com Julie me fez perceber que era a minha vez de ser o tipo de pessoa que poderia ficar horas na chuva, firme, de peito aberto, mostrando o quanto aquele homem significava para mim, não importava o que acontecesse.

Depois de muitas sessões de quimioterapia, três internações e uma cirurgia crítica, Saro ainda não havia contado aos pais sobre a doença.

— Quero esperar o tratamento completo — dissera ele logo depois do diagnóstico. — Quero esperar os resultados. Não quero que eles se preocupem. Isso vai acabar com a minha mãe.

Ele não queria ouvir a preocupação na voz da mãe a meio mundo de distância enquanto mal conseguia dar conta da própria vida. Eu entendia, mas ainda ficava incomodada. Meus pais souberam logo de cara, busquei consolo neles. Eles apoiaram Saro e ofereceram até ajuda financeira, já que ele não estava mais trabalhando e os custos médicos eram assustadores. Eu não gostava de ter que esconder aquelas informações de sua família. Estávamos enfim tendo uma comunicação aberta com eles, e não contar parecia desleal, uma falta de intimidade gritante. Mas Saro tinha seus motivos. O principal era que não havia nada que pudessem fazer de tão longe, além de a preocupação ser aterradora. Preferia esperar. Por isso, prometi que não diria nada, uma promessa que me fez enxergar as muitas formas de afastamento provocadas pelo câncer. Voltamos a esconder as coisas dos sicilianos.

Entretanto, mais perto do Natal, Saro já havia passado por mais de quatro sessões de quimioterapia e uma cirurgia no joelho. Ele não tinha precisado amputar a perna na altura do fêmur, como temíamos, mas teve que colocar uma prótese e continuava andando de muletas. O fêmur e a tíbia, nos foi dito, levariam meses para ficar curados, e seria necessário mais tempo ainda até que ele pudesse andar por conta própria de novo. Nesse ínterim, eu o ajudava a se mover e ele fazia fisioterapia em casa enquanto esperávamos que seu sistema imunológico se recuperasse o suficiente para que pudesse continuar com a quimioterapia no ano seguinte. Saro escolheu aquele momento para, finalmente, contar aos pais sobre seu diagnóstico de câncer.

— *Il cancro non c'è più. Sto molto meglio.*

"O câncer desapareceu. Estou muito melhor", foi o que ele disse na conversa mais sincera que tivera com os pais em meses.

Ouvi o tremor em sua voz enquanto ele respondia a uma enxurrada de perguntas de sua mãe e de seu pai, ambos ao telefone. Sua mãe dizia "Rosario, Rosario!" com tanta tristeza na voz que fiquei assustada e nauseada. Aquilo trouxe de volta toda a dúvida. Logo entendi por que ele havia esperado para contar. Não teria sido possível passar pelos meses anteriores com a responsabilidade adicional de administrar a ansiedade deles.

Saro chorou ao desligar. Eu o deixei sozinho. Estávamos descobrindo uma coisa nova em nosso casamento — quando dar espaço ao outro e quando nos aproximar mais. Foram cinco meses de Saro em casa todos os dias, sem trabalhar, enquanto eu cuidava de cada necessidade física sua em detalhes, bem como das tarefas domésticas. Estávamos um com o outro vinte e quatro horas por dia, sete dias por semana, lutando lado a lado nas trincheiras. Descobríamos novas formas de agir, que incluíam deixá-lo sozinho para chorar.

Um dia depois de dar a notícia, Franca ligou para dizer que os pais deles estavam vindo nos visitar em Los Angeles no Natal. Ela havia comprado as passagens para eles e disse que sairiam mais baratas se a estada se estendesse por um mês. Ninguém tinha discutido aquilo conosco. Pelo visto, uma mãe que havia perdido o casamento do filho não deixaria de estar ao lado dele diante de um câncer. A ideia de um mês com meus sogros na cidade fez meu sangue gelar. Quando tentei dizer a Saro que poderia ser tempo demais, estressante demais, ele respondeu:

— Tembi, deixe que venham. Eles querem ajudar. Não sei se é o ideal para nós, mas, nessa situação, nada é. — Deitado na cama, ele se virou para a janela, de costas para mim. — Além disso, não sei quando vou voltar a vê-los.

Seus pais embarcaram duas semanas depois. Desde que tínhamos nos conhecido, cinco anos antes, eu os via uma vez por ano. Interagíamos como parentes distantes em reuniões familiares anuais: trocávamos gentilezas e abraços, sorríamos uns para os outros ao longo do dia e comíamos juntos sem nem chegar perto de ter qualquer intimidade. Eu já tinha aceitado que nunca seria próxima dos pais de Saro; apenas fazer parte da vida uns dos outros já era uma grande conquista. Jamais imaginei que eles viriam a Los Angeles, que veriam nossa vida de perto. O câncer mudou tudo isso.

Na manhã em que chegariam, eu estava arrumando a casa enquanto Saro descansava, ainda se sentindo muito mal para fazer qualquer coisa, mas não o suficiente para conter sua ansiedade ou impedi-lo de listar as coisas que eu precisava fazer.

— Já foi ao mercado? — gritou ele da nossa cama, que estava rodeada de livros e de edições do *la Repubblica*, seu jornal italiano, para mantê-lo distraído.

— Sim — respondi do quarto de hóspedes do outro lado do corredor, onde eu estava fazendo a cama e separando toalhas limpas para eles.

— Comprou um ferro de passar?

— Como assim, um ferro de passar? Eu não passo roupa — respondi, indo até a porta do nosso quarto para ter certeza de que tinha ouvido direito, e também para olhar bem meu marido, que, de repente, sugeria que nossa casa precisava de um ferro de passar.

— Sim, um ferro de passar. Minha mãe vai precisar passar roupa.

— Como assim, Saro? Você quer que eu saia para comprar um ferro de passar com tudo o que está acontecendo?

— Tembi, ela vai precisar de algo para fazer na casa. Não sabe dirigir, não sabe falar inglês, então não vai ver TV. Ela vai querer fazer trabalho doméstico para passar o tempo. Vai querer passar roupa.

Pelo amor de Deus, pensei.

— Está bem, Saro, depois que eu terminar de limpar a casa e for pegar sua receita para o remédio de enjoo, passo em algum lugar para comprar um ferro de passar. Precisa ser um ferro específico? — perguntei, sem fazer questão de esconder meu pouco caso.

— Não fale assim. Você sabe que eu faria isso se pudesse. Não posso nem sair dessa droga de cama sem a sua ajuda. Eu só quero que as coisas corram bem. Eles vão precisar de alguns cuidados. Não quero que aconteça nenhum problema enquanto estiverem aqui.

Sabia que ele estava certo, e também queria que as coisas corressem bem e ele ficasse tranquilo. Ele merecia isso. Merecia passar um tempo com os pais, já que sua vida ainda corria risco.

Nós os buscamos no aeroporto internacional de Los Angeles. A mãe de Saro o cumprimentou em lágrimas; o pai o beijou nas bochechas. Eles estavam vendo o filho pela primeira vez pós-cirurgia e pós-químio. A mudança na aparência dele os assustou.

Conforme passávamos pelo Westside, pelas ruas principais e seguíamos para Hollywood, em direção à nossa casa, os pais de Saro observavam as luzes da cidade, o fluxo infinito de carros, os diferentes estilos de arquitetura e a proliferação de outdoors, incluindo um com o ícone da cidade, Angelyne. A paisagem urbana não tinha fim. No banco de trás, a mãe de Saro agarrava a bolsa.

— *Ma dov'è il centro?* — "Mas onde é o centro?", perguntou o pai de Saro, olhando pela janela no banco do passageiro.

— Não tem — respondi em italiano. — É uma cidade norte-americana descentralizada.

Não sabia se ele entendia o significado daquilo.

— Há apenas muitos bairros pequenos — disse Saro em dialeto, mascarando minha aspereza sem esforço.

Ouvi quando a mãe de Saro soltou um suspiro do banco de trás. Estava visivelmente angustiada. Tudo isso era muito novo para ela: a viagem, a cidade, as circunstâncias. Sua preocupação com Saro era impressionante.

Quarenta e cinco minutos depois, chegamos em casa, e disse para Saro:

— Mostre a casa a eles.

Fiquei sentada no carro, sozinha. Precisava de tempo para processar o que estava acontecendo. No silêncio do veículo, as lágrimas surgiram. Eu estava chorando porque me sentia sobrecarregada e exausta com o que a vida me pedia que fizesse, sentia que o amor exigia mais de mim do que eu era capaz de dar. Passar um mês com meus sogros em um momento em que Saro e eu nos sentíamos tão frágeis estava longe de ser parte dos meus planos. Queria sair correndo, queria minha vida de volta. Em vez disso, sequei o rosto, respirei fundo e abri a porta do carro.

Quando entrei para me juntar aos Gullo, a primeira coisa que vi foi Croce e Giuseppe vagando pela casa, tocando o corrimão das escadas, abrindo a geladeira, olhando para a fonte no átrio. Giuseppe tocou o corrimão de cobre que levava ao andar de cima. Enfiou a cabeça dentro da secadora. Croce tirou os sapatos e afundou os pés de meia-calça no tapete.

Quando os levei para o quarto de hóspedes, era nítido que estavam orgulhosos. Não porque a casa era particularmente grande ou luxuosa. Não importava que as camas ainda não tivessem estrado ou que nossas mesas de cabeceira fossem de uma loja de departamento. Era a casa do filho deles, algo que ele havia conseguido como imigrante em um país que eles próprios haviam considerado opressivo e inóspito.

Quando sugeri que descansassem depois de mais de vinte horas de viagem, eles hesitaram.

— *Abbiamo portato da mangiare.* — "Trouxemos comida", disseram em uníssono. — Precisamos tirar da mala.

Em questão de minutos, duas de suas três malas estavam abertas no corredor do andar de cima e eles começaram a discutir o que fazer para o jantar com as mercadorias frescas trazidas.

Então Giuseppe tirou sua doleira, feita com uma velha camiseta que Croce havia costurado com musselina e estilizado com partes de gravata. Percebi que havia um maço de euros dentro, o suficiente para um mês de estada. Aquela quantia era o resultado de anos de colheitas, anos de economia. Ele manuseou a doleira com cuidado, colocando-a no chão para poder desempacotar a comida sem obstáculos. Depois, descemos até Saro, que nos esperava, ainda incapaz de subir ou descer escadas sem assistência.

— *Passami il cibo.* — "Me passem a comida", gritou ele para a mãe.

Sobre o corrimão, Croce entregou a ele berinjelas, especiarias, uma corda de cabeças de alho, cabeças de alcachofra para serem plantadas, potes de molho de tomate, um galão de sete litros de azeite, jarras de alcachofras marinadas, queijo, orégano desidratado e pacotinhos com maços de camomila ainda com o caule, amarrados com um barbante.

Aprendi duas coisas a respeito deles naquele momento. Primeiro, que meus sogros desconheciam totalmente o fato de que o transporte de produtos frescos para os Estados Unidos era ilegal. Eu estava chocada, encarando uma mala cheia de comida diretamente dos campos da Sicília. Como tinham conseguido passar com cabeças de alho, legumes e queijo pela alfândega, jamais saberei. Segundo, que eles não confiavam nos mercados americanos. Já que iam para um país estrangeiro, queriam levar o que conheciam: um bom azeite, molho de tomate, caponata, alho que tinham cultivado com as próprias mãos.

Eu ajudei a levar o resto dos itens para Saro, pronta para rirmos de como aquilo era absurdo. Mas ele respondeu ao meu sorriso sarcástico com uma empolgação genuína:

— *Bellissimo! Facciamo una pasta?*

"Vamos fazer macarrão?" Eram quase dez da noite.

Meia hora depois, Saro conversava com o pai na sala de estar e eu apresentava nossa pequena cozinha para minha sogra. Guardei as alcachofras com as raízes ainda intactas em um pote junto com meus restos de sushi.

Naquela noite, ela começou a cozinhar e não parou durante o mês inteiro. A casa sempre estava cheirando a algo no fogo, sendo salteado ou frito. Os ruídos familiares do tilintar de pratos voltaram a ser ouvidos, assim como chamas sendo acesas, a porta do forno se abrindo e se fechando. Croce parecia feliz de fazer isso. Dava a ela um propósito diário.

Contratamos canais italianos na TV a cabo para Giuseppe, e quando ele não estava gritando com a tela para o então primeiro-ministro, Silvio Berlusconi, fiquei encarregada de entretê-lo com passeios até a loja de materiais de construção. Ele andava pelos corredores, maravilhado com tantas opções, com a ostentação americana. E me pedia para traduzir tudo, desde informações sobre furadeiras até etiquetas de portas de tela.

Depois de uma semana, ficou claro que eu seria a fornecedora de pão de Giuseppe. Eu o levava todos os dias para comprar pães frescos. Depois de uma semana fazendo isso duas vezes ao dia, como ele teria feito se estivesse na Sicília, eu estava exausta. Tinha um marido em casa que ainda ia a consultas médicas regulares, além de tomar medicamentos fortes para ajudar na recuperação de seu sistema imunológico e no crescimento ósseo antes do retorno à quimioterapia. E meus sogros não dirigiam nem falavam inglês, não se interessavam por museus, restaurantes ou lojas de varejo. Queriam ficar com o filho. Queriam pão. Queriam garantir que seu amor estava de guarda contra o câncer.

Uma noite, quando Croce e eu estávamos limpando a cozinha enquanto Saro descansava e o pai via televisão, ela me perguntou:

— O que os médicos dizem? — Sua voz estava séria e reprimida pela emoção.

— Eles não dão respostas definitivas, mas até agora Saro respondeu bem a tudo. Algumas pessoas passam anos sem reincidências — respondi.

— Mas vai voltar? — perguntou ela, abandonando o italiano e falando em dialeto. Eu detestava aquela pergunta. Para respondê-la, eu tinha que pensar no pior cenário possível.

— Não sei — respondi em italiano.

— Saro teria mais forças para viver se tivessem filhos — disse Croce bem baixo.

Eu quase deixei cair o prato que estava secando, tamanho foi meu choque. Suas palavras foram como um soco no abdômen. *Como ela ousava? Como aquilo era de sua conta?* Nossa luta era pela vida, e tínhamos acordado a possibilidade de um futuro com filhos. Mas eu não sabia como me expressar nem tinha energia ou vontade para lidar com aquilo. Sabia que seu comentário, típico de uma mãe siciliana preocupada, não era uma crítica a mim como mulher, como esposa, mas, mesmo assim, me fez sentir que havia falhado com Saro. Quis chorar, quis gritar. Mais que tudo, porém, queria que ela e Giuseppe desaparecessem. Deixei o prato no balcão e fui para meu quarto, fechei a porta, me joguei na cama e não falei com ninguém até a manhã seguinte.

No oitavo dia de estada, eu tinha chegado ao limite. Saro e eu estávamos esgotados das interações, cada um por seus motivos. Eu estava cansada de fazer sala e de ajudar, me sentindo um tanto inferior por não ser uma esposa que dava filhos ao marido e passava suas cuecas, como Croce fazia. Saro estava emocionalmente exausto por precisar garantir aos pais o tempo todo que ficaria bem.

— Temos que sair daqui e ir para Houston, senão vou ficar maluca.

Estávamos deitados na cama. O corpo dele era macio, nitidamente vulnerável. Até mesmo as mãos, mãos que antes faziam mágica, pareciam frágeis. A tentativa de processar tudo aquilo aterrorizava cada célula do meu corpo. Eu não havia contado a ele sobre o comentário dos filhos, e havia decidido que nunca contaria. Nada de bom resultaria disso.

— Preciso ver meus pais — continuei. — Não consigo passar pela manhã de Natal com tudo isso.

Apontei para os remédios na cabeceira e para as muletas no canto do quarto. Embora também me referisse à presença de seus pais.

— Tudo bem, *amore*. Se você quer ir a Houston, podemos ir.

— Ele se aproximou para me beijar e me puxou para mais perto.

— Vai ficar tudo bem.

Ele queria acreditar naquilo. Precisava acreditar.

Nenhum de nós disse em voz alta, mas acredito que nessa conversa havia também um desejo de que nossas famílias se encontrassem pela primeira vez. Acho que ambos tínhamos medo de que não pudesse haver outra oportunidade.

As fotos da viagem a Houston se tornaram uma composição de momentos-chave que, depois, me ajudaram a me lembrar do período inicial da doença de Saro, época em que eu estava tão exausta e traumatizada que é difícil acessar as lembranças. Lembro-me de levar os pais dele para ver a Costa do Golfo; de Giuseppe lançando uma vara de pesca pela primeira vez; de eles exultantes, segurando a medalha de ouro que meu tio Frederick ganhou nas Olimpíadas de 1976; de meu pai levando-os a um jogo de futebol dos Texans e Giuseppe agitando uma bandeirola quando as líderes de torcida entraram em campo. Tenho um flash de memória da mãe de Saro na fila do buffet, olhando para bandejas de churrasco e balançando a cabeça. Essa memória é a mais vívida por ter acontecido pouco antes de irmos jantar juntos, as duas famílias, pela primeira vez. Comemos em uma grande mesa na casa da minha tia Rhonda.

— Não entendo por que os americanos empilham tanta comida em um prato só — soltou Croce, genuinamente espantada.

— Não sei se todos os americanos fazem isso, mas os texanos, com certeza — respondi, sorrindo, feliz por vê-la à mesa com minha família.

Uma bandeja de costelinhas estava sendo passada.

— *Mamma* — disse Saro —, você não tem que comer tudo.

Então ele pegou uma costela enquanto meu pai oferecia um copo de chá. A mesa estava cheia de comida sulista, a comida que alimentava minha família e representava quem nós éramos culturalmente, a comida que minha família adorava compartilhar com outras pessoas.

— Vou experimentar — declarou ela.

Depois ela tirou furtivamente a carne do prato e a colocou no de Giuseppe enquanto ele, sentado ao lado do meu tio, falava em siciliano. Meu tio, por sua vez, me procurava para traduzir. Giuseppe queria saber quanta terra era necessária para uma cabeça de gado, um assunto que, surpreendentemente, era a praia do meu tio, fazendeiro.

Minha sogra olhava ao redor, em silêncio, observando os rostos à mesa, analisando os gestos e as interações de uma língua estrangeira tão distante de sua realidade. Olhava principalmente para o filho. Desde sua chegada, eu a havia flagrado o observando longamente. Imaginei que estivesse tentando processar suas mudanças físicas: a perda de peso, o cabelo ralo, as muletas. Em Houston, porém, ela o olhava de maneira diferente. Croce finalmente se manifestou em algum momento entre a salada de batata e o doce de pêssego. Ela se voltou para minha irmã, sentada a seu lado.

— *Non lo sapevo che mio figlio aveva tutto questo, questa vita, quest'amore qua.*

Minha irmã me chamou do outro lado da mesa para que eu traduzisse, mas demorou um instante para que as palavras saíssem da minha boca. Croce me olhava fixo enquanto eu traduzia.

— Ela disse: "Eu não tinha ideia de que meu filho tinha essa vida aqui, tudo isso, todo esse amor."

Saro construíra uma vida para si no exterior, e ela pôde enxergar isso pela primeira vez. Uma vida que incluía uma família da qual ele fazia parte. Seu olhar era de alívio.

E ali, sentada, compartilhando aquela refeição — não apenas mastigando, mas dividindo nossos sonhos, nossas aspirações, nossas histórias —, pude ver como as dificuldades, o fantasma da doença, haviam mudado nossa vida. O que era importante tinha mudado. Estávamos bem longe do casamento em Florença, lendo telegramas da metade de nossa família que havia se recusado a comparecer por questões raciais e por medo. Aquela viagem a Houston foi a primeira vez que não precisamos nos perguntar como teria sido ter as duas partes de quem éramos no mesmo lugar, juntas.

Li em algum lugar que um casamento é mais que apenas a união de duas pessoas, é um símbolo da união de duas famílias.

Isso não havia acontecido em nosso casamento. Foi necessário um câncer raro para unir aquelas duas famílias tão diferentes uma da outra.

RICOTA

— *La famiglia Gullo è tornata* — disse Nonna, usando o sobrenome da família para nos chamar de um só, para nos reivindicar. "A família Gullo voltou."

Algo que nunca havia feito. Usava os mesmos brincos havia mais de quarenta anos e o mesmo colar de cruz de madeira que sua irmã Carmela, freira, havia trazido do Vaticano. Nonna se levantou do banco externo ao lado da porta da frente e pousou as mãos artríticas nos meus ombros, a aliança de casamento ainda firme no dedo anelar.

Eu sorri e a envolvi em um abraço bem americano. Estávamos no nosso segundo ritual de chegada anual. As viúvas e esposas da via Gramsci voltavam a cercar o carro mais uma vez, os coros de cumprimentos e avaliações físicas de sempre a pleno vapor: "Zoela está tão alta!" "Seu cabelo cresceu." "Você parece cansada." "Você está saudável." "Você precisa descansar."

As primeiras saudações sempre eram uma avaliação de como estávamos fisicamente. Era o jeito siciliano. "Saudável" era uma forma de dizer "bem alimentada". Era verdade que eu tinha recuperado um pouco de peso desde o verão anterior. E Zoela estava na altura do meu ombro. E com um pouquinho de peito. Fiquei feliz por não mencionarem isso.

Dentro de uma hora, estávamos sentadas à mesa, prontas para nossa primeira refeição juntas em um ano. Com uma concha, Nonna pôs *ditalini con le lenticchie*, macarrão com lentilhas, em uma tigela rasa para massas. Havia pimentas-pretas grandes no queijo, que me lembravam pequenos feijões-fradinho num oceano de pecorino. Sempre admirei a variedade de queijos de ovelha, com sua parte externa salgada, que dava vida ao meu paladar. Tinha todas as características da Sicília, forte, mas convidativo. Nonna o havia fatiado em grandes pedaços, que pareciam pequenos filés de bife.

Era como se o tempo não tivesse passado. Minha cadeira era a mesma. Nonna se sentou perto do fogão para que pudesse servir sem ficar de pé. Zoela se colocou à minha esquerda. Uma mordida, e meu coração se acalmou, meu estresse diminuiu. Los Angeles começou a se dissipar como se existisse literalmente em outro tempo e lugar.

— *Mangia* — disse Nonna para Zoela, que, depois de vinte e seis horas de viagem, estava com mais cansaço que fome.

Coloquei a colher na tigela mais uma vez, consumindo sorte, destino e luto. Tudo junto. Em seguida, peguei uma fatia de pão da pilha na mesa.

— Como vai a senhora? — pergunto, ciente de que Nonna irá me inspecionar atrás de sinais de que, na casa dela, comendo sua comida, eu estava de fato me recuperando, me restaurando.

— Estou como Deus deseja. Nem mais nem menos — respondeu ela, dando de ombros e, ao mesmo tempo, inclinando-se para pegar um monte de guardanapos sob a estátua da Virgem Maria.

No último ano, eu recebera relatórios sobre quem havia ficado doente na cidade, quem tinha nascido. Fiquei sabendo, com todos os detalhes, sobre a polêmica eleição local na qual Nonna tinha se recusado a votar porque dois primos estavam competindo entre si pelo mesmo cargo. Soube da pressão alta e da diabetes dela. Que um nervo em seu ombro a fazia sentir dores. Que minhas sobrinhas eram estudiosas e que Franca e Cosimo estavam ralando em um trabalho precário que não lhes permitia quase nenhum excesso da vida, muito menos luxos. E, apenas alguns dias antes de minha chegada, Nonna e eu tínhamos conversado sobre os incêndios violentos que estavam se alastrando em partes da ilha.

Eu me virei para Zoela, que estava para sair da mesa depois de apenas algumas colheradas, querendo sentar na sala pequena e assistir a novelas italianas, seu passatempo favorito quando não havia mais nada para fazer. Antes que eu pudesse falar qualquer coisa, porém, Nonna interveio.

— *Mangia, Zoela, amore. Mangia, perche ti devi fare grande.* — "Come, Zoela, meu amor. Come porque você precisa crescer", implorou Nonna.

Ela queria o prazer de ver a neta comendo bem à sua mesa. Colocou outra fatia de queijo no prato de Zoela.

— Zoela, Nonna está contente por termos voltado — falei em italiano na esperança de que nós três pudéssemos participar da conversa. Em nossa língua em comum.

— Eu sei, escutei — respondeu ela em inglês.

Em seguida, levantou-se e foi para a sala de estar adjacente.

— Então, quer dizer algo para ela sobre o que você acha de estar aqui? — pressionei.

— Tá.

Ela se atirou no sofá e começou a tirar os sapatos, sem afastar os olhos da TV. Oito anos eram os novos dezoito.

— Tá bom, então por que não volta aqui e diz pessoalmente? Ou dá outro abraço nela?

Voltei para o inglês de repente e num tom que falhei em deixar descontraído.

Nonna sentiu que havia algo errado.

— *Picciridda mia.* Sei quanto ela está feliz. Dá para ver no rosto dela e em como gostou do almoço.

O modo como Nonna disse *"picciridda mia"*, "minha pequenina", em siciliano, como ênfase de afeição, de repente me fez lutar contra uma torrente de lágrimas. O luto ainda era o mesmo. A ternura trazia tudo à tona. Éramos um trio com idades e línguas diferentes tentando fazer dar certo. As pequenas coisas tinham um grande significado.

Zoela voltou para a cozinha toda sorridente e beijou Nonna na bochecha. Depois girou em um pé só e saiu de novo.

— Descalça igual a uma cigana — comentou Nonna carinhosamente sobre Zoela, sorrindo. — Deixa ela.

Já no outro cômodo, ela se virou e gritou para mim em inglês:

— Mãe... por que não tem fotos do seu casamento com *babbo* na parede da Nonna?

Era a última coisa que eu esperava ouvir, mas ela estava com oito anos e vendo seu mundo de modo diferente a cada dia. E foi a primeira vez que percebi que, em algum momento, teria que responder à pergunta. Mas ainda não.

— Não tem fotos do nosso casamento, mas tem muitas outras fotos de nós na casa — respondi com cuidado, enquanto Nonna começava a limpar a mesa.

E ela não me pressionou por mais explicações.

Ela não tinha idade suficiente para saber os detalhes de como era possível uma família se recusar a aceitar quem os filhos amavam. Eu não queria criar uma cisão entre ela e os avós. Uma resposta completa pedia um contexto. E prover um contexto iria requerer destrinchar um passado distante.

Um dia, eu teria que articular o que no momento permanecia não dito: que erámos uma família tentando se conectar e que o processo do perdão às vezes é tortuoso. Eu lhe contaria sobre o esforço pelo amor, sobre a capacidade humana de mudar e sobre uma reunião em um jardim de hotel à beira-mar. Tentaria explicar que consertar e reconstruir relações constantemente era parte da vida. E como a doença do pai tinha nos aproximado. E como seu nascimento mudou tudo.

Ela reconheceria essas visitas como uma constância de sua infância. Que visitava o "Nonno Pepe", como chamava Giuseppe, e Nonna desde que tinha seis meses. A relação com eles eram breves momentos, vinhetas de conexão. Como o verão em que, com quatro anos, ela havia se sentado no colo do avô todas as tardes, sem saber que era o último verão dele. Giuseppe estava muito mal para dar caminhadas com ela — o câncer nos rins veio de repente e de forma agressiva. Ela havia soprado bolhas de sabão no rosto dele e feito cócegas em seu pescoço para fazê-lo rir. As risadas dos dois juntas tinham feito Saro chorar. Ele travava a própria batalha havia seis anos e sabia que era o último verão com o pai. Naquela estação, Nonna veria o filho e o marido definharem ao mesmo tempo por causa de *il male*, o câncer. Isso a deixou frágil, desesperada e de coração partido. Depois da morte de Giuseppe, ela passou a usar as roupas pretas do luto, que usaria para o resto da vida, como era a tradição. Isso relembrava à comunidade de sua perda, de que carregava o luto consigo. E lhe dava uma função pública: portadora de histórias e memórias dos mortos. Eu teria que contar tudo isso para Zoela um dia. E que o começo da nossa história como família não era um prenúncio do fim. Que o tempo perdoa.

Ela sempre teve o amor de dois avós que a receberam de braços abertos por ser a amada filha do filho deles. O que quer que tenha acontecido antes foi, como minha avó diria, "a jornada que nos trouxe até aqui".

E, naquele momento, percebi que Nonna e eu erámos as sobreviventes dessa jornada. E estávamos iniciando uma outra.

Zoela continuou assistindo à TV, aparentemente satisfeita com minha resposta/não resposta. Nonna enxugou o último prato e foi até o fogão para fazer o café pós-almoço. Voltei minha atenção para o queijo e dei uma última mordida na fatia macia e firme. Nonna me observava enquanto rosqueava o topo da cafeteira.

— É de uma queijeira do outro lado do bar na praça. Ela e o marido fabricam. Ela tem uma filha da idade da Zoela — disse.

Eu sempre estava atrás de conexões sociais para Zoela enquanto estivéssemos em Aliminusa. Agora, mais que nunca, fazer com que interagisse com outras crianças era o único modo de fazê-la se sentir à vontade, falar o italiano que eu sabia que ela era capaz e ter momentos inesperados de alegria e espontaneidade. As primas Laura e Giusy eram muito mais velhas, estavam prestes a completar o ensino médio e entrar na faculdade.

— Zoela, quer conhecer a filha da queijeira? — perguntei em italiano enquanto pegava outro pedaço de pão, cobria-o com queijo e levava até ela. — A gente pode experimentar tudo na loja deles.

— Não muito — respondeu ela, indiferente aos meus esforços de expandir seu círculo de amigos.

— Por que não?

— Porque não.

Ela deu de ombros, um sinal de que estava completamente comprometida apenas com o que estava na frente dela.

— Mas eu vou estar lá com você. A gente pode chamar a Rosalia para ir com a gente.

Eu estava me esforçando muito. Era algo que vinha fazendo em Los Angeles também. Em casa, lutava para mantê-la ativa socialmente. Ficarmos só nós duas em casa era com frequência a pior parte de nossos dias. Depois de um dia fazendo testes de elenco, preparando refeições, lavando roupa e indo para lá e para cá de carro, era raro eu ter energia para fazer mais do que apenas me enrolar com ela para ver TV. Sentíamos falta de Saro tocando guitarra enquanto ela berrava *Respect*, da Aretha Franklin. Em vez disso, assistíamos a *Chopped* e *The Voice*. Caminhar juntas para comprar sorvete era um passeio marcante na maioria dos fins de semana. Zoela precisava de mais. Então meu e-mail e minhas mensagens estavam cheios de sete a oito conversas com mães de outras crianças tentando coordenar agendas, criar atividades e discutir preferências culinárias. Era exaustivo planejar a vida social de uma criança. Mas passar o tempo com amigos da própria idade era melhor do que depender que eu, sua mãe enlutada, estivesse cem por cento presente. Eu sabia que, se não assumisse ativamente o papel de coordenadora social, nós duas poderíamos ser engolidas pela inércia e a tristeza. Pior ainda, ela seria alguma versão moderna de Laura, de *À Margem da Vida*.

Na Sicília, era mais fácil. Toda criança comia massa, ninguém era intolerante a glúten. Se elas quisessem brincar, saíam e brincavam. Ela podia andar por aí com mais liberdade com uma amiga, comprar gelato na padaria da cidade sem ter medo de se perder.

Em Los Angeles, embora eu não fosse uma mãe superprotetora, ela jamais dava um passo sem que eu soubesse todas as coordenadas. Naquela cidadezinha italiana, ela vagava de acordo com sua curiosidade e seu interesse. Eu estava empolgada por ela. E estava decidida de que faríamos queijo.

Mais tarde, enquanto Nonna e eu bebericávamos café na cozinha, deixei Zoela sacudir a toalha de mesa no meio da rua. Depois andei quatro casas até a de Giacoma, a avó de Rosalia, e perguntei onde a menina estava. Em dez minutos, ela estava na cozinha de Nonna, e nos programamos para visitar a loja de queijo.

Dois dias depois, Rosalia, Zoela e eu entramos na loja de Donatella às seis e meia da tarde. Bastou uma olhada para que eu percebesse que ali era bem diferente da Silver Lake Cheese, minha fornecedora favorita de queijo em Los Angeles, com ares hipsters. Não era uma loja descolada, com produtos de origens bem diversas, mesa de degustação e jazz saindo dos alto-falantes de última geração. Era uma loja real, no sentido mais verdadeiro da palavra. Soube que a fabricação de queijo acontecia ali no minuto em que pisei no chão de mosaico e vi o caldeirão de aço inoxidável enorme no cômodo à minha esquerda. A venda era algo secundário, o que se comprovava pela existência de somente um display com tampa de vidro que continha apenas duas rodas de queijo de tamanho médio, que nem iluminado estava. Não tinha ninguém cuidando do balcão. O calendário na parede era do ano anterior. A loja estava escura. Era óbvio que o queijo era fabricado e comprado com rapidez ali. Não havia nenhuma necessidade de John Coltrane ou de pratos de cobre elegantes para expor os queijos.

Nonna havia me dito para não ir antes das seis horas. Ela explicou que a família de Donatella acordava cedo, às quatro da manhã. Eles conduziam seu rebanho de ovelhas do campo acima da cidade até o vale, onde os animais pastavam abertamente à beira do riacho que desemboca no mar. Depois, cuidavam das ovelhas e as ordenhavam e levavam o leite para vender. No começo da tarde, levavam o leite de volta à cidade para fabricar queijo da tarde até a noite. Às quartas-feiras, faziam ricota fresca. As encomendas das famílias na cidade eram feitas no dia anterior, que buscavam o queijo, ainda morno, por volta das sete da noite, a tempo para o jantar. Não era quarta-feira, então Nonna não tinha certeza se eu a acharia na loja. Eles viviam na casa acima do estabelecimento. Nonna me disse para gritar por Donatella da rua se ninguém estivesse lá. Por mais encantador que fosse, algo do Velho Mundo, a norte-americana em mim achava a ideia um pouco abusada, já que não nos conhecíamos.

Nonna também havia me dito que, antes de se mudar para Aliminusa, Donatella e o marido vendiam o queijo na feira. Ela havia achado prudente aprender a arte da fabricação do queijo por ter entrado para uma família de pastores. Era burrice desperdiçar o leite que não vendiam ou, pior, vender mais barato para alguém que o transformaria em queijo, conseguindo um lucro maior que eles. Quanto mais eu ouvia sobre Donatella, mais queria conhecer aquela queijeira e visionária do sabor.

Zoela e Rosalia davam risadinhas no canto, tentando se sentar em cima de um barril de vinho antigo, uma de cada vez. Aquele sorriso fácil de Zoela me deixava feliz. Queria embrulhar esses momentos e guardá-los para mim. E seria capaz de dar tudo que Rosalia quisesse, só pela menina estar fazendo minha filha rir. E ela ainda fazia Zoela falar italiano, algo com que vinha tendo sucesso mediano desde a morte de Saro. Fiquei observando-as por um minuto enquanto esperava. E então perguntei a Rosalia se ela sabia onde eu poderia encontrar a queijeira.

Rosalia havia se tornado minha miniagente de inteligência. Nos verões anteriores, ela havia sido minha fonte de informações quando eu não tinha certeza do horário ou do local de pequenas coisas da cidade. Ela me relembrou quando a missa acabava. Disse a que horas a confeitaria fechava. Em que rua entrar se eu quisesse levar Zoela para ver o último jumento na cidade. Com seus óculos de armação vermelhos e cabelo grosso preto, ela me lembrava uma versão mirim de um locutor de rádio. Sua voz rouca me fazia ser a fã número um de Rosalia.

— A gente pode tocar a campainha. Ela deve estar lá em cima — disse Rosalia em dialeto. E, antes que eu pudesse responder, ela saiu com Zoela em seus calcanhares.

Fiquei sozinha dentro da loja de queijo de Donatella e, de repente, senti saudades de Saro de novo. Acontecia assim em Aliminusa: eu estaria seguindo com meu dia e a ausência dele apareceria para mim no rosto das pessoas. Eu sentia uma repentina sensação de perda tão intensa que ficava desestabilizada por uns momentos. Agora sua ausência estava no som de uma criança levando nossa filha para tocar a campainha de uma mulher que eu não conhecia, porque era assim que as coisas aconteciam ali. Como sempre aconteceram. De um jeito que Saro sempre acreditou que era intuitivo e superior ao jeito americano. Planejamento hábil não levava a muita coisa na Sicília — tudo acontecia *all'improvviso*, no calor do momento. Tinha relação com estar no lugar certo quando a oportunidade se apresentava, e do nada parecia a coisa mais óbvia do mundo. Saro teria amado Zoela estar batendo na porta de alguém que não conhecia. Teria adorado o fato de que, provavelmente, dentro de minutos eu estaria pedindo a essa pessoa que nos deixasse ajudá-la a fabricar queijos. Era isso que ele tinha desejado que eu amasse na Sicília.

Pensei no que ele sempre dizia da ilha: *Li ricchi cchiù chi nn'hannu, cchiù nni vonnu* — quanto mais você tem, mais você quer. Eu me apoiei no barril de vinho, na tentativa de tirar o peso dos meus ossos.

Rosalia voltou com Donatella logo atrás. Desencostei do barril bem quando nossos olhos se encontraram. Era uma mulher robusta, de trinta e tantos anos, bochechas vermelhas e um corte tigela curto afinado na nuca. Corada de calor, estava usando um avental que sugeria que provavelmente estava fazendo trabalho doméstico quando Zoela e Rosalia a chamaram.

Estendi a mão.

— Sou a nora de Croce — apresentei-me em italiano enquanto analisava seu rosto, procurando algum sinal de reconhecimento, que não encontrei. — Meu marido era o Saro. Moramos nos Estados Unidos, na Califórnia.

Minha intenção era fazer com que ela soubesse que eu não era uma completa desconhecida.

— Sei quem é você. Esposa de Saro. Nunca o conheci, mas conheço sua sogra.

Ela esfregou a mão no avental antes de estendê-la para apertar a minha. Era quase duas gerações mais nova que Nonna, e seu italiano era natural, mesmo que com um pouco de sotaque siciliano. Ela, como outros da sua idade e mais novos, aprenderam italiano na escola e cresceram ouvindo-o na televisão. Alguns membros das gerações mais novas agora tinham que ser encorajados a aprender e a falar o dialeto siciliano, porque o consideravam inferior. Às vezes, adolescentes zombavam dos avós, que falavam um dialeto ainda mais antigo. Essa língua oral complexa e bonita morre um pouco a cada geração.

Mudei o peso de um pé para o outro e assenti. Claro. Eu era a única norte-americana negra em talvez um raio de cinquenta quilômetros. Zoela e eu não precisávamos de apresentação.

— Meus sentimentos — ofereceu ela. — É bom que tenha vindo visitar. *Za* Croce deve estar feliz. — "Za" é um título familiar siciliano dado às mulheres mais velhas, como dizer "tia Croce". — Como posso ajudar?

— Quero comprar um pouco de queijo e fazer uma encomenda. Também queria saber que dia você fabrica queijo aqui na loja. — Donatella ergueu uma das sobrancelhas. — Minha filha, Zoela, nunca viu. E quero que ela saiba de onde vem a comida que ama.

Do outro lado do cômodo, Zoela se animou à menção de seu nome.

— Claro. Que tipo de queijo você quer? Só preciso saber o tamanho e o sabor.

— Vou comer aqui e depois levar um pouco no fim do mês, antes de voltar para casa, em Los Angeles. Rodelas pequenas para viagem.

— Dois quilos? — perguntou ela, indo até o display e pegando um caderninho sob uma caixa registradora empoeirada.

— Tá bom — respondi, sem ter certeza da quantidade, mas deduzindo que ela sabia do que estava falando.

Ela fez uma anotação para si mesma no caderno e então voltou a olhar para mim. Depois para Zoela e Rosalia.

— Tem certeza de que quer fazer queijo? A maioria das pessoas aqui não quer os filhos se sujando fazendo algo assim. Elas querem o queijo na mesa, mas não estão interessadas em como é feito.

Ela me encarou com ceticismo.

— Moro em Los Angeles. Não tenho uma fabricante de queijos no fim da rua. E Saro teria amado isso. Posso sempre lavar as roupas dela.

Donatella assentiu.

— Como quiser.

Ela parecia satisfeita — ou mesmo curiosa — com a norte-americana à sua frente.

Afinal de contas, eu estava de visita, não era uma mulher local com casa para manter, marido e filhos para quem cozinhar. Tinha tempo para ficar curiosa sobre coisas que mulheres dali viam como o trabalho de outra pessoa.

— Bem, é minha curiosidade americana — falei, brincando, mas suspeitei que a frase tivesse saído confusa e mal traduzida no momento em que saiu da minha boca. — Que dia podemos vir?

Marcamos para dois dias depois, no fim de tarde, quando ela fosse fazer ricota fresca. Zoela poderia fazer uma leva para Nonna. Faríamos rodelinhas de pecorino curado com sal que amaduceria na loja. Toda a empreitada parecia empolgante, educativa e repleta de uma promessa saborosa.

— Vamos trazer aventais — falei a Donatella quando eu, Zoela e Rosalia saímos para o sol da tarde.

A rua principal havia ganhado vida no fim de tarde. Nós cumprimentamos um grupo de senhores reunidos em frente ao bar e na piazza ao lado da igreja para jogar cartas antes do jantar. Todos tinham o rosto bronzeado pelo trabalho no campo e usavam camisa engomada e um *coppola storta* gasto, o chapéu siciliano tradicional que para as pessoas de fora da ilha remetiam à máfia. Voltei a pensar em Saro e em como ele havia me dito uma vez que seu pai forrava o *coppola* dele com jornal no inverno para manter a cabeça aquecida. Foi um detalhe que havia me cativado em Giuseppe.

No dia marcado, eu estava na loja de queijo aprendendo com Donatella que havia dois momentos críticos na fabricação de ricota fresca: primeiro, quando se mistura o leite da ovelha, esperando que talhe; segundo, quando se coloca o queijo recém-talhado na cesta de queijo para ganhar forma. Em ambos, o queijo pode dar errado, e com ele horas de trabalho. Sem falar do desperdício da generosidade dos animais que doaram o leite para que pudéssemos fazer pratos como *linguine con funghi e ricotta* e *fusilli con ricotta, limone e basilico*.

Conforme as meninas começavam a fazer ricota na loja de Donatella, algo tão enraizado na tradição culinária siciliana, não consegui conter outra onda de saudade de Saro. Sob a luz baixa, observei as mãozinhas de Zoela segurarem uma colher grande de madeira para misturar a ricota no grande mixer industrial de aço inoxidável. Ela e Saro tinham o mesmo foco, a mesma precisão. A janela aberta atrás de nós deixava entrar os sons de um trator passando por perto e dos sinos da igreja tocando. Eu queria meu marido.

— Este lote que estamos fazendo vai levar dias para ser curado com sal. Vai precisar ser pressionado algumas vezes, salgado de novo e de novo para soltar líquidos, e aí ser deixado para criar forma embrulhado em um pano de prato em temperatura ambiente — explicou Donatella para Zoela e Rosalia.

Ela colocou três conchas do líquido em um molde de malha de plástico, depois o apertou várias vezes, forçando-o a tomar a forma do molde. Observei o excesso de líquido escorrer até um ralo no chão, no centro da loja.

Enquanto assistia a Zoela, com um avental branco longo, misturando o caldeirão de leite, separando gentilmente as partes coalhadas em grãos grosseiros e deixando o soro do leite se acomodar embaixo, me vi fascinada. Percebi quão pouco sabia sobre fabricação de queijo. Em minha ignorância completa, achei que ele se formava simplesmente misturando e despejando tudo. Ficava de olho em Donatella para ter certeza de que o processo estava indo bem. De repente, fiquei bem apegada à ideia de que o queijo deveria ficar bom, que Zoela ficasse orgulhosa do que fabricou. Eu me afastei um pouco para tirar fotos.

— *Babbo* amaria estar aqui para ver você — falei para Zoela em inglês.

Eu sabia que ele estaria orgulhoso da filha, de seus bracinhos misturando com toda a força.

Nesse momento, refleti sobre a etimologia da palavra *ricotta*. Em italiano, significa "recozido". O processo da fabricação requeria que o soro do leite fosse cozinhado de novo, e é isso que diferencia esse queijo. É o que dá a ele seu sabor característico. O processo está no nome.

Continuei assistindo às garotas se revezarem para misturar e então escorrer a coalhada em cestas, usando as ferramentas para aplicar uma suave pressão e escoar o queijo novo e quente. Eu não conseguia evitar me sentir também mexida, moldada e então remodelada. Uma metamorfose de luto. Naquele momento, passado um ano, eu havia começado a filtrar tudo da minha existência que era desnecessário. A vida estava separando minhas partes coalhadas do soro de leite. Comecei a entender que a fabricação de queijo, especialmente a fabricação de uma rodela de pecorino infundido, é semelhante ao processo de lidar com o luto. Requer tempo, esforço, atenção. Também pede um tempo sozinho. Requer movimentos suaves, mas intenções fortes. E, no meio disso, há a pressão, a secagem e a solidificação. Na fabricação de queijos, a secagem vem do sal. Requer pressão e ação do tempo. Mas luto também envolve pressão e tempo.

Ali, em uma loja de queijo bem longe de casa, percebi que a vida estava me cozinhando de novo e que aquilo me transformaria, assim como com certeza o leite coalhando no caldeirão misturado pela minha filha se tornaria outra coisa. Eu só não sabia ainda qual seria essa transformação. Sabia apenas que outro verão no Mediterrâneo fazendo queijo em uma cidade montanhosa na Sicília era apenas uma das formas de chegar lá. Sabia que passar tempo com Nonna era parte disso também. E, quer eu reconhecesse aquilo abertamente ou não, ela era a essência do motivo da minha volta.

O PADRE

Todo dia na Sicília, quando era a hora de tirar da mesa o que havia sobrado de massa, queijo artesanal, pão fresco e azeitonas caseiras, Nonna tinha um objetivo: mudar o canal da televisão do programa favorito de Zoela, *Don Matteo*, para o seu, *Tempesta d'Amore*, uma novela produzida na Alemanha dublada em italiano. Quando o assunto era novelas, Nonna gostava de uma boa e saudável dose de amor, traição familiar, gravidez fora do casamento, um ou outro sequestro e, lógico, jovens apaixonados incertos sobre consumar ou não a relação antes de se casar. Acrescente mentiras, *villas* luxuosas e filmagens aéreas deslumbrantes da costa europeia, e ela estava fisgada.

Entretanto, Zoela gostava de um programa e somente um: *Don Matteo*, uma novela moralista cujo protagonista era um padre que solucionava crimes, com olhos azuis penetrantes contrastando com a batina preta. Em cada episódio, o padre, Don Matteo, tira um celular do que Zoela chamava de "vestido" sempre que algo importante acontece na trama. O programa era uma versão híbrida italiana de *O Mentalista* e do velho *Columbo*. As cenas no confessionário, em particular, fascinavam Zoela. E ela amava quando Don Matteo se disfarçava e vestia calça jeans e camisa polo.

— Ele podia ser o pai do Justin Bieber — disse Zoela um dia, assistindo à TV enquanto terminávamos de almoçar.

Nonna ergueu o olhar da pia, onde tinha reunido a louça do almoço, na direção da tela. Estalou a língua e falou:

— Só no Norte padres andam assim.

Ela não gostava do programa de Zoela, e eu notava que estava pronta para mudar de canal para ver sua novela bem quando *Don Matteo* estava chegando a uma conclusão.

— Zoela, que tal a gente deixar Nonna assistir ao programa dela e você assiste a um filme no iPad? — falei em inglês.

Eu tinha me tornado a intermediária intergeracional de programas.

— Mas, mamãe, quero saber como termina.

— Sim, eu sei. Mas Nonna acabou de fazer almoço para a gente e ela gosta de assistir à novela enquanto limpa a cozinha. Posso dizer como termina...

Eu tinha visto muitos programas parecidos e lido roteiros o suficiente para saber suas conclusões previsíveis.

— Não, não me fala — pediu ela, aterrorizada que eu pudesse entregar o final. — Quero ver.

— Hoje não dá, querida. Talvez amanhã você possa assistir ao episódio na casa da Emanuela enquanto Nonna lava a louça. Mas hoje assiste a um filme lá em cima.

Emanuela era a prima viúva de Nonna que morava do outro lado da rua. Estava se recuperando de uma cirurgia recente no quadril e adoraria companhia. Zoela não parecia contente com a ideia. Ela empurrou a cadeira, me entregou o prato com um olhar de reprovação e então subiu.

— O que foi? Por que ela subiu? — perguntou Nonna em siciliano.

— Porque ela quer ver um filme — menti.

Nonna deu de ombros, fechou a torneira, secou as mãos e pegou o controle da TV. Ela colocou em *Tempesta d'Amore* bem quando os créditos de abertura estavam terminando.

Eu a ajudei a limpar, saindo brevemente ao sol do meio-dia para sacudir a toalha de mesa no meio da rua, longe da porta, para que as formigas não fossem atraídas pelas migalhas e fizessem uma trilha até a casa.

Quando voltei, a fim de dobrar a toalha e guardá-la, Nonna abaixou o volume da TV durante o comercial. Tinha outras coisas para me dizer.

— *C'è un prete di colore* — começou ela.

Havia um padre temporário "de cor" na cidade.

Nonna tinha minha total atenção. Exceto pelos homens imigrantes que passavam ali duas vezes ao ano vendendo itens como os achados em lojas de noventa e nove centavos nos Estados Unidos, eu nunca tinha ouvido falar de uma pessoa negra em Aliminusa, muito menos um padre.

Nonna não sabia ao certo de onde ele era, porém, baseada em sua descrição, "africano", suspeitei que era provavelmente um jovem padre de uma nação em desenvolvimento enviado para a cidade como parte dos requisitos do seminário. De repente, estava ansiosa para conhecê-lo. A ideia dos paroquianos de Aliminusa serem conduzidos por um padre africano, mesmo que por apenas algumas semanas, era o tipo de momento intercultural que eu não podia perder.

Nonna havia falado dele antes, quando conversamos por volta da época do memorial de um ano de Saro. Ele havia passado uma semana na cidade na Páscoa. Estava de volta para a temporada de verão enquanto o padre Francesco, responsável pela paróquia, estava tirando um período sabático no Norte por alguns meses. O novo padre tinha sido recebido com entusiasmo. O consenso era que tinha um "bom coração". Já seu italiano, não era tão bom assim. Ele havia confundido as palavras depois de uma missa para os falecidos e oferecera congratulações sinceras aos enlutados em vez de condolências.

— Agora tem que ter um casamento para ele oferecer condolências — brincou Nonna.

Ela amava uma boa piada. Mas sua risada logo cessou. Seu foco era uma questão séria: os novos ventiladores portáteis que apareceram na igreja.

Diferente de algumas igrejas na Itália, durante os meses de verão, a pequena igreja em Aliminusa não era esfriada por paredes de mármore e tetos abobados. Ela era estreita, com paredes de pedra, e não tinha janelas. Assim, nessa estação, a missa da tarde parecia uma sauna. Durante o inverno, a cerimônia era o melhor programa na cidade, visto que poucas pessoas tinham aquecedor central. Naquele momento, porém, o inverno estava distante, e estávamos nos dias escaldantes do verão.

— Tenho que ir à missa mais cedo hoje — declarou ela, assim que acabou de passar as roupas que havia costurado mais cedo. — Ontem os ventiladores estavam desligados e minhas roupas ficaram ensopadas.

Nos últimos tempos, vinha acontecendo uma batalha interminável entre os paroquianos sobre se os novos ventiladores deveriam ficar ligados ou não durante a missa. Alguns diziam que prejudicavam o reumatismo, enquanto outros, como Nonna, eram rotulados de "amantes do vento". Naquele dia, ela estava armada com uma tampa de pote de sorvete para se refrescar entre o rosário antes do começo da missa e a cantoria do final.

— Depois da missa, venha à igreja. Quero que conheça o padre — pediu ela. — Ele é muito simpático, e falei de você para ele. Leve a Zoela.

No fim da tarde, enquanto Nonna se preparava para sair para a igreja, Zoela estava passeando com Rosalia e Ginevra, a filha da queijeira. Perguntei a Nonna onde ela estava. Nonna colocou a cabeça para fora da janela e gritou Giacoma no fim da rua. Giacoma, por sua vez, pôs a cabeça na porta e gritou de volta que ligaria para a mãe de Rosalia. Dez minutos depois, Zoela estava em casa.

Convenci minha filha e Rosalia a virem comigo à igreja quando a missa estivesse terminando. Eu disse a Zoela para garantir que seu cabelo estivesse penteado e que usasse uma blusa limpa. Estaríamos representando Nonna e, embora a aparência de espírito livre dela não tivesse problema nenhum nos confins hipsters de Silver Lake, na Sicília uma neta conhecendo o padre precisava de certa formalidade. Prometi que teria gelato depois por todo o esforço.

Entramos na sacristia quando o sol começava a se acomodar abaixo da faixa de montanhas do outro lado do vale. Os paroquianos estavam se levantando e saindo, e ficamos no fundo, ao lado da fonte de água benta e de dois ventiladores a pleno vapor.

Nonna nos viu e pediu que nos aproximássemos. Um minuto depois, estávamos no escritório paroquial, e eu apertava a mão do padre.

— É um prazer conhecer o senhor — falei.

— O prazer é todo meu — respondeu ele.

O italiano dele era hesitante e tinha um sotaque maravilhoso que não consegui reconhecer. Quando apertei sua mão, senti uma energia calorosa. Senti uma espécie de orgulho inesperado por aquele homem que eu acabara de conhecer. Era outra pessoa negra. Um homem atuando como líder espiritual de uma cidade com pessoas de uma cultura muito diferente da dele. E fazia isso em italiano, enfrentando barreiras de linguagem, geografia, nacionalidade e raça. Imaginei que ambos sabíamos um pouco sobre ser diferente e estrangeiro na Itália — ele talvez mais do que eu, visto sua vocação, a intimidade que requeria. Eu queria lhe dizer secretamente que ele estava fazendo a "obra de Deus" de mais de uma maneira, só por estar em Aliminusa. Mas não podíamos falar de tudo tão cedo.

— É maravilho ter o senhor aqui — declarei.

Havia uma fila se formando atrás de nós. Outros paroquianos tinham pedidos especiais ou precisavam conversar com ele a sós. Mas ele não nos apressou.

— De onde você é? — perguntou.

Reconheci a curiosidade nos olhos dele. Eu tinha visto o mesmo olhar quando morava em Florença e trombava com imigrantes senegaleses recém-chegados. Erámos duas pessoas com ascendência africana nos encontrando pela diáspora, um acontecimento que forja um sentimento instantâneo de comunidade com outra pessoa negra em qualquer lugar do mundo.

— Sou da Califórnia. Los Angeles — respondi. O rosto dele se abriu em um sorriso maravilhado, como se eu tivesse falado de um universo alternativo fantástico e extravagante. Eu me perguntei quantos filmes com palmeiras e salva-vidas de biquínis ele já teria visto. — De onde você é?

— Burundi — disse ele.

Eu era ruim em geografia. Não conseguia visualizar o país em um mapa do continente. No entanto, conseguia imaginar uma família que com certeza sentia sua falta, pessoas que estavam compartilhando o filho com a Igreja Católica.

A meu lado, Nonna estava maravilhada. Como uma mulher profundamente devota, me apresentar ao padre era um sinal de respeito por ele. Durante nossa conversa, ela fora até a bolsa retirar uma oferta particular. Então, segurando o dinheiro, ela apoiou as mãos em Zoela para conduzi-la gentilmente a dizer olá.

— Esta é minha filha — falei.

Zoela se aproximou e apertou a mão dele. Ela disse *"ciao"*, e o observou com os olhos arregalados de encantamento, como se ele fosse um Don Matteo negro.

— É um prazer conhecer você. — Ele sorriu e pegou a mão de Zoela. — Você é a neta americana. — Ele deu meio passo para trás e a observou. — Que Deus a abençoe — disse, colocando a outra mão no ombro dela.

Zoela sorriu, um pouco envergonhada com a atenção. Depois olhou para Rosalia, que estava esperando a alguns metros de distância, perto do confessionário.

— Quantos anos você tem? Em que série está? — perguntou ele.

— Tenho oito e vou começar o terceiro ano — respondeu ela, tímida, em seu melhor italiano.

— Você gosta da Sicília? É bom estar com a sua avó, não é?

— Sim.

A palavra respondia a ambas as questões. Eu podia ver que ela havia perdido o interesse no padre. Estava ansiosa para se juntar a Rosalia e perambular pela cidade até o jantar.

Nonna entregou a doação ao padre. Ele sorriu, assentindo em agradecimento.

Uma fila impaciente tinha se formado atrás de nós, uma linha de mulheres com suas bolsas a postos, prontas para pedir por orações especiais, requisitar uma confissão, fazer uma doação em nome de si mesmas ou de alguém amado. Nonna pôs a mão no meu cotovelo, o gesto siciliano universal indicando que era a hora de ir.

— Espero ver o senhor de novo antes de eu ir embora — comentei enquanto nos afastávamos da multidão.

Quando estávamos do lado de fora, paramos nos degraus de mármore no meio do pôr do sol. Benedetta, que morava a duas portas de Nonna, apareceu logo depois e se ofereceu para acompanhar minha sogra e as crianças de volta pela via Gramsci. Eu queria dar uma caminhada para aproveitar os primeiros momentos do dia sem o implacável sol direto, queria andar pelas colinas fora da cidade, colher amoras dos galhos. Ficar sozinha por um tempinho no silêncio que só podia ser encontrado quando deixasse as construções de pedra e as ruas de paralelepípedos.

Comecei pelas colinas baixas da parte de cima da cidade, com seus pequenos lotes de terra cultivada, porque era o caminho que sempre fazia com Saro. As cigarras estavam aninhadas em seus lugares entre as amendoeiras. A natureza era magnífica ali e criava uma espécie de quietude interior que eu não conseguia achar em Los Angeles, onde eu estava em constante movimento. Naquele momento, podia desacelerar, apenas viver. Escutava a orquestra de cigarras e sentia cheiro de jasmim. Eu me virei para o vento, para que pudesse avistar a terra se estender até o mar azul.

Eu não via coisas assim em Los Angeles. Uma névoa sempre pairava sobre a cidade, separando do céu a vida que levávamos. Eu me locomovia sem nunca olhar para cima ou para fora. Ainda assim, de vez em quando, tais vistas me encontravam. No trajeto de Pasadena até Silver Lake, eu veria o céu se estendendo até o oceano — uma vista estreita e passageira entre estradas e avenidas.

A cada curva, a subida ficava mais acentuada e a cidade de Aliminusa ia ficando para trás. Uma vista para o mar surgiu de forma repentina quando alcancei a primeira campina plana. Então o Mediterrâneo apareceu completamente. Parei de andar. Girei o corpo em todas as direções, não querendo perder nada da paisagem. Daquele lugar, todos os lotes de terra eram cultivados — tomates, alcachofras, favas, pimentas, berinjelas, abobrinhas, alho, batatas, alfaces, acelga, erva-doce, cardo, camomila, orégano, manjericão, dependendo da temporada. Oliveiras, figueiras, pereiras e damasqueiros eram minha companhia. Cada inspiração purificava minha alma. Observando aquela paisagem, eu sentia que não existia nenhuma questão interna grande demais ou difícil demais a enfrentar.

Ali, nos limites da cidade, meu *lutto*, meu pesar, aquela coisa que carregava comigo, invisível para os outros, ficava mais livre. Eu não precisava segurá-lo tão apertado. Sabia que não o perderia ali. E me reconfortava saber que não perderia Saro ali, também. Havia uma cidade, uma história, uma cultura a qual garantiria que isso não ia acontecer. Saro não seria esquecido ali, e, para meu coração ainda enlutado, isso me permitia respirar mais fundo. De algum modo, eu sentia sua pulsação ali, através da mágica do momento, como se estivesse à minha espera no nosso lugar calmo em um mundo apressado. Na Sicília, existe o seguinte ditado: "Não dá para ficar mais escuro que a meia-noite." Certos dias, mais de um ano depois, a vida ainda parecia uma meia-noite onipresente. No entanto, conforme eu andava, sentia-me disposta a me inclinar até a pouca luz que recebia — a luz do sol de verão siciliano. Queria ficar nua sob ele.

Uma hora depois, desci de volta para a cidade e encontrei Nonna passando roupa no andar de cima, algo que nunca fazia naquela hora do dia.

— Estou passando as camisolas de Emanuela. Desde a recente cirurgia do quadril, ela tem precisado de ajuda. Vem. Aqui. — Ela me levou daquele quarto para o próximo, deixando o pijama e a roupa íntima da prima na tábua de passar roupa. — Quero que você veja isso.

Ela estava apontando para a cômoda em seu quarto.

No início, não entendi o que estava acontecendo quando ela começou a me mostrar o que estava dentro das gavetas da cômoda. E então ficou claro.

A gaveta de cima da cômoda continha camisolas, seis variações com estampa floral sem mangas, nunca usadas. Ela me disse que eram para se/quando tivesse que ir para o hospital. Hospitais na Itália (e na Sicília) não fornecem camisolas. Havia preparado o suficiente para uma estada de seis noites. Desse modo, Franca não precisaria lavá-las e passá-las todo dia durante sua estada.

A segunda gaveta tinha o mesmo conteúdo, porém para uma estada hospitalar na primavera, quando as noites eram mais frias. A terceira e a quarta gavetas continham roupas para uma estada durante o inverno. Havia vestimentas de lã, camisolões de flanela, até pijamas de botão, algo que Nonna nunca havia usado, mas que tinham vindo junto com o conjunto de lã, e ela estava disposta a usá-los porque o hospital talvez não tivesse aquecedor numa noite de inverno costeira. A quinta gaveta continha fronhas de travesseiro de renda feitas a mão. Fronhas, aprendi, também não eram fornecidas pelo hospital.

Quando chegamos à última gaveta, tive que me ajoelhar nos azulejos pintados a mão para ajudá-la a abrir. Ficava perto do chão, e a coluna dela doía ao abaixar até aquela altura. Pela janela, ouvi o vendedor de frutas dirigindo seu carro pela rua estreita, gritando para que comprássemos os melões mais doces, as ameixas mais macias. Nós o ignoramos, e espiei o conteúdo da sexta gaveta.

Ali, sozinha, estava uma bolsa plástica transparente de roupa. Dentro dela, havia uma camisola com estampa floral branca passada e dobrada.

— Pega isso, vou mostrar para você — disse Nonna.

Ao pegar a bolsa, foquei em um detalhe dentro do plástico transparente. Havia uma fotografia em cima da camisola dobrada imaculadamente. Era dela e de Giuseppe, meu sogro, tirada por volta de quinze a vinte anos antes. Na foto, ela está atrás dele, e os dois estão sorrindo. Eu conseguia ver presentes na mesa ao fundo. Os dois estavam arrumados. Tinha sido tirada provavelmente no casamento de alguém. Entreguei a bolsa a ela, que a colocou em cima da cômoda. Devagar, ela retirou a foto, colocou-a de lado e segurou as roupas: uma camisola, roupas de baixo, meias.

— Essas são para quando eu morrer.

Em seguida, ela afagou as roupas, endireitou as meias e, com cuidado, as colocou com a foto de volta no plástico. Fui orientada a recolocar a bolsa na sexta gaveta.

— Preciso ter tudo isso. Você não quer ninguém dizendo no fim da sua vida "Ela não tinha o suficiente para usar roupas novas no hospital e uma roupa decente no cemitério".

Eu disse que compreendia. Ela deu de ombros, como se eu talvez entendesse, talvez não, mas pelo menos sabia. Então a voz do vendedor de frutas interrompeu o momento conforme ele subia a rua, e Nonna viu isso como um sinal para voltar a passar as camisolas de Emanuela.

— Faço isso porque a nora dela não gosta de passar. Mas as pessoas a visitam todo dia. É necessário.

Ela me deixou de pé no quarto sozinha enquanto voltava ao trabalho. Fui pega desprevenida, abalada pelo que havia acabado de acontecer. Nonna me mostrou sua parte mais vulnerável, me convidou a ver e a contemplar sua própria mortalidade. Eu me sentia mole por dentro, como se precisasse me sentar. Nunca havíamos tido uma franqueza como aquela entre nós antes. Em um dia, ela havia nos exibido para o padre e me mostrado suas roupas de morte. Não sabia como responder a tal convite à proximidade, a ser incluída nas partes de sua vida antes desconhecidas. Em todos os nossos anos juntas, talvez esse tenha sido nosso momento mais íntimo. Ela, literalmente, abrira lugares escondidos, compartilhado comigo desejos para o que aconteceria quando não conseguisse mais tomar decisões. Era um planejamento para o fim da vida, bem ao estilo siciliano. Mas eu também me sentia confiável, como se ela tivesse me convidado para um novo cômodo de seu coração e estivesse me encorajando a ficar. Eu me senti como sua nora de uma nova maneira.

Quando saí do quarto e cruzei com ela à tábua de passar roupa, tirando as rugas das batas e dos sutiãs de Emanuela, percebi outra coisa. Eu estava testemunhando outro exemplo de como a comunidade ali era próxima. O que podia ser bom ou ruim. Cada mulher daquela rua seria chamada para participar, e era esperado que fizesse isso, em caso de doença ou morte das outras. Elas se apoiavam. Era um costume tão antigo e vivo quanto as ruínas do Templo de Hera na Sicília — aonde Zoela e eu iríamos a seguir.

HERA E O MAR SAFIRA

A viagem para Agrigento se transformou em uma jornada de quase quatro horas, sem mapa, cheia de interrupções nas estradas e desvios. Cosimo se ofereceu para levar Zoela e a mim, talvez porque houvesse uma preocupação coletiva por parte da família de que nossa aventura pelo interior afastado da Sicília sem alguém que conhecesse a região pudesse acabar em um show de horrores. Franca também foi com a gente. Para ser sincera, depois de ter sofrido muitos percalços de viagem na Itália e na Sicília, fiquei aliviada por tê-los comigo.

O mais memorável havia sido cinco anos antes, com Saro, quando um frentista colocou gasolina com chumbo no motor a diesel de um carro que alugamos em Roma. Vinte minutos depois, o motor pifou na autoestrada. Era agosto, meio-dia. Sem ar-condicionado, com sinal de celular limitado e carros passando a cento e quarenta quilômetros por hora; não conseguíamos nem mais abaixar as janelas depois que o motor morreu. Não havia reboque para vir em nosso socorro. O Numero Verde, o número nacional de emergências da Itália, era um pesadelo kafkiano de voz pré-gravada repetindo por horas que eu "apertasse um" para obter assistência. Saro xingou tudo e todo mundo e declarou a ineficiência italiana uma praga para a humanidade. Rezei por um milagre e descasquei as laranjas que tínhamos acabado de comprar para manter Zoela hidratada. Esperamos ajuda por quatro horas. Passar quatro horas parado na estrada próxima a Roma no verão é como deixar um motor a diesel em marcha lenta dentro de uma sauna. No fim dessa viagem, declarei que a Itália era insuportável e ameacei nunca mais voltar.

Essa memória estava vívida na minha mente enquanto eu planejava nossa ida a Agrigento e analisava as duas coisas mais importantes acontecendo na Sicília naquele verão: terríveis incêndios florestais (provavelmente criminosos) e o fechamento de uma parte da rodovia A19, que vai do norte da costa até o sudeste de Catânia. Mesmo assim, Cosimo queria começar nossa jornada na A19 porque a conhecia e queria evitar o trânsito de Palermo antes de entrar na rodovia principal que leva a Agrigento. Isso significava que para ir de Aliminusa ao nosso destino teríamos de passar pelo interior da ilha por estradas secundárias. Seria uma viagem que levaria uma hora e meia em uma rodovia da Califórnia, mas na Sicília, viajar a mesma distância levaria quatro horas. Mas eu estava decidida.

Tinha escolhido Agrigento porque Zoela amava as histórias de deuses e deusas, suas virtudes, suas lutas, seus lamentos, seu humor. Saro havia contado tudo a respeito deles para ela, e Zoela havia mergulhado prontamente em reflexões profundas sobre as grandes dificuldades do comportamento humano. Eu queria viajar com ela até o Vale dos Templos, o maior sítio arqueológico da Sicília. Saro tinha me levado lá anos antes, onde nos beijamos entre os pilares do Templo de Hera, a deusa do casamento. Era um lugar onde, talvez, meu passado e meu presente pudessem se encontrar. Mais perto do norte da África, o Vale dos Templos era um lugar sagrado, antigo e cheio de memórias, onde os visitantes eram confrontados com a própria noção de tempo. Na presença dos templos, é impossível não contemplar o que foi perdido enquanto ainda se vê a continuidade da vida. Era o tipo de lugar de que eu precisava.

Quando nosso carro cheio enfim chegou a Agrigento, eu estava um pouco enjoada, mas ainda assim otimista. Estava mais quente do que eu tinha imaginado. Quando saímos do carro ao meio-dia, o ar parecia o interior de um forno. Para piorar as coisas, Zoela e eu estávamos prestes a morrer de fome. Não perdi tempo e peguei uns biscoitos na minha bolsa, junto com uma pera que havia pegado na casa de Nonna para uma situação como aquela.

Meus parentes por parte de Saro e eu diferimos de muitas maneiras, mas nenhuma tanto quanto no fato de que estou mais do que disposta a parar em uma *trattoria* para um farto almoço ou lanche. Eu até paro para descansar um pouco antes de me aventurar em uma tarde escaldante de monumentos e atrações turísticas. Sou fã de passeios tranquilos. Eles, no entanto, preferem aguentar, comer um sanduíche que levaram de casa, ver as atrações e depois pegar a estrada para casa na esperança de chegar antes do anoitecer. Sempre escolherão jantar em casa. É raro jantarem em um lugar que não conhecem. Praticamente nunca fazem isso. E, naquele dia, eu estava no ritmo deles.

Enquanto examinavam o estacionamento das ruínas arqueológicas de Agrigento, claramente com fome, calor e sede, de repente me senti mal. Pude ver pela falta de interesse geral que eu estava dando trabalho a eles, tirando-os de suas rotinas, embora estivéssemos em um dos locais históricos mais bonitos da Sicília, mas acho que nenhum deles se importava muito com a vista. Tínhamos acabado de passar quase quatro horas em um carro apertado. Tive a leve sensação de que eles mal podiam esperar que minha exigente vontade americana por viajar pra lá e pra cá acabasse. Por um lado, assim como Nonna, eles podiam passar a vida sem ver Agrigento. Eu, por outro, era impulsionada pelo desejo, pela perda, pela esperança, pelo mistério. Queria saber cada vez mais sobre a ilha que agora reivindicava como parte de mim, meu passado, meu presente e, quem sabe, até meu futuro.

— Zoela, venha comigo. — Eu a puxei para mais perto enquanto ela dava uma mordida na pera.

Senti que todos estavam com o pavio curto e, exceto por mim, tinham pouco interesse em ver as ruínas. O calor era o inimigo. Eu era a única disposta a desafiá-lo de frente. Então Zoela e eu começamos a andar, e logo decidi que começaria com o maior, o Templo de Hera. Todo o resto, se eu visse, seria um bônus. Deixaríamos nossos parentes vagarem no próprio ritmo.

— Mamãe, está calor. — Zoela odiava o calor, sempre odiou.

— Eu sei, meu bem. — Eu estava consciente do fato de que ela aguentaria o calor e a visita por apenas certo tempo. Precisaria dar um jeito com o que tinha. — Está quente porque este é o local onde Ícaro caiu depois de voar perto demais do Sol.

Ela amava a história de Ícaro. Saro havia lido para ela incontáveis vezes. Ela amava folhear as páginas da história em seu livro de mitos gregos.

Dei minha versão do conto com o mesmo entusiasmo que usava para perpetuar a fantasia da fada do dente e do Papai Noel.

— Acho que poderemos até ver o lugar onde o corpo de Ícaro caiu — comentei.

Se eu não conseguisse enganar uma menina de oito anos, alguém deveria revogar minha carteirinha de atriz. Eu encontraria um buraco no chão e apontaria para ele, se fosse preciso. Tinha que segurar a atenção dela por tempo suficiente para que nos aproximássemos do Templo de Hera e tocássemos os pilares. Era tudo o que eu queria. E talvez tirar algumas fotos. E se eu tivesse sorte, conseguiria fazer uma oração silenciosa para as águas que levavam ao norte da África.

Rezar na costa era uma coisa que eu havia aprendido dos vinte anos em que minha mãe tinha ficado casada com seu terceiro marido, Abe, senegalês, filho mais velho de uma família muçulmana, que cresceu em Dakar e frequentou a Sorbonne. Ele havia me apresentado à tradição de fazer uma oração em cada costa visitada. Era um hábito dele. Quando visitava Los Angeles, ele ia até Santa Mônica para honrar seus ancestrais e os mortos antes de oferecer uma oração para a água. Se a tradição era resultado de sua fé, cultura ou de uma afinidade pessoal, eu não sabia. Para ser sincera, não importava. Eu amava a ideia e o espírito disso. Quando Saro estava doente, me dava paz sair do consultório do oncologista em

Santa Mônica durante o tratamento dele e dirigir três quilômetros para despejar minhas orações preocupadas no oceano. Nos dois anos desde a morte de meu marido, rezar na costa tinha se tornado um dos meus rituais. Naquele dia em Agrigento, eu esperava fazer uma oração que pudesse chegar às costas no norte da África, que Saro e eu visitamos. Era uma ideia irracional, mas sincera, de que se meu luto tocasse todos os lugares para onde meu amor tinha viajado, poderia de alguma forma ajudar a me curar.

— Franca, Cosimo — chamei enquanto Zoela e eu subíamos em direção às ruínas. — Não precisam se apressar. Zoela e eu vamos na frente. Podemos marcar de nos encontrarmos aqui em uma hora.

Eles estavam tentando descobrir se o carro precisava de um bilhete para ficar no estacionamento de cascalho vazio e empoeirado logo abaixo do sítio arqueológico.

Segui em frente sem esperar uma resposta.

Na meia hora seguinte, Zoela e eu perambulamos entre os pilares do Templo de Hera. Tocamos em uma oliveira de quinhentos anos, demos a volta em uma instalação de arte do Ícaro caído. Um artista havia tornado seu torso de bronze tão grande quanto uma caminhonete, torto e esparramado no chão. E ali, em algum lugar entre Ícaro e Hera, comecei a sentir uma dualidade que estava se tornando familiar em minha dor. Parte de mim estava eufórica por poder explorar aquele lugar outra vez anos depois; outra, de repente quis mergulhar no mar. O luto ainda tinha disso, e com frequência: me deixava entre dois sentimentos contraditórios ao mesmo tempo. Naquele momento, me senti um pouco como outro personagem da mitologia, Sísifo, sempre empurrando uma rocha morro acima. Minha rocha era a perda. E a vida após a perda podia ser um ciclo repetitivo de me esforçar, empurrar e lutar para continuar em frente, ao mesmo tempo aproveitando a vista do mar.

Enquanto Zoela e eu perambulávamos pelo sítio arqueológico, meu questionamento interno ficou mais profundo, mais sombrio.

Saro e eu tínhamos sido ambiciosos demais no nosso amor? Tínhamos voado perto demais do Sol? O câncer era algum tipo de desafio cósmico nos dado pelos deuses? A aleatoriedade da vida não fazia sentido, dando e tirando em medidas iguais. Embora soubesse que tivemos um ótimo casamento, um amor intenso e dinâmico, eu ainda queria mais, e senti que haviam roubado algo de mim. O companheirismo, um amor de uma vida inteira, a alegria de alguém que me conhecia bem o suficiente para saber que estar no templo da deusa do casamento me faria sentir ter perdido um pouco do juízo.

Então foi como se alguém tivesse ligado um liquidificador e tudo de ruim dentro de mim começasse a se agitar em alta velocidade. Senti inveja de todos os casais ao meu redor, de férias em seus shorts e com protetor solar, celebrando novos e velhos amores. Senti inveja de Cosimo e Franca, que ainda tinham um ao outro. Senti inveja de todas as mulheres que ainda tinham cônjuges, talvez até mesmo as que mantinham casamentos infelizes, porque pelo menos contavam com alguma ajuda, seus filhos ainda tinham pais. Eu tinha viajado ao sul da Sicília apenas para ficar com raiva de Saro por falecer. Havia passado quatro horas na estrada para me deparar com um sentimento tão antigo quanto o tempo: raiva. Ali em Agrigento eu me enfureci com Saro por estar morto e me deixar nas areias movediças da memória, de questionamentos, uma mulher de meia-idade desesperada para ficar na presença de ruínas na esperança de se encontrar outra vez. Eu estava nos portões de um antigo templo tentando recuperar partes da minha alma.

De repente, percebi que havia tido três casamentos com Saro: o que tivemos como pessoas casadas e recém-apaixonadas; o que passamos nas trincheiras da luta contra o câncer; e o que eu tinha com ele agora, como viúva. Na década em que cuidei de Saro, eu perdi partes de mim mesma, minha intensidade natural, minha compreensão da minha própria sexualidade, meu otimismo. Os altos e baixos dos anos cuidando de alguém com câncer pareciam ter sugado aquelas coisas da minha vida. Embora os cuidados com

Saro houvessem me ensinado como tirar força dentro de mim mesma, como amar de forma profunda e incondicional, como ver o grande amor que existe ao nosso redor o tempo todo, também havia diminuído minha luz diária um pouco, e o luto talvez fizesse isso ainda mais. Estava cansada de estar cansada. O que me aterrorizava era que eu sentia que talvez nunca mais conseguisse rir com leveza, daquele jeito que faz a nossa barriga doer. Secretamente, eu me preocupava de que talvez levasse anos até que eu fizesse amor de novo. Coisas que eu um dia havia feito com frequência agora pareciam fora do meu alcance. Ninguém tinha me contado que a viuvez seria tão cheia de temores pelo que poderia nunca acontecer. Eu estava aterrorizada com a possibilidade de que esse aspecto do luto pudesse ser tão sólido quanto os pilares de pedra do templo.

Eu estava começando a entender que meu último casamento com Saro terminaria sendo o maior de todos. Ele estava tão fora da minha vida quanto a Lua está fora do céu durante o dia. Ele estava por toda parte, embora invisível. Aprender a existir nesse tipo de amor levaria tempo. Talvez o tempo seja a parte mais crítica da perda.

No trajeto de volta para casa pelo interior rústico da Sicília, olhei pela janela, sentindo como se tivesse perdido a conta de quantos dias estávamos lá. O tempo meio que nos escapava. Assim como a paisagem siciliana, ele pregava peças em minha mente, me presenteando com bosques verdejantes em um momento, depois levando tudo embora, deixando montanhas áridas e irregulares. Mais do que nunca, desde que havia chegado naquele verão, não conseguia tentar medir o tempo em horas e meias horas. Havia dias com longos períodos de sol sem fim e nada para fazer além de observar que a manhã e a tarde eram gêmeos petulantes, cada um exigindo seu tempo. E então havia os crepúsculos que se aproximavam rapidamente e demoravam, como se relutassem em ceder à noite. Foi quando percebi que teria que encarar os dias restantes devagar, assim como fiz com a própria Sicília.

• • •

Eu ansiava pelo gosto de sal marinho na boca e pela areia entre os dedos. Queria que a suavidade do Mediterrâneo me levasse enquanto eu flutuava de costas, com a barriga para o sol. Precisava sentir meu corpo se tornar luz, sem esforço, sendo levado para onde quer que a água me conduzisse.

Então, dois dias depois, Cosimo me deixou pegar emprestado seu Fiat, e eu levei Zoela a Cefalù, à beira do mar. Enquanto seguíamos pela estrada a caminho da cidade, passamos pela saída para o Hotel Baia del Capitano. Por um breve momento, eu quase me virei para relembrar com Saro quando ficamos bebendo espresso no jardim e esperando a família dele. A memória é traiçoeira assim. Mas continuei dirigindo, imaginando a sensação da mão dele no meu joelho e focando no presente, passar um dia em Cefalù com nossa filha. A vida dele estava sendo vivida através de nós.

Quando chegávamos a Cefalù, duas coisas costumavam acontecer. Zoela e eu íamos ao Lido Poseidon, porque o lugar tinha três enormes freezers de gelato de fazer brilhar os olhos, e eu pedia um Pinot Grigio ou um espresso *seaside*, dependendo de como estava o meu dia. Naquele dia, foi vinho.

Por conta de todas as nossas várias viagens anteriores, Zoela já conhecia o esquema. Ela foi até a recepcionista e pediu duas espreguiçadeiras e um guarda-sol. Pagou a taxa de aluguel de doze euros e em seguida disse ao salva-vidas de vinte e poucos anos, que ostentava um cigarro e usava uma sunga vermelha, exatamente onde queria que nossas cadeiras estivessem em relação ao mar.

— *Mia mamma vuole leggere.* — "Minha mãe quer ler", disse.

O que ela quis dizer foi que eu queria uma cadeira perto do mar, para que pudesse observá-la enquanto descansava. Tivemos sorte de receber cadeiras uma fileira depois da margem da água, e então Zoela disparou para o mar, se virando de vez em quando para garantir que eu a estava acompanhando.

Quando a alcancei, ficamos juntas nas águas rasas.

— Nos meus sonhos, vou contar ao *babbo* como você é extremamente linda e espetacular — falei. — Você é a pérola do amado mar dele.

Zoela respingou água no meu rosto e perguntou:

— Você acha que ele pode me ver?

— Acho.

— Ele teria orgulho de mim?

— Com certeza.

Ela sorriu. Minhas palavras pareceram acalmá-la. Resisti ao impulso de pegar o corpinho dela nos braços e pedir aos deuses que pausassem o tempo, que me ajudassem a me agarrar à alegria daquele momento. Falar do pai dela e fazê-la sorrir ao mesmo tempo era algo raro na nossa vida. Afundei na água. Quando voltei à superfície, o ar pareceu renovado, quente.

Ao nosso redor havia famílias com integrantes de todas as idades; crianças bronzeadas que falavam alto; casais flertando; duplas ou trios de amigos que pareciam ter vindo de todos os cantos do mundo. Eles nadavam, relaxavam. Também eram atraídos pelo mar. Na praia, imigrantes norte-africanos e bengalis caminhavam entre os visitantes vendendo mercadorias: toalhas, óculos de sol, capinhas de celular, saídas de praia, boias infláveis em forma de golfinhos. Uma dupla de mulheres chinesas oferecia massagem na praia. O mundo estava todo ali. Deixando de lado nossos países de origem e questões financeiras, todos fazíamos parte de um quadro à beira-mar. Pensei em todos os invasores e conquistadores que chegaram àquelas praias ao longo dos séculos. Pensei nos refugiados que vinham da Síria, da Líbia, do norte da África e da África Subsaariana para a Sicília todas as semanas. Eles estavam fugindo da guerra civil, e a crise humanitária trouxe pessoas que carregavam dores terríveis. Era a história da migração do nosso tempo. A Sicília estava mudando, como sempre fizera.

Zoela nadou até mim e me abraçou, colocando as pernas ao redor da minha cintura.

— Mamãe, por que você acha que não tem outras pessoas de pele marrom em Aliminusa?

Ela também estava prestando atenção aos nossos arredores.

— Meu bem, Aliminusa é uma cidadezinha em uma parte do mundo onde as pessoas não emigraram. Não é como Los Angeles ou as cidades grandes. Por um bom tempo, esteve cheia de pessoas que nasceram aqui, que casaram aqui, que tiveram filhos aqui. Não havia muitos estrangeiros.

Parei antes de entrar em uma diatribe histórica e geopolítica. Eu nem tinha como começar a falar da crise de refugiados com ela. Não sabia bem como falar das crianças, das mães e dos pais que cruzavam o Mediterrâneo para chegar à ilha em que estávamos e as circunstâncias que também tornavam aquele local um mar de lágrimas.

— Mas por que não tem pessoas de pele marrom que nem a gente? — repetiu Zoela, o sal marinho se acumulando no couro cabeludo.

— Porque pessoas como nós, pessoas negras e marrons, não vêm da Europa. Pessoas como nós foram trazidas à Europa, à América do Norte e à América do Sul centenas de anos atrás, escravizadas.

Na mesma hora me vi como a filha exagerada de pessoas que responderam às minhas perguntas da infância com narrativas adultas complexas. Se estivéssemos na costa, eu provavelmente teria começado a traçar a rota dos escravizados na areia.

— Mas somos as únicas pessoas de pele marrom que eles conhecem? — perguntou ela, como se a pergunta e a resposta tivessem chegado à sua consciência ao mesmo tempo.

— Talvez. Sim. É provável, tirando o padre — respondi.

— Não quero ser a única menina de pele marrom.

Eu sabia o que ela queria dizer; ser diferente, ser a única, se destacar por causa do tom da pele era difícil. Eu suspeitava que a fazia se sentir "a estranha" ou, pior ainda, inferior. Ela certamente não seria a primeira menina negra ou marrom a pensar em algum momento que seria mais fácil viver no mundo em outras circunstâncias. Um número incontável de livros foi escrito e documentários premiados foram feitos investigando as complexidades psicológicas que cercam a identidade e a raça de garotinhas negras em ambientes predominantemente brancos. E, embora não estivéssemos nos Estados Unidos, eu sabia que tinha que fazer uma triagem de qualquer dano psicológico que pudesse estar surgindo. Sabia que tinha que fazer o que as mães negras vêm fazendo há séculos: lembrar minha filha de que ela é preciosa e bonita, em um mundo que muitas vezes diz o contrário.

— Ter a pele marrom é lindo. — Eu a virei na água, trazendo o rosto dela para mais perto do meu. — Meu amor, uma parte da maravilha de viajar é ir a lugares onde as pessoas não são exatamente como você. A vida seria chata se nunca fizéssemos isso. E um dia, imagino, você vai viajar a muitos lugares. Nem todas as pessoas vão ser como você, mas você vai se divertir e aprender muitas coisas novas.

Concluí a conversa com o conforto de um beijo. Pareceu suficiente naquele momento. Então Zoela tocou o medalhão com a foto de Saro, que eu ainda usava no pescoço.

Ela o esfregou como se fizesse um pedido.

— Posso tomar gelato antes do jantar?

— Sim — respondi, aliviada por termos saído daquela conversa antes que eu tivesse que responder à pergunta que eu suspeitava estar à espreita: "Meu lugar é aqui?"

Era uma pergunta que eu havia passado uma boa parte de duas décadas tentando responder — para estranhos, para o mundo, para mim mesma. E a origem da pergunta remetia à minha primeira viagem à Sicília com Saro. No entanto, eu tinha aprendido que a identidade é um prisma, que pertencimento pede reivindicação.

Mais tarde, depois de jantarmos um peixe-espada grelhado, com redução de laranja e acompanhado de rúcula, uma antiga combinação de mar e fogo, saímos do restaurante e fomos andando ao longo do quebra-mar. Pensei em Stromboli e nossa viagem para lá no verão anterior. Zoela também estava olhando para a água, e então se virou para mim.

— Quero saber o que tem lá... Onde termina? Como a água fica no planeta, se é um círculo, mas também uma linha fina? Gravidade, mas mesmo assim. — A testa dela estava tensionada e o olhar, fixo.

Era o tipo de questionamento incisivo que me deixava orgulhosa, vendo o dinheiro que eu gastava com a mensalidade escolar dando resultados.

— Meu bem, essas são perguntas essenciais que incentivaram a exploração humana do mundo — respondi. Zoela me olhava como se estivesse entendendo setenta por cento do que eu dizia. — Você tem que querer saber primeiro antes de embarcar na jornada.

— Bom, eu quero saber! — exclamou ela. A Sicília estava tendo um impacto a mais, além da conexão familiar.

Enquanto Zoela falava, pensei na minha própria jornada. Uma parte de mim desejava saber o que aconteceria comigo. Isso me fazia seguir em frente. O luto me exauriu, mas também me fez querer viver. Me fez apreciar a brevidade da vida. Eu queria estar por perto. Queria saber como seriam as coisas para Zoela, o ser humano extraordinário que me chamava de *mammina* — mãezinha. Eu queria ouvir a voz da mulher que ela se tornaria, relembrando a missa na igrejinha siciliana com o padre africano e como ela estava preocupada com ele porque "é difícil ser padre se você ainda está aprendendo italiano". Eu queria saber se ela se lembraria de ter entoado a palavra "Aleluia" bem ao lado de Nonna quando o padre disse o nome de seu pai durante a missa. Eu queria estar lá — talvez em algum início de primavera ou em uma tarde sombria quando o outono se transformasse em inverno — em um dia em que ela precisasse ser lembrada de quem era, para fazer isso. Eu queria estar lá para ver o reconhecimento em seus olhos quando eu contasse aquela história. Eu queria estar lá para compartilhar os detalhes de sua vida, porque eu carregava a história dela. Eu queria jantar na cozinha da minha filha, lamber o molho da colher e sentir a influência da mão do pai dela. Eu queria ler uma carta que ela poderia me escrever de algum lugar do mundo que eu nunca tivesse estado. Eu queria passar um dedo sobre o selo e imaginá-la lá. Eu queria saber quem ela poderia escolher amar. Eu queria encontrá-la em uma estação de trem e ouvi-la me perguntar, animada: "Por que demorou tanto?" E ela pegaria minha mão, me faria rir quando saíssemos em uma rua movimentada de uma cidade movimentada. Ela chamaria um táxi, e eu ouviria sua voz marcando o tempo no taxímetro enquanto viajávamos. Eu queria saber como seriam minhas mãos aos oitenta e cinco anos, que sapatos gostaria de usar, se preferiria fivelas a cadarços, se laranja ainda seria a minha cor favorita. Eu seguia em frente porque queria saber como recompor a vida, juntando pedaços e restos em um novo todo. Eu queria me perder muitas vezes e encontrar meu caminho de volta. Eu queria saber ainda mais maneiras de levar o amor adiante em pequenos gestos, como ver o amor nos detalhes. Eu queria um dia subir no palco e agradecer a Saro, quem mais amei, sem o qual a vida seria uma coisa menor e mais sem graça. Eu queria ver a areia das montanhas berberes mais uma vez. Queria colher amoras, comendo até me embriagar com a alegria do que a natureza oferece de maneira tão livre e completa. Eu queria segurar a mão de outra pessoa quando ela morresse, pois isso é uma grande honra. Eu queria saber o que aconteceria com as pessoas, os lugares e as coisas que significaram algo para mim. Eu queria aprender algo novo com alguém que ainda não tinha conhecido. E queria saber que eu podia ver uma dor indescritível e entender que ela também me mudaria, mas não acabaria comigo. Eu queria viajar para além de onde meus olhos podem ver e saudar o eu que me levou adiante para chegar lá.

Na manhã seguinte, Nonna acendeu o fogo e preparou *arancini* — bolinhas de arroz recheadas com muçarela. Enquanto cozinhava, ela me contou a história do nascimento de Saro. Não sei exatamente o que a fez contar, mas eu já tinha experiência o bastante para respeitar que as lembranças chegam sem serem convidadas e precisam ser escutadas.

— Ele tinha uma marca em forma de morango onde o cabelo dava na testa. *Com'era bello. L'ho baciato ogni giorno.* — "Como era linda. Eu a beijava todo dia."

Ela estava estranhamente aberta e falante. Fiquei em silêncio. O que viesse a seguir precisava ser dito.

— Ele tinha uma marca de nascença, a mancha de café, na bunda, na banda direita — continuou ela, secando os olhos com as costas das mãos antes de voltar a misturar as bolinhas de arroz.

De repente, me lembrei de uma parte do homem que eu amava, um detalhe que tinha esquecido. Sua marca de nascença. Eu amava aquela marca na bunda dele. Como podia já ter me esquecido?

Nonna me contou que quando estava grávida, já perto do nascimento, foi dia de eleição na cidade. Ela tinha ido votar com Giuseppe, e alguém havia oferecido a ela café na fila de espera.

— Eu tinha vergonha demais para aceitar café em público. Naquela época, mulheres decentes não faziam isso. Apenas homens bebiam espresso em público. Eu queria, mas recusei e me sentei. Me apoiei na lateral direita do corpo para ficar confortável. — Ela apontou para o lado direito do quadril. — Foi assim que ele ficou com a marca de nascença.

Saro tinha sido marcado pelo desejo não satisfeito dela por café.

Nonna me contou tudo isso enquanto acrescentava hortelã às ervilhas que pareciam ter sido recém-colhidas dos campos. Então parou de falar e voltou à repetição de pequenas tarefas domésticas que faziam o grande mundo lá fora parecer algo mesquinho, de uma ambição sem fim. Um mundo que pouco lhe interessava, exceto quando afetava sua família, o preço do pão ou causava um aumento no valor da TV a cabo.

Então ela mudou de assunto.

— Amanhã de manhã você irá ver o advogado.

Achei que podia ter escutado errado.

— Advogado? Que advogado?

— Estou dando esta casa para você e Zoela. Franca vai te levar para assinar a papelada.

Eu estava perto do patamar da escada. Na TV a meu lado, na novela, amantes sofridos faziam uma declaração forçada, mas dramática, do amor que sentiam um pelo outro. Ainda processando o que achei ter ouvido, me virei para Nonna, na cozinha.

— O que você disse?

— A casa. É de vocês. Quero que fiquem com ela. Teria sido do Saro, e agora é de vocês.

TERRA VOSTRA

O árido interior siciliano passava enquanto dirigíamos para o *notaio* — tabelião —, a três cidades de distância. Eu estava sentada no banco de trás, com calor e sem falar nada. Cosimo ia mudando as estações de rádio. Franca estava em silêncio. No meu colo, todos os documentos importantes: meus passaportes (americano e italiano), certidão de casamento traduzida e autenticada, o atestado de óbito de Saro, o passaporte dele com um carimbo do governo italiano declarando-o falecido. Se a burocracia italiana havia me tirado do sério, a burocracia siciliana poderia me fazer chegar às lágrimas. Eu tinha descoberto que a lei exigia que esse tipo de transferência de terra acontecesse até um ano após o falecimento. No entanto, como eu morava em outro país e não sabia disso, estávamos quatro meses atrasados. Pelo que eu sabia, teríamos que pleitear nosso caso, informando sobre as circunstâncias atenuantes ao tabelião, que funciona como um advogado de legitimação. Me perguntei como lidaríamos com a logística, o que eu precisava dizer ou não para que o processo fosse em frente. Olhando para as colinas, decidi que era melhor não dizer nada. Eu podia ter me tornado uma dona de terra siciliana, mas estava longe de casa, bem fora da minha zona de conforto em relação a como as coisas funcionavam.

No entanto, Franca era uma verdadeira mestra em superar complexidades burocráticas e as nuances culturais que elas necessitam. Ela sabia quando pressionar, quando desviar, como adiar situações, o momento exato de mostrar respeito, mentir ou exagerar, se necessário, para levar a coisa toda adiante. Cosimo atuava como cúmplice. Anos antes, eu o tinha visto de pé atrás dela, em frente à mesa de uma autoridade, braços cruzados, esperando para interferir com um rápido "*Scusi*" se a pessoa usasse o tom errado ou agisse de forma injustificada. Eles eram uma dupla dinâmica, alternando entre policial bom/policial mau quando a situação exigia.

Saro sempre disse que a irmã era quietinha, mas teimosa. Quando os dois eram pequenos, se a família tomasse uma decisão de que ela não gostasse, Franca estava sempre pronta para defender o que acreditava, não importava o custo. Ela podia facilmente (e, ao que parecia, com a maior tranquilidade) ficar três semanas sem falar uma palavra a ninguém na casa. Os protestos dela haviam se tornado um outro integrante da casa. Suas greves de silêncio com o pai eram infames. Saro a tinha lembrado disso quando adultos, daquela forma que só irmãos podem fazer. Eles tinham rido, e Franca retrucou dizendo que a reação dele aos problemas da família havia sido ir embora. "Do que você se lembra, se estava lá em Florença?", ela havia perguntado. Eu suspeitava que ela havia precisado lidar com as consequências emocionais de dois pais que não entendiam onde haviam errado, por que o filho queria tanto ser diferente deles. Enquanto Saro se mandara para lugares distantes em busca de liberdade, Franca se enraizara ainda mais. A filha. A quieta. A que morava no mesmo quilômetro quadrado em que nascera. Agora ela estava sentada na minha frente, fazendo as coisas para a família, novamente ajudando a viúva do irmão.

Eu estava tão chocada pelo amor que aquele presente inesperado representava, que sentia meu coração completamente aberto, sensível e tomado de emoções, uma mistura de gratidão, estupor, alegria e até uma pitada de um sentimento inexplicável próximo à culpa. Esse último sentimento me surpreendeu. *Será que eu mereço isso?* Minha mente não parou a noite toda. As palavras de Nonna, "Teria sido do Saro", continuavam a ecoar. Havia uma tensão entre minha saudade e a vontade de querer pertencer e uma profunda compreensão de como aquilo era agridoce. Então, quando me sentia exausta pela estranha colisão de sentimentos conflitantes e a cabeça a mil, meu coração se enchia de gratidão mais uma vez.

Mesmo assim, eu tinha passado a noite me perguntando sobre Franca e seus filhos. Como eles se sentiriam sobre eu ficar com a propriedade? Ela e Nonna com certeza tinham conversado sobre isso, porque Franca foi designada como intermediária, aquela que me levaria ao escritório do advogado naquela tarde. Por isso imaginei que para ela estava tudo bem. Não era segredo que os impostos que a Itália cobrava de quem tinha mais de uma propriedade eram debilitantes para muitas pessoas na área rural da Sicília, onde o desemprego atingia mais de cinquenta por cento dos jovens. Se a casa fosse deixada para Franca, ela eventualmente seria dona de uma segunda casa. Pelo meu entendimento básico da lei tributária italiana, isso poderia ser mais um problema do que um presente para ela, ainda mais se Franca precisasse sustentar as filhas até a idade adulta com seu trabalho já precário. Estando no meu nome, poderia ser mais fácil. Os impostos seriam mínimos para mim em comparação com o que eu pagava na Califórnia. Mesmo assim, uma solução fiscal não parecia ser o motivo do presente. Talvez aquele sempre tivesse sido o plano de Nonna? O presente de casamento que seu filho nunca havia recebido.

Antes de eu sair da casa, Nonna estava do lado de fora lavando roupa. Lá dentro, vi onde ela havia colocado uma de suas saias pretas de viúva na mesa, com agulha e linha. Ela ficaria remendando roupas enquanto eu estivesse fora, cuidando da transferência das terras. Quando passou pela porta da frente, parando momentaneamente no batente, ela começou a falar como se estivesse no meio de um pensamento:

— Se a terra não pertence a você, não pertence a ninguém.

— *Grazie* — respondi. Senti as lágrimas chegando. Ela não gostava de lágrimas de manhã.

— Se começarmos agora, não vamos parar. O dia é longo.

Então ela colocou as lentes de aumento sobre os óculos normais e se sentou para trabalhar.

Conforme Franca, Cosimo e eu continuávamos descendo pela estrada sinuosa, passando por casas de fazenda abandonadas e pela estação ferroviária quase nova de Cerda, percebi que não tinha ligado para meus pais e contado a novidade. Não tinha contado nem para minha irmã. Aconteceu tão rápido, de maneira tão inesperada, que eu havia ficado emocionada demais com o rumo dos acontecimentos. Eu precisava de tempo antes de saber como me sentia sobre tudo, antes que pudesse ter vontade de comemorar da maneira que fosse. Naquele momento, era agridoce. Saro e eu sempre sonhávamos em ter uma casa no interior da Sicília, cercada por um pomar de oliveiras. Agora, isso estava acontecendo sem ele.

Com a casa, também vinha responsabilidade. *Vou conseguir bancá--la no futuro? Quem vai me ajudar? Será que vou querer ficar voltando quando Zoela estiver mais velha?* Tudo isso parecia difícil de explicar à minha família de uma só vez. Mesmo assim, eu sabia que eles valorizariam a importância da posse de terras. Desde a escravidão e a Reconstrução, a posse de terras tinha sido a maneira como os membros da minha família (em ambos os lados) haviam medido seu progresso, lutado contra o passado e permanecido conectado uns aos outros. Agora, era a minha vez de manter uma conexão, embora em um lugar inesperado. Enquanto Cosimo desacelerava o carro até quase parar atrás de um trator em movimento carregando grandes fardos de trigo, refleti sobre o que terras familiares significavam para mim.

Na época em que minha avó materna era adolescente, na área rural do leste do Texas, entre as comunidades negras de Piney e Nigton pós-Reconstrução, a família dela havia adquirido várias centenas de acres de terra florestal. Eles a cultivaram e trabalharam nela. A terra passou a ser deles de pouquinho em pouquinho, em aquisições pequenas. Era de baixa altitude e difícil de cultivar, mas acessível para filhos de ex-escravizados sem acesso à educação. Pessoas brancas atrás de propriedades buscaram áreas com melhores terras agrícolas ao redor de Nigton, deixando para trás uma pequena comunidade negra, da qual minha família fazia parte, que aos poucos começou a comprar algumas das terras nas quais seus ancestrais foram escravizados. Eles construíram uma vida em um território cercado por membros da Klan, de alguma forma sobrevivendo em um sistema controlado pelas leis de Jim Crow.

Mesmo assim, a terra era deles. E foi suficiente para cultivar e criar quatro filhos, enviando um — minha avó — para a faculdade e depois para obter seu mestrado. Mais tarde, quando minha avó já estava casada e criando minha mãe em uma cidade próxima, a terra vinha sendo menos trabalhada. Enquanto isso, a indústria madeireira local prosperava, muitas vezes reivindicando domínio de propriedades de negros. Um tempo depois, o local de férias do lago Livingston passou de um vislumbre nos olhos de alguns desenvolvedores a um destino popular para os moradores de Houston. O desenvolvimento despertou o interesse de especuladores locais, que passaram a sistematicamente roubar terras de proprietários ausentes.

Em uma tradição histórica tão norte-americana quanto a torta de maçã e o clientelismo, um proprietário de terras branco local, "Dusty" Collington, e sua família conseguiram se apropriar das terras de muitos fazendeiros negros manipulando registros no escritório do secretário do condado. Ele se aproveitou da ausência dos descendentes de Nigton, aqueles que se mudaram para outras partes do país durante a Grande Migração, aqueles que aspiravam a oportunidades melhores.

Entre 1960 e 1980, enquanto minha avó estava a um condado de distância, Dusty garantiu que os membros da família haviam vendido a ele a terra. Ele tinha até "registros" para provar, uma escritura de venda falsificada assinada com um X. O X era para embasar a alegação de analfabetismo da parte do vendedor. Ele havia alegado que minha bisavó tinha assinado com um X — prova de que ela era analfabeta e vendera quase cento e cinquenta acres para ele. Não sei o que irritou mais minha avó, o fato de Collington dizer que a mãe dela era analfabeta (embora a assinatura dela estivesse em outros documentos no cartório do condado) ou o fato de que ele estava sugerindo que ela havia vendido a terra da família sem mencionar nada à filha. Quando minha avó faleceu, aos noventa e sete anos, no ano anterior a Barack Obama se tornar presidente e o ano em que Saro estava doente demais para viajar e comparecer ao funeral dela, a terra da família havia minguado para menos de cem acres, apesar de apenas uma pequena porcentagem das terras originais ter sido de fato vendida.

Eu tinha visto a luta da minha avó para recuperar a terra e contestar legalmente Dusty a distância quando fui estudar na Itália, depois quando consegui meu primeiro apartamento em Nova York e depois quando me mudei para Los Angeles. A injustiça me enfurecia. Mesmo assim, eu adorava o aroma dos pinheiros, e as sinuosas estradas de terra vermelha estavam no meu sangue. Eu literalmente conseguia sentir o gosto delas na boca. Aquela terra era um lugar tão real e vivo para mim quanto minha pele. Mesmo que eu nunca quisesse depender dela como meus ancestrais precisaram, eu a amava do jeito que se ama um lugar que existe na nossa alma e de que nosso coração não tem coragem de abdicar.

Quando chegamos ao escritório do tabelião, eu sabia que meu papel era apenas interpretar a esposa americana que mal entendia uma palavra de italiano. Eu me sentaria e deixaria a transferência legal acontecer. E interferiria se, e apenas se, uma demonstração de emoção ou *páthos* típica de sicilianos fosse necessária para acelerar o processo. Porque, entre tudo o que aprendi, eu sabia que sicilianos moveriam montanhas se a dor do luto, da morte e da perda estivesse envolvida na equação. Eles sentiam ser seu dever cultural. Era o que os tornava sicilianos, não italianos.

O interior do escritório me pareceu um set de cinema. Era a combinação de uma biblioteca como a de Harry Potter, com volumes do chão ao teto de arquivos encadernados com detalhes em dourado, e a casa de algum aristocrata local que gostava de tapeçarias fofas e cortinas florais de seda que iam até o chão, acompanhadas por uma sanefa ornamentada. Quando entramos na sala que mais parecia um salão, fui convidada a me sentar diante de uma grande e antiga mesa laqueada com pés arredondados em forma de garra. Um jarro de água de cristal foi colocado diante de mim junto com um copo em um porta-copos de crochê feito a mão. A presença de água sugeria que ficaríamos lá por um tempo. Então o tabelião, um homem de cerca de cinquenta anos, bronzeado de sol, com cabelo igual ao do George Clooney, camisa polo azul náutica e sapatos de couro da Gucci, colocou na minha frente um grande fólio. O papel era pautado, cheio de dados meticulosos e delicados. Parecia conter o registro de propriedade da terra, linhas de hereditariedade, títulos listando lotes de lugares que eu reconhecia e alguns outros que não. Então ele pediu para ver meu passaporte e o de Saro. Enquanto eu os entregava, ele ofereceu suas condolências.

Minutos depois, vi o nome de Saro em tinta fresca no que presumi ser o documento de ascendência ou hereditariedade da família Gullo. Os termos legais estavam em uma letra cursiva que parecia ser do século XVIII. Meus olhos pousaram no aniversário de Saro, seu número de identidade, seu local de nascimento, nosso endereço em Los Angeles. Abaixo, vi meu nome e, em seguida, o de Zoela, mais datas, locais, as indicações de dupla cidadania e idioma.

Na página, a existência de Saro se reduzia aos lugares de destaque e a acontecimentos importantes que eram o grande esboço de sua vida: nascimento, residência, casamento, filha, morte. Ao olhar as palavras na página e depois me voltar para o tabelião, comecei a chorar. Ele me passou um lenço de papel com os dedos manchados de tabaco, e eu assinei meu nome.

Quando saímos para as ruas de Termini Imerese, em meio ao caos do horário de rush, fui atingida por uma onda de fumaça de Vespa, sal marinho, eucalipto e oleandro. Semicerrei os olhos ao sol do meio-dia, temporariamente cega. Eu agora era dona de uma propriedade na Sicília.

Eu não tinha uma cópia do que havia acontecido nem um recibo das transações. Franca estava se encarregando de tudo, incluídas as duas viagens restantes para concluir a transferência de terras. Minha parte estava feita. Não estava preocupada; eu confiava completamente em Franca. Na Sicília, muita coisa acontecia assim. Eu estava era tentando lidar com tudo que acontecia, com todas as possibilidades mais loucas que a vida ainda tinha a me oferecer.

Quando voltamos do tabelião, Nonna estava fazendo caponata. O cheiro de cebola refogada com um leve aroma de menta era tão familiar quanto o de água salgada para macarrão. O prato era ao mesmo tempo doce e salgado, essencialmente siciliano. Uma colherada já contava toda a história sensorial da ilha: sol, vento, terra, com um toque mouro e europeu; era uma fantasia salgada da vida real. Cheirosa e repleta de texturas, a caponata tem a cor da escuridão e o sabor do paraíso.

— Como foi? — perguntou Nonna, abaixando a colher de pau.

— Acho que deu tudo certo. Franca fez tudo. Ela sabe todos os detalhes.

— Que bom.

Ela voltou a cozinhar, e eu a observei juntar os ingredientes. Berinjela, azeitonas, aipo, cenoura, molho de tomate. Sozinhos, cada um é um item rotineiro, não exatamente rico em valor. Juntos, são uma riqueza de sabores.

— Nonna, tem certeza de que eu não posso ajudar a pagar os custos? Sei que foi caro fazer isso.

— Se alguém não pode pagar por um presente, então não dá um — respondeu ela. Tampou a panela para pontuar o que dizia e deixar os sabores da caponata se misturarem.

Eu continuei a observá-la, e Nonna parecia tão enraizada quanto qualquer oliveira antiga da ilha. Percebi que eu me encontrava à sombra de sua árvore, cuja raiz principal estava ancorada na crença do Velho Mundo de que, para que eu seguisse em frente, construísse meu futuro, precisaria de um lugar onde pudesse rememorar o passado. Ao me dar a casa, ela reservaria aquele lugar para mim, para a neta, nos aproximaria, manteria a comida na mesa. O presente era sua maneira de permitir que eu ficasse em sua sombra até que eu conseguisse sair ao sol.

Mais tarde, ali, na cozinha de Nonna, o calor do sol minguante, mas persistente, atravessou as cortinas de renda que separavam sua casa do mundo exterior. Mesmo lá dentro, senti o toque do vento cortado suavemente por pardais dançando baixo na rua. Agora eu tinha um lugar na Sicília para chamar de meu, um lugar para onde voltar no verão seguinte e depois.

Parte quatro

TERCEIRO VERÃO

Nun c'è megghiu sarsa di la fami.
"A fome é o melhor molho."
Provérbio siciliano

Funcho selvagem

Na primeira manhã do meu terceiro verão na casa da família de Saro, eu acordei com calor e jet lag, mas no agradável estupor de uma memória havia muito esquecida — minha primeira viagem à ilha, quando Saro e eu nos deparamos com uma *trattoria* rural na costa norte. Era uma memória que poderia ressurgir apenas na Sicília, onde as paisagens, os sons e os aromas serviam como condutores a partes de Saro, acontecimentos e detalhes que eu não conseguia acessar em Los Angeles. A vida após a perda era confusa: memórias se misturavam e então ressuscitavam inesperadamente, de maneira quase mágica. Mas naquela manhã, deitada à luz suave da manhã em um estado entre sonhando e acordada, conjurando uma memória antiga de funcho, agarrei a magia e a segurei.

— Vamos parar aqui — havia dito ele depois que passamos a maior parte do dia explorando as estradas secundárias e cidades ao redor do hotel Baia del Capitano.

Paramos em um estacionamento de cascalho saindo da via de mão dupla paralela à autoestrada.

— Parece fechado. — Eu estava um pouco mal-humorada, um pouco faminta e muito incerta sobre onde estávamos.

— Não está fechado — respondeu Saro.

— Como você sabe? — perguntei.

— Porque são três da tarde. E olhe ali atrás. Os donos moram aqui.

Ele apontou para uma construção ao lado, com um varal e gerânios em vasos de terracota flanqueando a porta. Aparentemente, aquelas eram todas as pistas necessárias para saber que um chef estava lá dentro e o local não estava fechado.

Minutos depois, abrimos a porta e encontramos um restaurante vazio de mais ou menos dez mesas de quatro lugares. A decoração era simples, com um pequeno vaso pintado a mão em cada mesa, paredes amarelas da cor dos sóis de afresco em sacristias por toda a Toscana. Acordes de Pino Daniele vinham da cozinha.

O dono/chef apareceu. Ele era baixo e atarracado, com um rosto parecido com tantos outros que povoavam as ilhas do Mediterrâneo.

— *Salve* — disse Saro, cumprimentando-o antes que ele pudesse nos cumprimentar. — *Siamo appena arrivati dall'America, possiamo mangiare qualcosa?*

"Acabamos de chegar dos Estados Unidos, podemos comer?"

Era primavera, e o dono/chef explicou que estava esperando o peixeiro local trazer peixe-espada para o jantar de logo mais.

— Não estamos abertos ainda, mas já que vocês vieram dos Estados Unidos, faço uma massa para vocês. *Sedetevi.*

Ele pediu que nos sentássemos, afastou duas cadeiras de madeira, pegou dois copos e se virou para o bar a fim de pegar um litro de água mineral.

— *Di dove siete?*

Ele abriu a garrafa com um abridor que puxou do bolso de trás.

— Los Angeles.

— Bom, então que tal um prato de funcho selvagem? Tenho uma plantação lá atrás.

— É do que estamos precisando — respondeu Saro.

Dois pratos foram colocados à nossa frente. Notei as verduras brevemente cozidas, salteadas em azeite com um pouco de cebola, salgadas e depois assadas em molho de tomate. E adornadas com raspas de *ricotta salata*.

— Isto é a natureza siciliana em um prato — disse Saro enquanto girava o espaguete com o garfo, deixando-o em um formato ideal para colocar na boca. — Este prato é a primavera. Funcho selvagem nos faz saber que estamos vivos, não importa o que esteja acontecendo.

Naquela manhã, tudo o que eu queria era saber que era possível me sentir viva de novo, totalmente viva. Aquela vida pela metade após a perda estava mudando. Eu queria ser relembrada da dádiva da vida. O desejo me angustiava, a possibilidade me deixava eufórica.

Na calmaria daquela manhã, eu queria sentir a curva das costas de Saro. A pele dele era de uma maciez incrível, de uma sensualidade rica. Eu queria me aproximar, sentir sua respiração. Queria erguer a parte de trás de sua camisa e me aproximar para beijar meu local favorito, entre suas escápulas. As costas dele eram uma constelação de pintas. Eu queria mergulhar no Cinturão de Órion.

Imaginei que ele estaria acordado.

— É muito cedo — diria ele, a voz gravemente doce.

Despejei detalhes na fantasia: um comerciante lá fora vendendo peixe-espada, fresco, a quilo; a luz do fim da manhã entrando pelas cortinas do nosso quarto de mármore simples. Na minha mente, estava fresco, mas eu não seria enganada: estava nos imaginando na Sicília em julho.

— Temos que levantar — afirmaria eu, pensando no café da manhã e seu ritual de brioche, cappuccino e jornais cheios de tinta.

— Saro, você sabe que eu odeio prato de padaria vazio.

— Então você precisa pedir ao cara para guardar um para você, não? — Saro era mestre em fazer amizade com a pessoa da cafeteria local.

Fiquei deitada na cama mais um pouco, invocando meus desejos mais profundos. Imaginei o corpo dele rolando na minha direção. Como ele tinha cheiro de sal e terra, com uma pitadinha de cardamomo. Os pensamentos sobre o café da manhã recuaram nas pálidas paredes texturizadas.

— Como você faz isso? — queria perguntar a ele.

— Faço o quê?

— Me faz pensar no jantar quando nem tomei o primeiro café do dia.

— *Amore*, você pensaria em jantar com ou sem mim. Eu só torno o seu jantar melhor.

Eu riria e ele me beijaria. Fazer amor na Sicília tinha sido algo cheio de êxtase. Eu exigiria mais. No entanto, me puxei de volta à realidade.

Assim que amanheceu, era hora de me levantar e começar meu terceiro ano de manhãs sicilianas de julho como viúva de Saro. Mas minha mente ainda estava no sonho. Eu tinha plena consciência de que não transava fazia quase três anos. Na minha visita anual à ginecologista, ela havia brincado dizendo que minhas partes íntimas poderiam atrofiar. A conversa foi tão perturbadora que eu cheguei a pesquisar a definição de "abstinência" enquanto ainda estava no estacionamento. Abstinência era para freiras, avós e mulheres em coma. Eu conhecia mulheres da minha idade que haviam passado por períodos de abstinência, sim. Mas elas tinham saído de relacionamentos ruins ou estavam tentando curar uma compulsão sexual. Sinceramente, eu me sentia uma virgem de quarenta anos com vinte anos de experiência. Uma das minhas amigas casadas sugeriu masturbação. Eu retruquei que era como dizer a alguém que deseja uma refeição de cinco pratos para pegar comida enlatada. Serve quando você não tem mais nenhuma outra opção, tudo bem, mas não substitui uma refeição balanceada. Depois daquela visita à médica, comecei a fazer Kegels no trânsito e enquanto cozinhava, caso em algum momento eu quisesse levar minhas partes íntimas para dar uma voltinha de novo.

Talvez Saro aparecendo em sonho era a forma dele de me lembrar de uma parte de mim mesma com a qual eu havia perdido contato desde sua morte. Talvez ele estivesse me convidando a me abrir novamente para a possibilidade.

Deitada na casa de Nonna com Zoela dormindo ao meu lado, eu sabia que tinha passado uma grande parte do ano anterior ainda no processo de continuar aceitando a perda, dando passos desajeitados à frente. Em dois anos, minha desorientação havia suavizado, mas a tristeza ainda estava lá. Embora eu me sentisse mais estável no mundo, mais confortável navegando pelas mudanças que vieram com a perda, minha vida ainda parecia disforme em vários pontos desconhecidos. As ondas de luto ainda vinham; eu só conseguia lidar melhor com elas. O que não era fácil era a parte de reimaginar e reconstruir minha vida. Antes, o luto era como estar presa na ressaca do mar. Já naquele terceiro verão, eu sentia que havia chegado à superfície da água. Conseguia ver o céu, mas não tinha a energia nem a vontade para nadar em uma direção nova. Eu estava começando a aprender a respirar de novo.

Eu sei que as pessoas reconstroem a vida após o divórcio, demissões, mortes, doenças. Estamos destinados a ter que refazer nossa vida pelo menos uma ou duas vezes ao longo de nossa existência. Eu tinha aceitado que reconfigurar os pedaços da minha, tanto como mãe solo de uma criança ainda em luto quanto como atriz de quarenta e poucos anos, era algo que levaria tempo. E tempo foi o que a Sicília me deu. Então pus os pés para fora da cama e os coloquei no chão de mármore.

O dia aguardava diante de mim como um campo aberto. Desfiz as malas enquanto Zoela dormia o sono de uma criança entre fusos horários, idiomas e mundos. Em seguida, desci para tomar um espresso com Nonna.

Eu pude observá-la pela primeira vez desde que tinha chegado, no dia anterior. Ela estava bem, mais alegre. Seu sorriso era como um amigo. Ela colocou uma cesta de frutas na mesa e açúcar dentro da *moka caffettiera*, e deixei as xicrinhas de café na mesa.

Antes que disséssemos qualquer coisa, Emanuela enfiou a cabeça entre as cortinas de renda penduradas na porta aberta.

— *Mi' nora è tornata.* — "Minha nora voltou", disse Nonna, soltando uma risada gutural que poderia ser ouvida a duas casas de distância.

A palavra "nora" em siciliano é *nora* ou *nura*, e, para mim, é similar à palavra italiana *onore*, que significa "honra". Me dava uma sensação indescritível de afeição ser referida como algo que podia honrá-la de alguma forma.

Ela e Emanuela fofocaram por um minuto a respeito da estátua da Madonna na entrada da cidade. Pelo que entendi, precisava ser limpa e adornada com flores frescas. Elas sentiam que deixar a Madonna com aquelas de plástico desbotado que haviam sido colocadas no inverno seria um sinal de desrespeito.

— Mas tome seu café da manhã primeiro. Vou buscar pão. Quantas baguetes você quer?

— Duas, das compridas. — Nonna deu a ela dois euros do estoque sob o vaso de cravos ao lado de uma foto de Saro com o pai.

Com isso, Emanuela deu meia-volta e já tinha saído quase tão rápido quanto entrara.

Nonna e eu repassamos os detalhes de nossa vida desde a última vez que estivemos juntas: sua pressão arterial, meu jardim em Los Angeles, trabalho. Ainda nos falávamos ao telefone toda semana, mas repassar as notícias pessoalmente tornava tudo fresco e renovado. Eu pedi a ela que relatasse qualquer nova fofoca, me presenteasse com histórias da política local, me dissesse quem estava doente ou tinha sido preso. Ela se sentia bem em me contar sobre seu mundo e ouvir pedaços do meu. Nós duas queríamos assegurar uma à outra que estávamos bem. Nos fazendo seguir em frente.

— Aquele filme que gravei em Atlanta vai sair no outono.

Eu sabia que ela não assistiria a *Debi & Loide 2* ou qualquer outro trabalho que eu tinha feito naquele ano. Ela certamente não fazia ideia de quem era Jim Carrey.

Nonna escutava com atenção. Para ela, o que eu fazia como atriz era mágico, como se eu tirasse cada trabalho da cartola, feito um coelho. A taxa de desemprego na Sicília era tão alta que só o fato de saber que eu estava trabalhando — mesmo que ela não entendesse direito o que eu fazia, explicando para desconhecidos que "ela trabalha com filmes" — já lhe deixava satisfeita.

Nonna cruzou os braços macios e carnudos sobre o peito e olhou para o calendário de santos na parede da cozinha.

— Depois da saúde vem o trabalho — declarou. — Na vida, é bom ter os dois. — Em seguida, ela tirou um de seus sapatos de ficar em casa, para dar ao pé uma folga das tiras de couro que deixavam marcas no peito do pé. — E escola, você consegue pagar a escola de Zoela?

Pensei que ela fosse perguntar como Zoela estava indo na escola. Mas Nonna estava passando pelas questões práticas. Haveria tempo para falar de leitura, escrita e aritmética.

— *Mi arrangio* — falei. "Dou um jeito."

Era verdade, eu estava dando um jeito. Minha estabilidade financeira dependia de um fluxo constante de novos trabalhos; o que havia restado de oportunidades passadas; o restante da pequena apólice de seguro de vida de Saro, que usei para grandes despesas inesperadas e inevitáveis momentos de desemprego; e, por fim, a redução de sua dívida médica. Era complicado, sem dúvida. Mas eu tinha passado por coisa pior. Ainda tínhamos a nossa casa, eu ainda podia mandar Zoela para a mesma escola. Não tínhamos sofrido perdas secundárias que muitas famílias na mesma situação sofrem. Eu era muito grata por tudo. E cruzava os dedos.

Então perguntei a Nonna como ela se sustentava.

— Deixo as luzes apagadas. Reutilizo o que posso. — Era verdade. Ela acendia apenas duas das seis lâmpadas do teto. — Tenho que economizar para quando Franca precisar de ajuda para cuidar de mim.

Ela era prática até não poder mais.

Então brincamos sobre como eu estar com ela na Sicília durante o verão me economizou o custo dos acampamentos de verão em Los Angeles e compensou os gastos da manutenção da vida na Califórnia. No fim da nossa conversa, tínhamos chegado até a concordar em matricular Zoela na colônia de férias de meio período da cidade. Ela podia socializar com outras crianças quando não estivesse brincando com a melhor amiga, Rosalia. A taxa de inscrição para o mês inteiro de julho foi de quinze euros, ou dezoito dólares. Um lanche na Starbucks me custaria mais do que isso.

— Aqui não tem nada pra gastar. Temos comida, temos teto, você não precisa de carro.

Ela falou de forma tão convincente que, por um instante, pensei em largar o trabalho, educar Zoela em casa, passar a usar um avental de cozinha e receber meus impostos anuais do governo italiano.

Então Nonna me perguntou dos meus planos para as próximas semanas de nossa visita.

— Bem, no fim do mês, no meu aniversário, meus pais vêm me visitar. — Eu tinha comentado um tempo antes que talvez eles viessem, e agora estava confirmado.

— Ótimo. Então eles verão a festa da cidade! — disse Nonna, entusiasmada.

No segundo aniversário da morte de Saro, meu pai disse a Zoela que um dia a veria na Sicília. Foi outro marco emocional, principalmente para ela. Envelhecer, para Zoela, significava viver mais sem o pai; a cada ano ela se lembrava um pouco menos, e isso era doloroso. Naquele dia, meus pais tinham ido me visitar e fomos ao cemitério de Los Angeles. Attica leu um poema que havia escrito para a ocasião. Zoela havia colocado flores e dançado em círculos com a prima. Eu disse a ela para deixar seus instintos a conduzirem. A dança era uma forma de liberar energia e expressar fisicamente o que não ela conseguia dizer. Naquele grupo íntimo, havíamos encontrado pessoas que sempre estariam ali para nós. Todos tocaram a placa funerária e rezaram em silêncio, e mais tarde meu pai disse a Zoela que iria visitá-la na casa da avó, na Sicília. Ela nunca tinha visto os avós juntos. A última vez que eles se reuniram foi dois anos antes de Zoela entrar em nossa vida.

Agora ia acontecer. Meu pai e Aubrey chegariam no dia da festa da santa padroeira da cidade, meu aniversário.

Nonna não os via desde sua viagem a Houston, mais de uma década antes.

— A casa nos limites da cidade está pronta para eles. Seu pai ainda gosta de linguiça?

— Talvez goste até mais — brinquei.

Ela me disse que o plano era que eles ficassem do outro lado da cidade, na casa da tia de Saro, a mesma tia que morava na Suíça e tinha ido ao nosso casamento e cujo marido havia balançado um guardanapo no ar com meus parentes ao som de "Natural Woman", de Aretha Franklin. O marido já havia falecido, mas não antes de construir uma casa em Aliminusa, onde eles tinham planos de ir ao se aposentarem. A casa ficava vazia, exceto duas vezes por ano, quando a tia descia de trem no outono para a colheita da azeitona, e novamente no verão para Ferragosto, o feriado nacional italiano em quinze de agosto, quando metade da Itália fecha e vai para o mar.

— Espero que não seja simples demais para eles, mas tem brisa e é silenciosa — disse ela.

— Vai ser perfeita. Eles vão amar. Obrigada.

Animada e comovida com a ideia de nossas famílias novamente se conectando, deixei Nonna à mesa e subi para acordar Zoela. Tínhamos cerca de um mês de manhãs na presença de Nonna. Eu não queria que ela perdesse nem uma.

A PROCISSÃO

Com três dias de viagem, me preparei para ir até o limite da cidade, a um lugar onde *il silenzio parla col vento e ti porta ricordi* — o silêncio conversa com o vento e traz recordações. Do lado de fora da casa de Nonna, um pardal bebia água de um vaso de manjericão se desfazendo. O peixeiro de rosto bronzeado se afastava em sua carroça, um peixe-espada apontando para oeste nos fundos da caçamba. Me detive à mesa da cozinha.

Eu não ia ao cemitério da cidade fazia um ano. E estava prestes a começar uma nova tradição: levar uma pedra comigo cada vez que fosse. Em Los Angeles, eu havia me deparado com *Words Are Stones: Impressions of Sicily*, um livro sobre a Sicília e o espírito indomável cotidiano das pessoas da ilha. Saro o tinha em sua coleção de livros na sala de estar. O título me lembrou de que, quando Zoela era pequena, Saro procurava pedras com ela na praia. Umas com formato de coração, uma com formato da Sicília. Após a morte dele, ela havia feito isso sozinha em diversas praias. No verão anterior na Sicília, minha filha tinha encontrado uma pedra com formato de coração e escrito nela "Eu te amo". Depois, eu a levei para o cemitério em nome de Zoela. Agora eu queria levar uma pedra nova e deduzi que, com o tempo e muitas visitas, haveria uma coleção — um pouquinho como a tradição judaica de levar pedras para o túmulo de quem amamos. Eu tinha certeza de que acharia uma ao longo da estrada a caminho do cemitério.

Comecei pelo topo da primeira rua da cidade e iniciei a lenta perambulação pelas ruas de paralelepípedos. Era domingo, e estava quase na hora do almoço, dificilmente uma boa hora para empreitar tal peregrinação. As janelas e portas de todo mundo estavam bem fechadas, como uma defesa contra o calor. O sol implacável de verão pairava lá no alto.

Existe um vento forte, seco e repentino na Sicília que traz consigo o ar das montanhas do norte da África. É chamado de siroco. E, embora eu tenha vivenciado dois sirocos, naquele dia foi diferente. O vento estava mais gentil, carregando quase nada de poeira. Não havia areia cobrindo os carros e as rajadas não carregavam os grãos, destruindo colheitas.

Ao longo da descida, passei por ruas e ruas de estábulos centenários bem próximos uns dos outros, estruturas de pedra que com o tempo evoluíram para humildes casas de estuque. Entre suas paredes grossas, havia cômodos onde gerações de cada família tinham nascido. Fui descendo e passei pela construção que havia servido como escola primária de Saro, antes um local de armazenamento de grãos. Mais abaixo, passei por fontes desativadas onde antigamente as avós dele pegavam água para lavar, cozinhar e dar banho nos maridos após um dia no campo. Passei pela praça pública, aonde costumavam levar a polpa de tomate para secar. A cada passo, presente e passado se separavam com facilidade e então se reuniam de novo. O ar quente estava impregnado de jasmim e eucalipto.

Passei na frente da igreja. Cumprimentei o açougueiro, o padeiro e a queijeira. Passei por uma mula amarrada a uma árvore, arranhando os cascos perto de uma minipalmeira, o rabo golpeando as moscas. À medida que eu caminhava, a cidade começava a ficar para trás, dando lugar a campos que se desdobravam até um vale distante. Olhei para a rede complexa de faixas familiares de terra agrícolas, solo impermeável que, por séculos, tinha requerido um cultivo rigoroso. Ainda assim, a terra cospe funcho selvagem, amêndoas caem das árvores e alcaparras crescem espontaneamente debaixo de pedras. Funchos e o vento seco do norte da África foram meus companheiros de peregrinação.

Quando cheguei, não precisei me esforçar muito para abrir o portão de ferro do cemitério. Foi tão fácil quanto pegar um livro. Como se eu estivesse lá para reler partes específicas em que minha velha narrativa tinha terminado e uma nova e imprevisível havia começado.

Do outro lado do portão, o sol estava escondido por muros, o que tornava o ar mais fresco. Eu me encontrava à sombra dos corredores de paredes de mármore, os quais domavam o vento que vinha do mar. Por um momento, o verão se fora. Poderia ser primavera, outono. A entrada do cemitério não tinha estações. A única certeza era que no cemitério eu era esposa, viúva, a amada que, a pedido do marido, havia levado as cinzas dele para o outro lado do mundo.

Fui me afastando do portão e sorri conforme me perguntava se alguma parte do marido poeta/chef que ainda fazia amor comigo enquanto eu dormia tinha previsto aquele momento. Se ele havia me vislumbrado, perfumada pelo verão siciliano, andando pelas pedras ancestrais para chegar àquele lugar às margens da cidade dele. Sua risada leve e sábia me veio à mente. Ele sabia. Ele quis que eu fizesse exatamente o que estou fazendo. Quis que eu estivesse ali, em meio ao mármore suavizado pelo tempo, e o encontrasse de novo, aos pés de uma colina de uma cidade na colina. Ele queria que eu o encontrasse em uma ilha no coração do Mediterrâneo.

De frente para a tumba, meu primeiro ato foi mover a escada desgastada, porém forte, de madeira até a posição, contra a parede do mausoléu. Naquela hora, porém, não havia ninguém por perto para me ajudar. Era domingo, quase hora do almoço. Qualquer morador da região teria dito que era o pior horário do dia para ir procurar recordações. Meio-dia na Sicília em julho apenas intensificava tudo. Outras mulheres, viúvas mais sábias do que eu, estavam em outro lugar. Estavam diante de um fogão, dando os toques finais a um prato com berinjela e abobrinha recém-colhida. Tinham arrumado a mesa e fatiado o pão. Mas eu não cozinhava na Sicília. Assim, continuei movendo a escada pesada devagar, arrastando um lado na diagonal pelo cimento e então o outro lado, até que por fim a havia posicionado contra a parede com o nome de Saro.

O primeiro degrau sempre parecia instável. Olhei para baixo e vi alguns pregos frouxos prendendo as tábuas da escada no lugar. Mas eu sabia que não eram os pregos frouxos que estavam me deixando trêmula.

Quando alcancei o topo, vi a pedra com a letra de Zoela na borda. Estava cara a cara com a foto da lápide de Saro, ao lado da do pai. A expressão no rosto do pai dele, marcada por toda a eternidade, me lembrava de uma visita de primavera nos primeiros anos da reconciliação familiar.

O pai de Saro tinha acabado de chegar em casa do trabalho e me entregou uma grande cabeça de alho, um presente.

— *Puoi fare una foto*.

Ele gostava quando eu o fotografava, ou o fruto de seu trabalho árduo. Então paramos no meio da via Gramsci, no meio dos paralelepípedos. A nora afro-americana, uma garota da cidade, instruída, tirando foto do sogro que cultivava alho, um homem que costurava dinheiro no cós da calça para que pudesse senti-lo contra a pele enquanto trabalhava nos campos. Na foto, ele está segurando uma faca de cozinha com a mão maltratada, apoiando-a no meio da cabeça de alho. Como se ele pudesse parti-lo ao meio ou o deixar inteiro. A escolha era dele.

Essa foto ficava em nossa casa em Los Angeles, num porta-retratos. Nas semanas antes do falecimento de Saro, ele tinha pedido que eu levasse a foto para o andar de baixo e a colocasse na mesa na entrada da sala de estar. Dizem que quando uma pessoa está perto de morrer ela fala dos entes queridos que já faleceram, relembra-os, até pede para vê-los. Eu não sabia disso na época, mas agora era tudo em que pensava quando via a foto do pai dele.

Sussurrei uma mensagem de amor na pedra que tinha encontrado e a coloquei ali. A pedra não tinha nada de especial, era apenas plana e cinza. Embora pedras amarelas e vulcânicas e ágatas vermelhas pudessem ser encontradas na ilha, eu já tinha ouvido chamarem as pedras cinza de "pérolas da Sicília". Por fim, retornei ao chão, sentindo que era hora de ir para casa almoçar. Tinha certeza de que Zoela estava acordada. Nonna estaria olhando da porta da frente, esperando me ver subindo a rua para que ela pudesse colocar a massa na água fervente.

Afastei-me da parede do mausoléu, fechei os olhos e me virei para começar a caminhada para a casa. Não tentei colocar a escada no lugar. Deixá-la ali era um sinal de que alguém tinha ido ver os mortos.

Na manhã seguinte, encontrei Nonna, Emanuela, Benedetta e Crocetta sentadas ao redor da mesa da cozinha conversando em um siciliano forte e apressado. Seus rostos estavam abatidos. Nonna usava um folheto como leque. Uma moradora de Aliminusa de dezessete anos tinha morrido.

Pelo que entendi, a garota havia adoecido de repente em meados do inverno. Ficou claro para os médicos em Cefalù, a cidade vizinha, que o caso dela estava fora do alcance deles. Ela foi imediatamente transferida para Roma, onde os pais passaram os últimos seis meses do lado de fora do quarto dela no hospital. Freiras de uma igreja vizinha levavam comida do convento para eles. Médicos do mundo todo tinham ido vê-la, porque aparentemente ela era uma dentre treze pessoas no mundo que sabia-se que haviam apresentado aqueles mesmos sintomas; uma enfermidade rara, estranha, misteriosa e ainda não nomeada.

Por meses, o padre tinha atualizado a comunidade sobre o caso dela na missa de domingo, toda semana, pedindo orações para ela e a família. Mas agora havia chegado a notícia de seu falecimento. Havia uma mortalha sobre toda a cidade. Todo mundo tinha torcido por ela, "tão jovem". Homens adultos choravam abertamente a uma simples menção ao nome da menina. Na vendinha de cigarro e jornal, no bar, na piazza, entre as salas de arquivo cheias da prefeitura... a morte da jovem era o único assunto na cidade. A tragédia parecia ser agravada pela natureza misteriosa do ocorrido, a incapacidade até de nomear a doença mortal.

— A família dela, a pobre mãe, ela não saía do lado da filha — disse Benedetta.

— A dor de não saber... — continuou Emanuela.

— Três bebês nasceram e trinta pessoas morreram ano passado — acrescentou Benedetta.

Esses eram os dados genealógicos de Aliminusa.

— A escala mudou completamente. Quem sabe o que vai ser de nós... é assim que achamos o mundo, é assim que vamos deixar ele — declarou Nonna.

Era um ditado quase mais velho do que elas. As quatro voltaram a ficar em silêncio, provavelmente pensando sobre a perda de uma vida jovem.

Meu coração estava com a família. Eu sabia um pouco como era lutar contra inimigos raros e invisíveis. Pensei em como, após dez anos de cuidados, eu deveria ter estado preparada para o que estava por vir. O espectro da doença de Saro tinha pairado sobre mim o tempo todo, porém eu nunca estive pronta para lidar com seus caprichos. O câncer dele estava constantemente se reinventando, e crises agudas já eram tão familiares quanto o ar que eu respirava. Eu tinha visto um café da manhã calmo de domingo com chá e croissants frescos se tornar um caos devido a uma reação adversa a um remédio, que acabou resultando em uma ida à emergência. Eu o tinha visto se levantar da mesa de jantar, dizendo que não estava se sentindo bem, apenas para desmaiar no banheiro minutos depois, batendo a cabeça na pia. Eu tinha visto os humores dele oscilarem e colidirem em um espetáculo intenso, chegando a ressentimento ou raiva em questão de segundos. Organizei nossa vida ao redor do mecanismo instável conhecido como o sistema imunológico dele, que, sob ataque, podia ter uma reação dramática em uma semana e então desaparecer sem aviso na seguinte. Eu tinha assistido a ele quebrar um dente enquanto comia uma baguete certa vez, seus dentes quebradiços e frágeis por conta da radioterapia. Esse era o tipo de coisa para a qual eu nunca poderia me preparar.

— Temos que levar flores frescas para o cemitério. A procissão é amanhã — disse Nonna.

— Vou pegar, lógico — respondi, sentindo-me fraca do nada.

Talvez fosse o calor, os ventos secos da montanha, ou talvez fosse a emoção. Eu tinha estado em Aliminusa em muitas ocasiões, festas, casamentos, eleições hostis, mas nunca durante um nascimento e nunca durante um funeral completo. Isso também era outra primeira vez importante.

Após deixar as flores frescas na tumba de Saro no dia seguinte, voltei do cemitério por uma estradinha esquecida, pela qual era costume levar as mulas muito tempo atrás. Eu tinha consciência de que estava em uma estrada que os sicilianos dizem que faz a pessoa parecer *un'anima persa*, uma alma perdida. Mas isso era exatamente o que eu queria. Não queria ver ninguém, apenas eu e o vento. Entretanto, conforme me aproximava da última fonte em funcionamento na cidade, perto do trecho alargado, para a passagem de mulas e carroças de viagem centenas de anos atrás, vi que a procissão para o funeral da jovem tinha começado. Os enlutados haviam acabado de iniciar a marcha até a igreja, partindo da estátua de santa Ana, a padroeira da cidade, que recebe os visitantes na entrada. O relógio bateu onze horas da manhã, e houve outra rajada de vento.

Continuei minha subida lenta pelos degraus, decidindo no meio do caminho me apoiar na parede sob a sombra, demonstrando meu apoio e respeito. Eu não estava vestida para ir mais além. De calça vermelha e blusa floral, eu não era nenhuma enlutada.

Assisti ao caixão alongado passar, carregado por seis colegas de classe da jovem, adolescentes com espinhas, gel no cabelo e celulares salientes no bolso de trás. De batina branca, o padre Francesco ia à frente do caixão; os pais dela, abatidos, mas de algum modo de pé, caminhavam atrás. Em seguida, vinha uma multidão de pessoas da cidade, cada um com uma rosa branca. As mulheres mais velhas cantavam o cântico solene, enquanto o incenso permeava o ar de verão já denso.

Quando os últimos enlutados passaram por onde eu estava, me afastei da parede e continuei minha subida pela rua principal. Algumas mulheres mais velhas, em trajes pretos e meias de compressão, saíram da janela de suas casas, de onde observavam. Elas sabiam como seria o restante, e provavelmente retornariam para suas cadeiras de palha e rezariam mais um pouco.

Quando cheguei em casa, Nonna estava sentada à mesa. Com lágrimas nos olhos. Ela havia assistido à cena da porta de casa, bem acima na rua principal.

Ao vê-la, de repente me senti fraca. Talvez ela tenha reconhecido a expressão em meu rosto, por isso já tinha puxado uma cadeira para eu me sentar ao lado dela. E foi o que fiz.

Na Sicília, luto não é uma experiência individual, e sim comunitária, em que as pessoas são chamadas para testemunhar e apoiar as outras. Assim como certas culturas africanas usam tambores como uma maneira ativa de lidar com o luto — o ritmo é tocado continuamente por dias, dia e noite, a toda hora, como uma lembrança constante da perda à comunidade —, na Sicília a história do falecido é contada várias e várias vezes. Eu estava preparada para escutar Nonna dar seu testemunho.

Em vez disso, ficamos sentadas em silêncio por um bom tempo. Nada precisava ser acrescentado ao momento.

Então ela perguntou:

— Levou as flores?

— Levei, depois voltei pelo caminho mais longo.

— Nada vai ser mais longo do que a caminhada que os pais dela estão dando hoje.

— Eu sei.

O vento balançou as cortinas da porta.

— E com esse vento, eles ainda vão ficar mais frágeis.

A tarde avançou, e Nonna mandou Zoela e eu subirmos para cochilar.

— Vão descansar. Muito sol e muita morte em um dia.

À medida que a tarde foi se tornando noite, o sol cedeu e o vento se acalmou. Zoela e Rosalia desapareceram em brincadeiras de amigas, fazendo "balões" de água com sacolas de plásticos e jogando-as na via Gramsci. Saí para comprar mais pão e passei pela *edicola*, a banca que também vendia canetas, brinquedos, pilhas e protetor solar, depois parei na loja de queijo para fazer uma encomenda de *ricotta salata*. Queria encomendar logo porque sabia que precisaria de tempo para curar durante minha estada, antes de eu levar para Los Angeles. Na volta, esbarrei em uma senhora de olhos azuis penetrantes e dedos dos pés curvados em sandálias ortopédicas. Ela era uma das primas distantes de Nonna, uma tagarela sociável. Seu nome não me vinha à mente de forma alguma, então a chamei simplesmente de *zia*, o que a fez sorrir.

Após enumerar suas enfermidades e seu descontentamento com o aumento de dez centavos no preço do pão, ela perguntou pela minha família nos Estados Unidos. Eu lhe contei que eles viriam para uma visita e estariam na cidade para a festa de santa Ana. Ela levou as mãos juntas ao peito em um gesto de prazer e surpresa, depois segurou meu rosto com as duas mãos.

— A conexão que você está criando aqui é como uma flor. Ela precisa de terra e sol, coisas que, graças a Deus, são dadas livremente. Mas é você, somos todos nós, que temos que regar a flor para ela crescer. Sem água, todas as relações permanecem pequenas. Elas não conseguem desabrochar, e acabam morrendo.

Ela segurou meu rosto de novo e o beijou duas vezes em despedida. Então começou a subir a rua de paralelepípedos íngreme até sua casa.

A *zia* estava falando sobre família, sobre a Zoela, sobre conexão e sobre cultivar relacionamentos. Mas eu tinha ousado ler algo mais nas suas palavras. E se minha vida fosse como uma flor, algo de que eu tinha que cuidar e que cultivar continuamente? A Sicília era a água e o sol que me fortalecia e me fazia resistir na vida pós-perda. E talvez deixar uma pedra no cemitério como um ato de recordação tivesse um significado extra; talvez fosse símbolo da permanência duradoura do amor de Saro. Seu amor, sua vida, doença e morte me ensinaram muito, porém a minha salvação na perda era o apoio do amor dele.

Continuei voltando para casa, e, ao passar pelas paredes de pedra ao longo da rua, liberei um sonho nas argamassas e fendas, no cotidiano pedregoso que era meu verão na Sicília. Vou usar o amor deste lugar para me fortalecer. É minha herança de pedra, o presente da vida de Saro.

O MOLHO

Os dias em Aliminusa seguiam um ritmo repetitivamente agradável, e, na nossa segunda semana, Zoela e eu entramos em uma rotina. Todo dia ela devorava leite morno e dois punhados de biscoitos e saía para a rua.

— Cuidado com os carros na piazza, e não passe da ponte no fim da cidade — eu a lembrava.

Eu dava um beijo nela, confiante de que minha filha voltaria na hora do almoço para encontrar fartos pratos de azeitonas, macarrão com vagens frescas, queijo e pão. Depois certamente sairia de novo após uma sesta vespertina.

Enquanto isso, meu pai continuava me ligando para me atualizar sobre a chegada deles. Nossas conversas eram assim:

— Wi-Fi?

— Não.

— E uma cafeteira americana?

— Pai, traz café solúvel.

— Vamos alugar um carro.

— Ah, não, não vão. Eu vou buscar vocês.

— Tembi, eu já dirigi pela Europa inteira e pelo leste do Texas. Consigo fazer isso.

O entusiasmo do meu pai por viagens de carro era quase fervoroso.

Aubrey entrou na ligação e começou a provocar o marido, os dois gostavam de fazer isso.

— Dirigir, é? Na Sicília? Você vai dirigir que nem você fala português?

— Não, dessa vez é de verdade. Eu consigo lidar com as estradas da Sicília. Meu português é só fachada.

Era uma piada da família. Segundo meu pai, ele falava três línguas estrangeiras: português, suaíli e "texano do leste". Ele alegava ter aprendido português em Moçambique, Angola e Guiné-Bissau quando viajou com Stokely Carmichael; suaíli, quando foi para a Tanzânia ajudar na luta pela liberdade em 1974; e "texano do leste", quando colheu algodão na terra perto da fazenda dos avós. Todos na família concordavam que ele sabia arranhar cinco palavras em cada língua, no máximo. Isso é, com exceção do "texano do leste". Nessa, ele era cem por cento fluente.

— Pai, eu me sentiria melhor se você simplesmente contratasse um motorista para trazer vocês do aeroporto para cá. É difícil se localizar na Sicília. Sério, este lugar não é preparado para turistas e não sicilianos. Me deixe falar com seu agente de viagens.

— Isso, Gene, por favor. Vamos facilitar as coisas. — Aubrey era o yin sensato para o yang aventureiro dele. — Na verdade, Tembi, ligamos para você porque eu preciso saber o que levar para Nonna e Franca e Cosimo — continuou ela.

Dar presentes era o forte de Aubrey. Em outra vida, ela podia ter feito uma fortuna comprando presentes incrivelmente íntimos para conhecidos de outras pessoas. Ela era dona de uma habilidade rara, como ser capaz de cantar acima de cinco oitavas ou fazer malabarismos com fogo andando em pernas de pau. Era uma habilidade que me faltava. Ela queria que minha família siciliana soubesse quanto a família texana amava Saro e agradecia a hospitalidade deles. Passei uma lista de possíveis opções para meus sobrinhos e cunhados. Depois cheguei a Nonna.

— Traga alguma coisa para a casa dela. Alguma coisa que honre a memória do filho. É tudo o que ela vai querer. E talvez um lenço preto.

Era vago, e fiquei com vergonha por ainda não conseguir pensar em um presente para a mulher que agora era como outra mãe para mim.

Meu pai entrou de novo na ligação.

— Aliás, nós chegamos no dia do seu aniversário, de manhã. Como você quer comemorar?

— Ah, pai. Não sei.

Eu realmente não sabia. Não era só o meu aniversário — era meu aniversário de casamento. Duas datas importantes para sempre vinculadas. Agora, dezenove anos depois do meu casamento em Florença, meus pais e a família de Saro estariam juntos nesse dia, o dia em que um mundo de diferenças e desconfianças os tinha afastado. Estariam juntos sem a pessoa para quem a união deles, principalmente na Sicília, teria significado tanto.

O verão era a estação de fazer molhos. O ar tinha cheiro de madeira queimada e molho de tomate. Por toda a cidade, garrafas verde-escuras vazias de água mineral e de cerveja preta secavam em prateleiras e caixotes nas calçadas na frente das casas e *dei magazzini* — os porões e garagens da cidade que eram usados para guardar tratores, equipamentos de agropecuária e caldeirões para a tradição de fazer molho de tomate. Tomates, a marca do verão. Tomates italianos San Marzano de um tom vermelho intenso, vindos direto dos campos, eram transformados em molho, como acontecia havia gerações. Espaços de armazenamento e galpões por toda a cidade logo teriam inúmeras garrafas de molho de tomate enfileiradas para os moradores da cidade, o suficiente para durar até o inverno. Segundo os sicilianos: "Não existe alegria maior do que saber que no auge do inverno você pode abrir uma garrafa e fazer uma massa que tem sabor de alto verão."

Nonna não fazia molho desde que Giuseppe tinha morrido, seis anos antes. Seu centenário caldeirão de cobre estava embrulhado em cobertores de lã, perto das ferramentas de Giuseppe para cortar alcachofras e amarrar alhos na espécie de sótão entre o telhado e o segundo andar da casa. Ela deixou a produção do molho para Cosimo e Franca. Todo ano eles faziam o suficiente para ela, trinta ou quarenta litros. Naquele verão, porém, a agenda de trabalho de Cosimo impediria que ele fizesse molho nas duas semanas seguintes, e ele só voltaria a produzi-lo quando eu já tivesse voltado para Los Angeles. Em vez dele, seus primos que moravam no comecinho da via Gramsci assumiram a tarefa naquela tarde.

Na mesa do café da manhã daquele dia, Nonna pediu a Zoela que não jogasse fora suas garrafinhas de suco de pera e pêssego. Ela as lavaria, ferveria e guardaria.

— Podemos usar para o molho. Essas garrafinhas vão caber muito bem na sua mala. São perfeitas para duas pessoas. Quando você voltar para casa depois do trabalho, abra uma, e você e Zoela vão ter um jantar. Eu faço isso para mim. A garrafinha é suficiente para mim, já que sou só eu. Se você quiser ver como é feito, vá até a Nunzia hoje mais tarde. Leve a Zoela.

Eu suspeitava que Nonna gostava da ideia de Zoela passar um tempo com outra prima sua, que morava na rua principal.

Três gerações da família Lupo e dois ajudantes começariam o trabalho de acender o fogo com lenha catada dos campos, descascar os tomates, salgá-los, cortar a cebola, preparar o manjericão, manejar o caldeirão, depois engarrafar e armazenar o molho. O processo todo exigia três dias de preparação (limpar e esterilizar as garrafas, colher os tomates), um longo dia para fazer o molho e mais um ou dois para o molho esfriar. Diferentemente de outras famílias da cidade, que começavam o trabalho às duas da manhã e trabalhavam até as dez, a família Lupo começava seu molho no fim da tarde e continuava noite adentro, porque seu galpão ficava de frente para o sudeste, em um morro. Então, por conta da geografia, eles evitavam o calor opressivo da tarde e recebiam uma corrente de vento quando abriam todas as janelas.

A parte "leve a Zoela" do plano de Nonna era complicada. Para afastá-la de Rosalia, seria necessário um esforço gigantesco. Em geral, as crianças da cidade não gostavam de fazer molho — e não o faziam com nenhuma outra família que não a própria. Fazer molho era uma tradição familiar que envolvia riscos. Era um trabalho extremamente árduo, e muitas vezes não se permitia que as crianças ficassem perto dos caldeirões. Além disso, em geral elas ficavam cansadas e reclamavam. Era uma das razões pelas quais tantas famílias faziam o molho à noite, na hora em que as crianças estavam dormindo.

Enquanto lavava as garrafinhas, enfiei a cabeça para fora, a fim de falar com Zoela e Rosalia.

— Ro-zaa! — Esse era o apelido pelo qual as mulheres na rua a chamavam, então eu fazia o mesmo. — Zoela e eu vamos até a casa da Nunzia mais tarde, fazer molho. Quer ir?

Ela e Zoela estavam sentadas no banco, matando o tempo gravando vídeos no iPad de Zoela. O último era um *thriller* sobre os caixões guardados perto da casa de Nonna.

— Não, não posso. Tenho aula de clarinete.

— É verdade. — No último ano, ela havia conseguido uma vaga na banda da cidade. Como a procissão da festa de santa Ana estava próxima, ela precisava ensaiar nas tardes seguintes. — Mal posso esperar para ouvir você tocar.

Por dentro, eu estava feliz, porque isso significava que eu não enfrentaria muita resistência por parte de Zoela. Realmente queria que ela visse de onde vinha o molho de tomate que ela comia quase diariamente à mesa de Nonna. E queria viver essa tradição, a mais antiga da cidade. Poderia ser o ponto alto perfeito do verão.

A tarde parecia estar passando em ritmo de tartaruga. Descansar depois do almoço, ler. Eu tinha até a intenção de catar brotos de alcaparra da trepadeira que crescia nas rachaduras no trecho de cima da via Gramsci. Foi Gianna, que morava na casa acima da tal trepadeira selvagem, que me disse o que era aquilo. Eu nunca tinha visto pé de alcaparra. Ela me disse que às vezes os ventos carregavam as sementes, levando-as até os degraus de pedra. Eu planejava colher pelo menos duas xícaras, salgá-las e deixá-las secar ao sol perto dos tomates na frente de casa. Levaria tudo para Los Angeles.

Então, no início da tarde, o telefone tocou.

Nonna atendeu, irritada por sua sesta ter sido interrompida. Pude ouvir seu *"Pronto?"* alto até do andar de cima. Segundos depois, ela me chamou.

— *Pigghia u telefono*. — Ela estava usando o siciliano para me dizer para pegar o telefone. Não o italiano. O que quer que fosse, era urgente.

Havia acontecido um acidente de carro na rua seguinte. Ninguém tinha se machucado, mas um dos motoristas era um turista inglês. Ele não falava italiano e eu era a única pessoa na cidade que falava inglês. Um vizinho ligou porque eles precisavam de mim para falar com o turista e, quem sabe, traduzir e apaziguar a situação tensa.

Quando cheguei, encontrei um homem de quarenta e tantos anos com jeans justo e uma camisa branca de linho. Ele pareceu chocado quando surgi. Estava no meio da rua, visivelmente tenso e cercado por sicilianos. Uma multidão começava a se juntar.

Nos cumprimentamos rapidamente e nos apresentamos da maneira que só falantes do mesmo idioma em um lugar estrangeiro conseguem fazer. Ele era produtor musical, de férias com a família na região. Estavam alugando uma chácara lá perto, e ele tinha entrado na cidade para comprar pão e descobriu que estava tudo fechado. O homem em cujo carro ele tinha batido, logo descobri, era Calogero, o fazendeiro amável com a risada gostosa que todo ano me dava lentilhas de sua propriedade para levar para Los Angeles.

Assim que Calogero me viu, soltou:

— *Parla con quello!* — "Fale com aquele cara!" Depois jogou os braços para cima em um clássico gesto siciliano de frustração, resignação e crescente indignação, um movimento que me mostrou tudo o que eu precisava saber.

Antes que eu pudesse traduzir, o inglês se apressou a fazer a própria defesa. Ele estava irredutível de que havia sido culpa de Calogero. Olhando para a sua caminhonete, era óbvio que ele devia estar certo. Calogero decerto tinha tirado o carro da entrada de sua casa em marcha a ré sem olhar. As pessoas quase nunca passavam por aquela rua. O inglês provavelmente não esperava que um carro saísse de ré de uma daquelas entradas tão estreitas.

Perguntei ao inglês se podíamos falar longe da multidão cada vez maior.

— O homem que você está acusando de bater no seu carro é primo do prefeito — falei, pulando para o que me parecia ser a informação mais relevante.

O homem me lançou um olhar confuso e irritado, como se dissesse: "Que porra tem a ver ele ser primo do prefeito?" Mas eu estava pensando como os sicilianos, o que significava considerar a hierarquia social de uma situação específica frente aos fatos.

— Você tem seguro do aluguel? — perguntei.

— Não. Achei que não fosse precisar. Eu só quero que ele assine o formulário no porta-luvas dizendo que ele bateu em mim.

Estava quente, no meio da sesta. A cena ficava mais barulhenta e a multidão ali crescia muito. Parecia que todos estavam ansiosos para me contar o que tinham visto.

— Vamos para dentro — pedi, puxando-o em direção à porta de Calogero.

Dentro da cozinha aconchegante e imaculada, três gerações da família do meu fornecedor de lentilhas estavam reunidas à mesa para testemunhar a favor da inocência do parente. Nós nos sentamos todos ao redor de uma mesa de quatro lugares com uma cobertura de plástico. Os demais nos cercavam. Uma luminária de cerâmica siciliana tradicional com uma pintura de mouros e trepadeiras pendia sobre nós. Havia uma caixa de tomates em cima de uma cadeira próxima, provavelmente esperando para serem levados à panela.

Eu mudava do inglês para o italiano e vice-versa, traduzindo tanto idioma como cultura para um turista inglês que começava a descobrir que as circunstâncias não lhe eram favoráveis. Na Sicília, a culpa é relativa. Os fatos são sempre sujeitos a como você vê os acontecimentos. Ainda assim, ficamos vinte minutos fazendo desenhos em guardanapos de um lado e do outro, em uma tentativa de recriar o que tinha acontecido, até o inglês desistir de buscar lógica e se render ao fato de que estava em uma cidadezinha na Sicília, com pessoas que nunca trairiam um dos seus. O que quer que realmente tivesse acontecido era irrelevante, na verdade.

— Você não está na Toscana, mas na Sicília — comentei, lembrando-o de que a Itália não era um monólito e de que a Toscana não servia de exemplo para o país inteiro, apesar do que o cinema pudesse sugerir.

Os toscanos recebiam turistas havia meio século, absorvendo centenas de milhares de visitantes, com todos os problemas, questões e contratempos que podem acontecer nas férias. A Sicília, principalmente o interior rural, tinha pouca infraestrutura de turismo. O inglês não era tão comum, e a população local não se preocupava com o que acontecia fora dali, tampouco convidava o mundo a entrar.

— É, estou entendendo isso agora — disse o turista, de repente se dando conta desse fato, tão claro quanto um dia de julho na Sicília.

Então ele se virou para mim e, talvez pela primeira vez desde o instante em que nos conhecemos, me viu — uma mulher estadunidense negra sentada à mesa entre pessoas com as quais não se assemelhava e que não defendia, mas a quem parecia compreender.

— Como diabos você veio parar aqui? — perguntou ele.

Eu lhe dei a única resposta que poderia explicar a situação:

— Fui casada com um siciliano. Agora sou viúva dele.

Ele hesitou por um momento, como se tentasse processar a sequência de acontecimentos que nos haviam levado até aquela situação. Depois me ofereceu seus pêsames. Dez minutos depois, eu o convenci a desistir da questão do seguro.

— Diga a eles que bateram no seu carro enquanto estava estacionado. Não foi culpa de ninguém. Pague a multa e aproveite o restante das férias — sugeri.

— É um lugar lindo — disse ele, se referindo aos campos ondulados que levavam ao vale lá embaixo. — Pena que aconteceu tudo isso. Não posso dizer que vou voltar. Essas pessoas não facilitam.

Eu queria fazê-lo entender que ele estava em uma ilha que havia sido conquistada e governada por muitos estrangeiros ao longo da história. Que o instinto dos sicilianos não é sempre o de facilitar para um forasteiro.

Eu o observei ir embora no carro, subindo a estrada sinuosa entre os pés de amora, seguindo pela série de curvas que levariam à chácara que ele estava alugando. Eu já estava com uma vontade louca de voltar para casa. Tinha sido tudo bem exaustivo.

Quando cheguei, Nonna tinha feito um café da tarde para nós e deu de ombros quando contei a história de Calogero e do inglês. Sua bolsa estava em cima da mesa. Ela logo iria à missa. O padre do Burundi estava de volta, e ela queria ir pegar um lugar perto dos ventiladores.

A mulher de Calogero tinha me parado quando eu estava voltando para casa e me dado uma bolsa de grãos-de-bico secos da colheita da primavera como agradecimento pela minha ajuda. Nonna e eu decidimos limpá-los enquanto esperávamos o café ficar pronto. O grão-de-bico ainda estava com resquícios de terra e pedaços de palha. Nonna os lavou para remover partes indesejadas, e eu fiquei a postos com a peneira e um pano de prato com estampa floral para secá-los. Trabalhamos em silêncio, o cheiro de café sendo passado inundando a cozinha. Fiquei com a sensação de que ela estava pensando em alguma coisa. Depois de secar o último punhado de grãos e colocá-los em um pote raso para secarem mais ao sol, o café finalmente ficou pronto. Foi quando ela falou.

— Você ficou do lado de Calogero? — Ela serviu um golinho de café para si e bastante para mim. — Porque os outros vão e vêm, mas nós estamos juntos aqui.

Levei um instante para captar o espectro total do que estava sendo dito — tanto uma declaração quanto um convite, um momento tão tipicamente siciliano quanto a terra em que pisávamos.

Nonna via a situação como nós contra *eles*. Ela estava ao mesmo tempo testando minha lealdade e meu sentimento de pertencimento àquele lugar, àquela comunidade. Por trás da questão, ela estava perguntando se eu era parte do *nós* dela.

Não tive dúvidas sobre a resposta.

— Fiquei, sim — assegurei a ela. — A senhora não vai ter nenhum problema. Calogero provavelmente vai trazer lentilha e grão-de-bico o ano todo.

Nonna riu e enxugou a pia e a bancada, limpando a poeira ou os problemas que ninguém podia ver além dela. Eu esperava que a minha sogra também estivesse eliminando qualquer dúvida sobre como eu me sentia a respeito dela e do lugar que ela chamava de casa. Logo depois, ela colocou sua roupa preta formal de viúva, aplicou spray no cabelo no caso de o vento aumentar e saiu para a missa.

Enquanto Nonna estava na igreja, arranquei Zoela do iPad e disse que um caldeirão fervente estava nos esperando. Era hora de fazer molho. Fechamos a porta e seguimos o cheiro de lenha queimada e tomates aveludados.

Quando entramos no porão, encontramos todos os membros da família Lupo em plena atividade. Uma dupla supervisionava a lavagem, outra acrescentava cebola e sal marinho grosso das salinas de Trapani. Havia uma estação de sova, onde tomates cozidos eram passados por peneiras de metal para separar a polpa das sementes e da pele. Era lá que os tomates eram reduzidos a uma pasta. De perto, o cheiro de fumaça que impregnava a cidade era quase sutil. Em um segundo cômodo, a integrante mais velha da família Lupo, Pina, mexia um segundo caldeirão exclusivo para a pasta. Ela usava uma colher de pau do comprimento do seu corpo, dos pés ao peito. Seu trabalho era mexer o molho constantemente, em um movimento suave, para não o deixar grudar no fundo. Ali perto, os homens mais velhos retiravam pequenos potes de molho e os levavam para a estação de engarrafamento. Então Maria Pia enchia cada garrafa, fechando com uma tampinha. Por último, havia uma área do porão com *cesti* de palha centenárias — grandes cestas do tipo que antes eram carregadas por mulas. Garrafas cheias eram colocadas dentro das cestas e embrulhadas com cobertores para esfriar.

Zoela e eu ficamos olhando para aquela operação antiga, eficiente e precisamente cronometrada e ritmada sem ter ideia de onde entrar. Por um momento, aceitei que nosso papel talvez fosse ficar paradas e assistir de fora, como intrusas. Fiquei preocupada de que toda a minha propaganda para Zoela sobre fazer molho acabasse sendo uma decepção. Eu sabia que ela ficaria entediada em cerca de cinco minutos se tudo o que pudesse fazer fosse ficar parada em um porão quente e assistir a outras pessoas trabalhando. Mas aí ela falou:

— *Posso aiutare?*

O lugar se iluminou de surpresa e entusiasmo com aquela vozinha pedindo para participar.

— *Certo* — foi a resposta dada em uníssono. — Pegue um avental — pediu alguém.

— *Voglio mescolare.* — Zoela estava apontando para o primeiro caldeirão, em cima de uma chama laranja e vermelha brilhante. Ela queria mexer. A colher de pau era maior do que ela. — Posso fazer aquilo.

— Você precisa ficar afastada. Ou a fumaça, a cebola e o vapor vão machucar seu rosto. Você precisa ficar longe e mexer.

Zoela pegou a colher com um tipo de satisfação que parecia exclusiva do momento em que uma criança é convidada por adultos para participar pela primeira vez de alguma coisa antes desconhecida para ela. Ela olhou para mim em busca de aprovação. Apesar do óbvio risco do fogo, da fumaça e de líquidos escaldantes, não havia como eu negar aquele momento a ela.

Fiquei de fora enquanto todos trabalhavam em um ritual silencioso. As mãos de nove anos de Zoela estavam fazendo uma coisa que a avó tinha feito, que o pai provavelmente tinha feito. Era colaborativo, útil e terapêutico graças à continuidade que proporcionava. O ritual continuou assim por um tempo, até Marianna quebrar o silêncio:

— *Tutte le cose in questa salsa vengono da qui. Tutto viene da questo terreno.*

"Todas as coisas desse molho vêm daqui." Ela colocou ênfase no *da qui* e apontou para a janela aberta logo atrás do caldeirão, para os campos ao longe emoldurados em uma janela panorâmica de pedra. "Tudo vem desta terra."

Zoela olhou para cima e para fora. Eu segui seu olhar. O vale estava visível, a cadeia de montanhas a cerca de trinta quilômetros de distância. Os morros tinham listras vermelho-escuras, a cor da safra de verão dos tomates.

— É nosso pedacinho de terra — continuou Maria Pia, se aproximando de Zoela.

Ela parou atrás de minha filha e colocou a mão em cima da mão da menina para ajudá-la a mexer. O trabalho era árduo e cansativo. Eu estava preparada para ajudar, mas Marianna também percebeu. Zoela ficou aliviada pela ajuda, mas não estava nem um pouco pronta para abandonar o posto.

Ela continuou firme, seu corpo de nove anos tão determinado e comprometido a fazer o molho como o de qualquer outra pessoa naquele cômodo. Meu coração se aqueceu. Eu admirava sua personalidade. Ela era o tipo de criança que eu imaginava que pudesse se tornar uma mulher sem medo de enfrentar o calor e o fogo da vida para dar uma mexida nas coisas. Que era capaz de valorizar a terra em que nos encontrávamos. Que sabia que, aonde quer que fosse, era uma parte da nossa terra compartilhada. Estava embutido no significado do seu nome, Zoela — um pedaço de terra.

Ficamos mais uma hora. Eu engarrafei molho, misturei, salguei tomates, aprendi a abrir o centro do fruto da maneira antiga, enterrando o polegar no meio, onde antes havia o caule, e alcançando o miolo. Zoela e eu saímos cheirando a madeira de eucalipto defumada, manjericão, cebola e sal marinho. O aroma estava no nosso cabelo, na nossa roupa, tinha entrado na nossa pele — e me fez lembrar do cheiro de Saro quando ele voltava para o minúsculo apartamento em Florença toda noite depois de trabalhar no Acqua al 2. Era um cheiro fascinante, estimulante, que eu não queria que saísse de mim.

Fui para a cama cansada naquela noite, mas com a imagem de tomates italianos dançando na cabeça. A criança, a filha do chef, mexendo a panela. Como eu desejava que Saro tivesse estado lá para ver. No entanto, de alguma maneira, eu sentia que ele estivera. Do mesmo jeito que, na manhã em que nos despedimos, senti que ele estaria esperando por mim.

SÁLVIA E SANTAS

Acordei no meu aniversário de quarenta e quatro anos pensando em funcho e nas poesias de Saro. Era a última manhã que eu teria sozinha com Nonna naquele verão, antes que meus pais chegassem, na hora do almoço. Alguns dias depois, Zoela e eu iríamos a Roma, e então voltaríamos para Los Angeles. Ouvi o som inconfundível da caixa-d'água sendo enchida acima das vigas no quarto. A água chegava na cidade uma vez por semana, vindo das montanhas, e os moradores tinham permissão de encher as caixas-d'água de casa para a semana seguinte. O barulho do fluxo de água ecoava pelas paredes de pedra e reverberava no chão de mármore. Era alto, estrondoso a ponto de me acordar. Zoela ainda estava dormindo.

Um cheiro de produto de limpeza subiu vindo do andar de baixo. Ouvi Nonna movendo as cadeiras. Ela provavelmente estava esfregando o chão. Limpar era sua meditação, sua tradição nos nossos últimos dias. Meus pais chegariam em algumas horas, e com certeza teríamos um fluxo constante de visitas. A hora da limpeza talvez fosse minha última chance de conversar com Nonna com calma, só nós duas, cara a cara.

Eu me arrumei, prendendo o cabelo e colocando um roupão. Provavelmente seríamos interrompidas por algum transeunte — os moradores da via Gramsci indo comprar pão, trazendo legumes e verduras frescos dos campos, pendurando a roupa lavada para secar, comerciantes vendendo suas mercadorias. Eles enfiariam a cabeça pela porta da cozinha, trazendo fofocas ou notícias locais, ou compartilhariam qualquer coisa que os afligisse. Por isso, eu queria estar apresentável, mas não estava pronta para me vestir completamente. E, depois de três verões, Nonna sabia que, quando eu me sentava à sua mesa de pijama, eu não estava com pressa nenhuma.

Ao chegar ao último degrau da escada, tomei cuidado para não escorregar no chão molhado.

— *Stai attenta!* — disse ela, me pedindo para ter cuidado. — Eu ouvi você lá em cima. O café já está passando. Pode sentar.

Fiz o que ela mandou. Ela checou o fogo embaixo da *caffettiera*, me entregou minha xicrinha de sempre e me passou o açúcar. Era uma ação suave, fluida, uma coreografia simples que havíamos feito inúmeras vezes antes à mesa da cozinha. Eu me acomodei.

— Mamma. — Ousei chamá-la assim, pareceu natural no momento. — A senhora sabe como eu sou com despedidas.

Acho que me senti encorajada pela luz da manhã, por estar pensando em Saro, pelo meu aniversário, os hóspedes prestes a chegar e a consciência tácita de que não havia a promessa de um outro verão para nós.

— Não precisa me falar, desde ontem meu coração está pesado. E nos próximos dias, não vou estar bem — disse ela, abaixando o fogo.

Ela se sentou e me perguntou sobre meus planos para o dia. Eu disse que iria ao cemitério mais uma última vez. Ela me lembrou de pesar a bagagem e viajar apenas com o necessário. E me disse que ainda tínhamos seis garrafas de molho de tomate para embalar e colocar na mala. Continuamos conversando amenidades por cerca de dez minutos.

Depois, ficamos apenas sentadas, quietas. O som do borbulhar do espresso subindo na *caffettiera* quebrou o silêncio. Ela nos serviu um golinho para começar. Depois soltou:

— O que você passou, os anos que ficou do lado de Saro, você merece ser recompensada por isso.

Ela estava falando com uma rara e espontânea intimidade sobre minha vida longe da sua casa, longe dos nossos momentos à sua mesa. Bebi o café e olhei lá para fora. Levei um minuto para perceber as coisas variadas que ela poderia estar sugerindo. Então, imediatamente, aproveitei aquela abertura.

— Estou tentando me fazer seguir em frente, do meu jeito. Criando Zoela da melhor maneira que consigo. Estou tentando construir uma vida nova — falei, me sentindo subitamente exposta, como um melão partido ao meio. — Queria uma vida que seja abrangente para nós duas. Zoela e eu precisamos disso. Com um pouco de sorte, tenho uns quarenta anos pela frente. E gostaria que eles também fossem preenchidos com alegria.

Nonna deu de ombros.

— *Ma come no?* — disse. "Mas por que não?"

Ela ia tomar outro gole de café, mas sua xícara estava vazia, então olhou para fora, além da cortina de renda costurada a mão pendurada na porta da frente. Limpou a boca com um guardanapo e continuou:

— Mesmo seguindo em frente, ninguém esquece. — Então ela se virou para mim. — Não sei se estou me fazendo entender.

Olhei nos olhos dela. Fiquei pensando se ela estava falando sobre eu me abrir para outro amor.

— Sim, acho que entendi. Meu coração nunca vai esquecer, mesmo seguindo adiante com a minha vida.

Ela aquiesceu em resposta. O ar à nossa volta estava repleto de todas as coisas não ditas. Ela estava, à sua maneira, me falando que eu era reconhecida e amada. Que não importava para onde minha vida me levasse, sempre haveria um amor inabalável.

Ela tirou os óculos e usou o mesmo guardanapo para secar os olhos. Depois empurrou um doce de damasco e brioche na minha direção.

Eu sabia que tínhamos alcançado mais um marco como amigas, viúvas e mães.

— Agora me deixe ligar para minha prima em Petralia. Aquela ali é capaz de me morder se você não se despedir dela pessoalmente. Me passe o telefone.

• • •

Quinze minutos depois, eu estava vestida e do lado de fora. Ia caminhar pelas colinas uma última vez, e deixei Zoela dormindo. Decidi ir a um lugar que visitei com Saro e o pai. Desci a via Gramsci e virei à esquerda. Sinos de ovelhas soaram atrás de mim quando o pastor passou pela rua principal levando o seu rebanho para pastar no vale ao pé da cidade.

Senti um vento vindo do mar e olhei para aquele céu que parecia sem fim. Naquele momento, não consegui pensar em um presente de aniversário melhor. Eu não via um céu assim em Los Angeles. Lá o céu parecia ser um domo sobre a cidade. E na maioria dos dias, eu seguia uma rotina apressada e urbana, indo de um lugar para outro, sem nunca ter por que olhar para cima ou para fora.

No finzinho de uma encosta que se estreitava, estava nossa amoreira de família. Em volta dela havia quatro pereiras que davam peras verdes em miniatura, com um sabor intenso. Era aonde eu ia para me afastar.

O silêncio era garantido.

As amoras não decepcionavam. Estávamos no fim da estação, e muitas haviam sido levadas pelos pássaros ou caído no chão. Eu não conseguia alcançar as frutas mais altas sem uma escada, então me concentrei nas amoras que restavam nos galhos baixos. E aí toda a minha vida com Saro de repente ocupou minha memória. Eu me lembrei das alcachofras na primavera e do sal embaixo das unhas dele. Me deleitei com esse pequeno detalhe. Enquanto isso, deixei as frutas doces e ácidas explodirem na minha boca mais uma vez.

Então me encaminhei de volta para a cidade. Fiz um desvio e passei pela estrada que levava à fábrica de azeite. No dia anterior, eu havia encontrado Epifanio, um primo distante de Saro. Ele administrava a fábrica de azeite localizada bem na periferia da cidade, e tinha me dado uma aula improvisada de *desgustazione dell'olio di oliva*. Ele dissera que, ao degustar o azeite, o importante é deixá-

-lo despertar o paladar, que então enfrentará seus sabores verdes e picantes, simultaneamente reconhecendo sua suavidade.

Ao redor da fábrica, Epifanio cultivava antigas variedades de hortelã, sálvia e manjericão, espécies herdadas, que eram comuns séculos antes, mas pouco conhecidas pelos sicilianos modernos. Tudo aquilo, ele me ensinou, se devia à polinização cruzada, algo natural, sem que qualquer interferência humana fosse necessária.

A erva com a qual fiquei mais admirada foi a *salvia all'ananas* — sálvia-ananás, diferente da variedade clássica pela sua cor diversificada. Em mais de quarenta anos de planeta Terra, eu não sabia que algo assim existia. A ilha, mesmo vinte anos depois, ainda estava se mostrando para mim. Quando esfreguei a sálvia entre as mãos, ela exalou um aroma delicado, que lembrava abacaxi. Epifanio me disse que não era possível comprar sementes, a erva crescia a partir de cortes na estrutura, fazendo um pedaço de uma planta dar vida a outra.

Eu havia ficado lá apreciando o cheiro de abacaxi na minha mão, percebendo que a vida ainda se revelava para mim, eu só precisava ficar aberta para ela.

Voltei para casa passeando por arbustos e mais arbustos de funcho selvagem. Eu nunca tinha notado aquilo, mas lá estava, crescendo todo entusiasmado ao longo da mesma estrada por onde eu havia passado antes — era parte da paisagem, os caules brancos na altura dos joelhos e da cintura, com topos verdes felpudos que, para quem não prestasse atenção, pareceriam ervas daninhas. O funcho é uma coisa deliciosa que pode brotar no meio de ervas daninhas ao longo da estrada da vida. Como Saro havia dito: "Está lá para fazer você saber que está vivo."

Quando cheguei em casa, Zoela estava acordada e sentada à mesa da Nonna.

— *Ciao, mammina* — disse ela com um sorriso.

Cada verão na Sicília tinha marcado uma etapa do crescimento de Zoela. Andando nas ruas sozinha toda as manhãs para pegar o pão do dia da *pasticceria*, aprendendo o antigo ofício de fazer ricota fresca ou brincando no pomar da família, a Sicília havia se tornado um presente para ela, o lugar onde ela sempre conheceria mais do pai. Sua independência era impressionante, suas amizades, mais profundas, seu italiano, encantador. Ela agora fazia piadas em italiano, me levando a acreditar que a Zoela italiana era o alter ego da Zoela americana. Eu amava as duas.

Ela estava escrevendo um cartão-postal. Era algo que eu lhe dizia para fazer todo verão, escrever um cartão-postal para si mesma contando o que aquele verão tinha significado para ela, e depois nós mandávamos para Los Angeles. Esse cartão era de uma paisagem de Cefalù à noite. Pensei em como tínhamos andado pelas ruas até bem depois da meia-noite uma semana antes. Tínhamos deixado o ar marinho encher nossos pulmões, bebido granitas na praça da catedral. Ela havia encontrado *il Gran Carro*, a Ursa Maior, no céu e conversado sobre o pai.

— Você acha que ele consegue ver a gente aqui? — perguntou.

Ela sabia que o fim da nossa viagem estava próximo. Então conversamos sobre nos despedir de Nonna, dos primos dela e dos seus amigos. O luto estava à flor da pele. Eu via como esse assunto ia e voltava na conversa. Ela falou sobre o cabelo de Saro no dia em que ele morreu, perguntou a idade de Nonna. Depois, mais tarde, quando estávamos caindo no sono naquela noite, ela me fez prometer que eu me esforçaria ao máximo "para viver até cem anos".

Eu lhe respondi o que sempre respondia quando o medo e a perda a deixavam quieta e pensativa.

— Eu tenho saúde. Se depender de mim, vou ficar aqui tempo suficiente para ver você se tornar uma senhora idosa.

Isso a fez rir.

— Mas eu não vou morar mais na sua casa, você sabe — acrescentou rapidamente.

— Eu ficaria surpresa se você morasse.

— Talvez eu more aqui.

— Se você morar, vai precisar ter um quarto para eu visitar.

Quando terminou o cartão-postal e limpou a mesa do café da manhã, ela começou a ajudar Nonna a preparar o almoço. Era a primeira vez que fazia isso. Zoela me chamou na sala, onde eu estava embalando garrafas de molho de tomate com jornal e colocando-as dentro de meias velhas que Saro havia deixado lá anos antes.

— *Guarda, mamma* — pediu, me falando para observá-la.

Ela estava ralando queijo com um ralador de mesa vertical que tinha uma manivela do tamanho da mão dela. Era o utensílio mais antigo da cozinha, comprado não muito depois do casamento de Nonna.

Com uma olhada rápida na cozinha, pude ver que Nonna estava preparando a refeição completa — espaguete com molho de tomate clássico, berinjela à parmegiana, linguiça, pratos de queijos e uma salada verde, temperada com sal marinho e misturada com as mãos. Ela acrescentaria o vinagre quando meus pais chegassem. A sobremesa seria melão fresco, da plantação do seu primo Stefano.

A comida era o centro da vida da sua família. Para Nonna, cozinhar era algo natural. Não havia receitas formais; os ingredientes, as quantidades e os passos estavam todos na cabeça dela. Uma vez, eu havia pedido para ela escrever uma receita, e foi como pedir para descrever como respirava ou andava.

— *Non ti posso dire. Faccio come si deve fare.*

"Não consigo dizer. Eu só faço como deve ser feito."

A comida da cozinha de Nonna contava uma história, uma história épica e pessoal de uma ilha e de uma família. Contava uma história de pobreza, dor, amor e alegria. Falava de pessoas que por vezes tinham sobrevivido à base de pão, queijo e azeitona enquanto catavam vegetais dos ricos pomares nos sopés dos morros perto da casa dela. Sua cozinha sempre me dizia o que estava na estação. Fazia eu me lembrar da proximidade do norte da África, do Oriente. Falava das pessoas cujas culturas haviam passado pela ilha e de como haviam deixado traços de si. Mas o que eu mais amava era que a cozinha dela me mostrava como um ingrediente podia ser transformado em muitos pratos diferentes. Sua comida falava de maleabilidade e criatividade na perda, no amor e na vida. Ela havia aprendido como transformar a subsistência em abundância.

Os sicilianos dizem que, quando você abre uma garrafa de azeite, deve sentir o cheiro de terra lá dentro. Rico em antioxidantes, viçoso, deve ser um canto de vida dentro da garrafa. Peguei uma garrafa de azeite na mesa e derramei um pouco em um pão fresco. Eu conseguia sentir o gosto da herança aromática das alcachofras, dos tomates e dos eucaliptos que cresciam na periferia da cidade. A essência deles havia se infiltrado na vida das oliveiras próximas. Estar perto de Nonna tinha feito isso comigo; cada prato que ela fazia se transformava em uma impressão vívida, uma imagem culinária persistente.

Logo antes do meio-dia, meu pai ligou para o meu celular e avisou que o motorista havia acabado de entrar na cidade.

— Fique aí, estou indo — falei, me sentindo estranhamente tonta.

— O que mais eu faria? Não falo uma palavra de italiano e não sei nem onde estou — rebateu. Dava para sentir a empolgação na voz dele.

— Você está na Sicília, pai. Você chegou à Sicília.

Chamei Zoela para descer do quarto.

Ela veio correndo com Rosalia a tiracolo.

— *Vieni con me* — ordenou à amiga. Zoela era cheia de autoridade. — *Ti faccio conoscere i miei nonni dall'America.* — "Vou apresentar meus avós americanos a você."

Em minutos, estávamos todas descendo a via Gramsci a pé, Zoela correndo na minha frente, Rosalia acompanhando o ritmo.

Eu havia esperado duas décadas por esse momento.

Depois de trocarmos abraços na rua, alguns curiosos foram até o carro para dizer *"Benvenuti"*. Parecia que a notícia da chegada deles já havia começado a circular.

Então fizemos a caminhada de volta para a casa de Nonna. Todas as viúvas e esposas da via Gramsci apareceram na porta das casas para dar boas-vindas a meu pai e minha madrasta à medida que subíamos a rua. Mas a imagem que conquistou meu coração foi a de Nonna parada orgulhosa à porta de casa.

— *Ciao, Gene. Ciao, Aubrey. Venite* — disse ela, puxando a cortina e os convidando a entrar.

Ela não pôde fazer aquilo quando seu filho estava vivo. Mas estava fazendo agora.

— Agradeça a ela por nos receber — me disse meu pai.

— Já agradeci, pai — respondi, com um sorriso e uma piscadinha. — Está tudo certo.

Meu pai nunca tinha me visto falar tanto italiano. Ele ficava me observando atentamente, como se estivesse do outro lado de uma divisória invisível que até então ele não sabia que existia entre nós. Sua garotinha havia conseguido um lugar para si tão longe do leste do Texas quanto era possível imaginar.

— Pergunte a Nonna se podemos ajudar a preparar alguma coisa — pediu Aubrey, apontando para a panela fervendo no fogão.

Aubrey estava pronta para colocar a mão na massa. Eles não queriam que Nonna tivesse que fazer tudo.

— Já está feito — falei.

— Sim, Nonna nunca vai deixar vocês fazerem nada na cozinha dela — Zoela entrou na conversa. — Vocês são os hóspedes dela, vocês só comem. Aqui é assim.

Trinta minutos depois, estávamos sentados diante de uma mesa farta. Eu estava traduzindo furiosamente enquanto girava meu garfo em volta de fios de macarrão delicadamente cobertos com um molho tão despretensioso quanto a mulher que o servia. Ela queria garantir que meus pais gostassem da comida, que ficassem felizes. Percebi que Nonna se concentrou em Aubrey, que lhe parecia comer muito pouco.

— *Lei non mangia tanto* — comentei baixo no ouvido dela para evitar qualquer mágoa.

Nonna jogou a mão para trás e se virou diretamente para Aubrey.

— *Come! Come* mais, temos muita comida aqui. — Ela começou a levantar as travessas na direção de Aubrey. — *Mangia!*

Brindamos a Saro. Fiz questão que meu pai provasse o vinho siciliano produzido em casa que tinha sobrado de quando o pai de Saro fazia: borra e vestígios de polpa no fundo, tanino acentuado na superfície, o sabor forte de uvas perfumadas no meio. Nada passava por ele; não era filtrado, tinha sido destilado em casa. O tipo de coisa que minha avó costumava dizer que era "para os fortes".

— Pense nesse vinho como um tipo de vinho de garrafão siciliano — brinquei.

— Então vou tomar um gole, mas só isso. Você não quer que eu fale português, né?

O escritor e ensaísta siciliano Leonardo Sciascia disse certa vez: "A tradução é o outro lado de uma tapeçaria." Foi algo que Saro me disse um dia quando ele estava tentando traduzir um poema do siciliano para o inglês.

Ali, estava claro que ficar com Saro tinha sido como tecer uma tapeçaria linda e complicada. Depois da morte dele, estar com sua família era como olhar o avesso da tapeçaria. As linhas aparecendo, os nós que faziam volume, os lugares onde as franjas estavam desgastadas. Mas ainda assim era parte da mesma linda peça.

Depois do almoço, levei meus pais para a casa da irmã de Nonna, quase saindo da cidade, onde eles ficariam hospedados. Passamos por várias pessoas durante todo o caminho, todas parando para nos cumprimentar. Meus pais beijaram dúzias de bochechas e apertaram dúzias de mãos de pessoas que eram basicamente uma família para mim. Cada uma deu conselhos para meu pai e Aubrey e lhes disse o que significava ser de Aliminusa. E eu traduzia tudo.

Meu preferido foi o homem que morava em cima do banco e tinha uma visão panorâmica das idas e vindas na piazza.

— Somos todos filhos de Deus, olhe só para as nossas mãos. — Ele estendeu a mão, a palma de frente para o meu pai. — Mas repare que cada dedo é diferente. Um é curto, um é comprido, um é torto. Cada um faz coisas diferentes. Mas somos todos parte da mesma família.

Mais tarde, passamos pelo Signor Shecco, apelidado de "Senhor Mula" porque tinha uma das últimas mulas da cidade e com frequência a levava para passear coberta com franjas coloridas, uma tradição da virada do século.

— *Siamo quattro gatti qua, porta a porta col cimitero* — disse ele para o meu pai. "Somos quatro gatos aqui, porta a porta com o cemitério." Levantou quatro dedos e me esperou traduzir.

"Nós somos quatro gatos" significa "Nós somos poucos"; "porta a porta com o cemitério" significa "velhos e morrendo".

— *Ma siamo buoni, buoni e stretti* — continuou o Signor Shecco. — *Capisce? Sua figlia è una di noi.* — "Mas nós somos bons, e somos próximos. Entende? Sua filha é uma de nós."

Meu pai sorriu e agradeceu ao homem.

Quando nos afastávamos, meu pai tornou a olhar para ele, depois ao redor, para os paralelepípedos e os prédios da cidade, que pareciam antiquíssimos.

— Vindo aqui, tenho uma compreensão completamente nova do meu genro — disse ele a Aubrey. — Mas consigo compreender minha filha melhor do que nunca — arrematou, me deixando emocionada.

O fim da tarde virou anoitecer, e nos aprontamos para a procissão de santa Ana. No cinema, chamamos essa hora do dia de "hora mágica", o momento quando os raios difusos do sol tornam tudo mais bonito. Ali, os muros de pedra desbotada da cidade pareciam uma tela onde cada cor do Mediterrâneo podia ser celebrada. É essa hora do dia que dá à Sicília sua atemporalidade.

Zoela e eu levamos meus pais para a praça da cidade, onde uma multidão de moradores estava reunida em volta dos degraus da igreja. Era hora de trazer para fora a estátua de santa Ana. Olhei para a fachada de mármore e calcário da igreja, o relógio em algarismos romanos, a torre do sino. Era o mesmo lugar onde dois verões antes eu havia estado, sem saber se eu conseguiria dar sentido à minha vida, muito menos reimaginá-la, enquanto o padre abençoava as cinzas de Saro.

Santa Ana, acabei aprendendo, era a mãe de Maria, a avó de Jesus. No catolicismo, Ana é a matriarca das matriarcas, a personificação da sabedoria feminina. Ela talvez tenha sido absorvida pelo catolicismo a partir da deusa pagã da fertilidade, Anu, cujo nome significa "graça". Uma vez por ano, sua estátua é tirada da igreja de Aliminusa e carregada pela cidade nos ombros de alguns homens, uma procissão de moradores a seguindo. As mulheres que conseguem fazer o trajeto por toda a extensão da cidade vão descalças nos paralelepípedos imediatamente atrás dela, com a sombra da estátua as cobrindo no sol poente. Essas mulheres rezam para santa Ana em tempos de dificuldade e momentos de celebração. Também aprendi que ela era a padroeira de viúvas e viajantes. Eu nasci no seu dia, 26 de julho. E me casei nesse dia também. Para as pessoas de Aliminusa, isso significava que ela era minha santa pessoal.

— Você deu sorte — comentou Nonna.

Fiquei parada na rua em frente à igreja, meus pais e minha filha do meu lado quando o padre fazia a oração e a banda começava a tocar. Zoela acenou para Rosalia, que tocava seu clarinete. A santa surgiu das largas portas duplas de madeira entalhada. Era sem dúvida uma hora mágica.

Coincidência e *destino* são duas palavras para o mesmo fenômeno. A coincidência de um encontro casual em Florença havia me destinado a estar ali décadas depois, a milhares de quilômetros da minha terra de origem, mas simultaneamente em uma terra que eu havia escolhido, experimentando os primeiros sabores da minha renovação. O amor, a vida e a morte de Saro haviam me forjado, me amaciado para a vida e fortelecido minhas partes quebradas.

Quando a estátua foi carregada escada abaixo e a procissão começou, não me movi. Não havia nenhum lugar para ir; a jornada estava completa por enquanto. Por dentro, senti uma evolução agridoce. Eu deixaria aquele lugar sabendo que havia muita vida ainda por vir. A ferida da perda havia se transformado em uma cicatriz de amor. Eu sabia que, dali para a frente, em qualquer outra experiência que eu tivesse, seria ainda mais apaixonada pelo chef-poeta de botas de elfo que havia acendido uma chama para a eternidade.

Fechei os olhos, segurei a mão de Zoela e pedi para Anu/Ana/Graça me acompanhar — uma mãe, uma viúva, uma viajante — para onde quer que eu fosse.

RECEITAS

PRIMEIRO VERÃO

Carciofi con Pomodori e Menta
(Alcachofras refogadas com tomate e hortelã)

Pesto di Pomodori Secchi, Oliva e Mandorle
(Pesto de tomate seco, azeitona e amêndoas)

Spaghetti con Pesto alla Trapanese
(Espaguete com pesto de amêndoas à siciliana)

Insalata di Rucola con Pomodori e Ricotta Salata
(Salada de rúcula com tomates e ricota salgada)

Olive Aromatiche (Azeitonas temperadas)

SEGUNDO VERÃO

Ditalini con Lenticchie (Massa ditalini com lentilhas)

Purea de Fave con Crostini (Purê de favas com crostini)

Pesce Spada alla Griglia con Salsa Salmoriglio
(Peixe-espada grelhado com molho *salmoriglio*)

Caponata Classica (Caponata clássica)

Melanzane alla Parmigiana (Berinjela à parmegiana)

Sfuagghiu ("Bolo do Schiavelli")

TERCEIRO VERÃO

Salsa Pronta (Molho de tomate clássico)

Pasta con Zucchini (Massa com abobrinha à siciliana)

Penne con Finocchio e Fave (Penne com funcho e favas)

Insalata di Finocchio (Salada cítrica de funcho)

Granita di Gelsi Neri (Granita de amora)

Primeiro verão

CARCIOFI CON POMODORI E MENTA
Alcachofras refogadas com tomate e hortelã

Toda primavera minha sogra prepara alcachofras dessa maneira. Ela faz a gentileza de congelar o prato para eu comer quando chego no verão. Quando dou a primeira mordida, sempre penso que elas foram refogadas em gentileza. Em Los Angeles, Saro fazia uma variação do prato da mãe sempre que era época de alcachofras.

1 lata (800 g) de tomates pelados inteiros, de preferência tomates italianos San Marzano
1 ½ xícara de vinho branco seco
½ colher de chá de pimenta calabresa em flocos, moída
2 colheres de chá de sal marinho siciliano e mais a gosto
1 xícara de azeite extravirgem
8 dentes de alho
½ xícara de farinha de rosca
1 xícara de folhas frescas de hortelã, levemente pressionadas
6 alcachofras médias
2 limões, cortados ao meio

Coloque os tomates em uma panela grande e pesada e despedace-os com as mãos ou um garfo. Acrescente o vinho, a pimenta calabresa, 2 colheres de chá de sal, ½ xícara de azeite e 2 xícaras de água. Reserve.

Em um processador, junte o alho, a farinha de rosca e as folhas de hortelã e bata na função pulsar até que a mistura esteja grosseiramente triturada. Com o processador ligado, acrescente a outra metade da xícara de azeite para fazer uma pasta grossa. Reserve.

Retire várias camadas das folhas verde-escuras externas da alcachofra. Continue retirando até chegar às folhas verde-claras macias. Use uma faca de serra para tirar 2,5 cm ou mais da parte de cima das alcachofras e apare as pontas dos talos. Esfregue as pontas cortadas com as metades de limão para evitar que fiquem marrons. Use uma faca de tornear ou um descascador de vegetais para remover da base e do caule a camada verde dura exterior e chegar ao miolo verde-claro embaixo. Esfregue-o com limão. Corte as alcachofras na metade e esfregue as faces cortadas com limão. Use uma colher para retirar o miolo e puxe as folhas internas.

Com uma colher, esfregue o pesto por todas as alcachofras. Coloque-as em uma panela grande em uma única camada e cubra-as completamente com a mistura de tomate. Salpique uma camada fina de farinha de rosca por cima.

Coloque para cozinhar em fogo médio-baixo, tampado, virando as alcachofras uma ou duas vezes, até que estejam macias quando espetar um garfo, por cerca de 55 a 60 minutos.

Serve de 6 a 8 porções.

PESTO DI POMODORI SECCHI, OLIVA E MANDORLE
Pesto de tomate seco, azeitonas e amêndoas

Esse pesto inspirado na Sicília é um clássico na nossa casa. Eu tenho sempre pronto para colocar em um crostini, fazer um sanduíche ou, principalmente, usar como molho para um macarrão de dar água na boca. A combinação de amêndoas, tomates secos e azeitonas pretas em conserva de azeite sempre me transporta de volta à Sicília.

½ xícara de amêndoas cruas picadas grosseiramente
2 colheres de sopa de alecrim fresco picado
¼ de xícara de manjericão fresco picado
2 colheres de chá de vinagre balsâmico
2 colheres de chá de açúcar
½ colher de chá de páprica defumada
20 azeitonas pretas sem caroço em conserva de azeite
10 a 15 tomates secos em azeite, picados
4 dentes de alho, picados
1 xícara de azeite extravirgem
Sal marinho grosso e pimenta-do-reino moída na hora a gosto

Coloque as amêndoas, o alecrim, o manjericão, o vinagre, o açúcar, a páprica, as azeitonas, os tomates e o alho em um processador de alimentos. Bata, adicionando o azeite aos poucos, até que a mistura vire uma pasta grossa. Acrescente mais azeite, se quiser uma consistência mais lisa. Tempere com sal e pimenta a gosto.

Rende cerca de 1½ xícara.

SPAGHETTI CON PESTO ALLA TRAPANESE
Espaguete com pesto de amêndoas à siciliana

Este prato foi um dos primeiros que aprendi a fazer depois do primeiro verão na Sicília. É simples e rápido. Embora seja original da cidade de Trapani, está presente nos cardápios da ilha toda. Eu o comi em todos os lugares, de Stromboli a Palermo e Taormina. E cada chef acrescenta seu toque pessoal, adicionando mais ou menos tomate. Quando preparo nos Estados Unidos, costumo fazer no verão, no auge da estação de tomates, porque a essência do prato é a simplicidade dos sabores naturais se unindo em perfeita harmonia. Todos os ingredientes são estrelas.

4 dentes de alho
¾ de xícara de amêndoas cruas
1 xícara de azeite extravirgem
5 xícaras de manjericão
1 tomate cru médio a grande, descascado e picado em pedaços de cerca de 1 cm
Sal marinho e pimenta-do-reino moída na hora a gosto
1 pacote (500 g) de espaguete
Queijo parmesão ou pecorino ralado para decorar (opcional)

Em um liquidificador, junte o alho e as amêndoas. Bata, adicionando metade do azeite até que forme um creme liso e homogêneo.

Acrescente o manjericão, os tomates e a outra metade do azeite enquanto bate para fazer uma mistura mais cremosa. Acrescente sal marinho e pimenta a gosto. Deixe o molho descansar enquanto você cozinha o macarrão.

Escorra a massa, jogue de volta na panela e acrescente o pesto, misturando bem e com cuidado. Complete com mais um toque de azeite para ajudar a cobrir a massa com o pesto. Sirva imediatamente. Eu gosto de polvilhar queijo parmesão ou pecorino ralado por cima.

Serve de 4 a 6 porções.

INSALATA DI RUCOLA CON POMODORI E RICOTTA SALATA

Salada de rúcula com tomates e ricota salgada

Encontrei esta receita nas anotações de Saro. Ele tinha programado essa salada como *antipasto* de um menu chamado "Jantar de Verão em um Pátio Siciliano". Quando me deparei com a receita pela primeira vez, só consegui ter uma sensação agridoce ao imaginar outro jantar com ele em algum pátio na Sicília. Agora faço essa salada simples para meus amigos como parte do verão em Silver Lake.

½ xícara de azeite extravirgem
2 colheres de sopa de vinagre de vinho tinto
1 colher de chá de mel
3 maços de rúcula, sem os talos
700 g de tomates frescos, cortados em quatro
1 cebola roxa pequena, em fatias finas
250 g de ricota salgada, cortada em lascas com um descascador
Sal marinho e pimenta-do-reino moída na hora a gosto

Para fazer o molho, em uma pequena tigela, misture o azeite, o vinagre e o mel com uma pitada de sal.

Faça uma cama de rúcula no prato. Cubra com os tomates, espalhe cebolas fatiadas e coloque a ricota salgada por cima. Tempere com sal e pimenta a gosto. Despeje o molho na salada. Sirva imediatamente.

Serve de 4 a 6 porções.

OLIVE AROMATICHE
Azeitonas temperadas

Nas refeições na casa de Nonna, sempre há tigelas com azeitonas temperadas em cima da mesa. Ela tem duas variedades — pretas e verdes —, colhidas no pomar da família. Faz um monte quando chegamos e eu vou comendo durante nossa estada. Em Los Angeles, preparo minhas próprias azeitonas temperadas e sirvo nos meus pratos preferidos de cerâmica siciliana em festas.

Azeitonas pretas temperadas

500 g de azeitonas pretas em conserva de azeite
½ xícara de azeite extravirgem
2 colheres de sopa de vinagre balsâmico
2 dentes de alho, picados
1 colher de chá de folhas de alecrim picadas grosseiramente
½ colher de chá de pimenta calabresa em flocos
Raspas de 1 laranja e ½ limão-siciliano
Uma pitada de açúcar mascavo

Em uma tigela, junte as azeitonas com o azeite, o vinagre, o alho, o alecrim, a pimenta calabresa, as raspas de laranja e limão-siciliano e o açúcar mascavo. Misture bem e deixe marinar por 1 hora ou mais. Sirva em temperatura ambiente.

Azeitonas verdes temperadas

500 g de azeitonas verdes sem caroço
½ xícara de azeite extravirgem
½ xícara de cenoura, picada em cubinhos
1 talo de aipo com algumas folhas macias, picado
2 dentes de alho, picados
2 colheres de sopa de orégano seco

½ colher de chá de pimenta calabresa em flocos
1 colher de sopa de vinagre de vinho tinto

Se estiver usando azeitonas verdes em conserva de vinagre, drene o excesso de líquido e as seque. Em uma tigela, junte as azeitonas com o azeite, as cenouras, o aipo, o alho, o orégano, a pimenta calabresa e o vinagre. Misture bem e deixe marinar por uma hora ou mais. Sirva em temperatura ambiente.

Rende 2 xícaras.

Segundo verão

DITALINI CON LENTICCHIE
Massa ditalini com lentilhas

Este é sempre o primeiro prato que Nonna serve quando chegamos. Quando vejo o prato fumegante chegar à mesa, é uma experiência totalmente poética. Sei que estou em casa. Este prato diz a qualquer viajante que estar em casa é dividir a mesa com as pessoas que você ama.

¼ de xícara de azeite extravirgem
1 cebola roxa
3 ½ xícaras de lentilhas secas, verdes ou marrons (menos du Puy)
2 cenouras pequenas, picadas
1 talo de aipo ou 1 pequeno punhado de folhas de aipo, picado
1 dente de alho
1 colher de sopa de sal marinho, ou mais, a gosto
Pimenta-do-reino a gosto
½ xícara de acelga fresca ou espinafre fresco, picados (opcional)
Uma pitada de orégano seco
1 caixa de massa ditalini

Em uma panela, coloque o azeite e a cebola e refogue em fogo médio por cerca de 5 minutos. Adicione as lentilhas e mexa para cobri-las com o azeite. Acrescente 4 xícaras de água, as cenouras e o aipo e deixe ferver. Acrescente o alho, 1 colher de sopa de sal marinho e pimenta-do-reino a gosto. Abaixe o fogo, tampe e cozinhe por cerca de 20 minutos. Adicione a acelga ou o espinafre e o orégano e cozinhe por mais 20 ou 25 minutos. Acrescente mais sal, a gosto.

Enquanto isso, cozinhe a massa em uma panela grande de água fervente bem salgada. Quando estiver pronta, escorra bem. Transfira a massa para a panela do molho e mexa, cobrindo toda a massa com a mistura de lentilha. Acrescente um fio de azeite para deixar mais homogêneo. Polvilhe queijo parmesão ou pecorino, se desejar. Sirva imediatamente.

Serve de 4 a 6 porções.

PUREA DE FAVE CON CROSTINI
Purê de favas com crostini

Debulhar favas é um ato de amor. Descascar e retirar a camada exterior de cada grão demanda tempo, paciência e um sincero respeito pelo cultivo dessa generosa leguminosa. Existe uma razão para as favas serem um pilar da cozinha mediterrânea há séculos. Para mim, prepará-las é um tipo de meditação. Coloco uma música, me sirvo de uma taça de vinho e apronto as favas. Foi assim que Saro me ensinou. Uma vez preparados, esses crostini são de uma delicadeza sublime, naturais e inspirados.

1 kg de favas frescas, ainda na vagem
2 ¼ colheres de chá de sal marinho
2 colheres de sopa de azeite extravirgem
½ cebola pequena, bem picada
2 colheres de sopa de hortelã fresca, picada
½ colher de chá de suco de limão
Sal marinho e pimenta-do-reino moída na hora a gosto
1 baguete ou 1 pão artesanal
1 dente de alho para esfregar no pão
Queijo pecorino em fatias finas para decorar (opcional)

Debulhe as favas (remova os feijões das vagens). Encha uma panela grande com água até a metade, adicione 2 colheres de chá de sal e leve para ferver. Enquanto isso, em uma tigela média, coloque alguns cubos de gelo e encha-a de água.

Acrescente as favas à água fervente e cozinhe por 2 ou 3 minutos, *não mais do que isso*. Desligue o fogo, escorra as favas e as coloque na tigela de água gelada. Guarde um pouco da água onde as favas foram fervidas. Deixe as favas descansarem na água gelada por 1 ou 2 minutos. Escorra. Remova a casca externa de cada fava, apertando a ponta e deslizando o feijão para fora da pele.

Em uma frigideira média, aqueça o azeite e adicione a cebola. Cozinhe até ficar transparente, cerca de 2 minutos. Acrescente as favas, a água reservada e o que restou do sal. Mexa e deixe refogar por 5 minutos. Retire a panela do fogo, misture a hortelã e acrescente o suco de limão. Coloque a mistura em um processador de alimentos e bata até ficar com uma consistência pastosa, colocando mais um pouco de azeite, se necessário, para deixar mais cremoso. Adicione sal e pimenta a gosto. Reserve.

Corte o pão em fatias de 2,5 cm de espessura. Grelhe ou toste as fatias até ficarem levemente douradas. Esfregue o dente de alho no pão e pincele com azeite. Cubra cada fatia com uma porção generosa de purê de favas. Decore com uma fatia de pecorino, se desejar. Cubra com o restante da hortelã.

Rende 12 fatias.

PESCE SPADA ALLA GRIGLIA CON SALSA SAMORIGLIO
Peixe-espada grelhado com molho salmoriglio

No litoral da Sicília, comemos muito peixe fresco. Na cidade costeira de Cefalù, não é incomum ver peixes-espadas recém-pescados inteiros ou pela metade nas bancadas dos mercados da cidade. Em uma viagem, Zoela e eu estávamos sentadas em um restaurante quando um pescador levou o pescado do dia direto para o chef, que só preparava os peixes mais frescos. Na Sicília, peixe-espada grelhado é servido com molho *salmoriglio*, que pode ser usado tanto para marinar quanto no prato pronto. É maravilhoso, tem um cheio fantástico e é fácil de preparar.

- 2 colheres de sopa de orégano, seco ou fresco (bem picado se for fresco)
- 2 colheres de sopa de salsinha fresca, picada
- 2 colheres de sopa de hortelã fresca, picada (opcional)
- Suco de 2 ou 3 limões, coado
- 1 xícara de azeite extravirgem
- 2 dentes de alho, bem picados
- Sal marinho grosso e pimenta-do-reino moída a gosto
- 4 filés de peixe-espada, com cerca de 150 g cada

Lave as ervas frescas e seque. Reserve 2 colheres de chá do suco de limão para usar depois.

Despeje o azeite em uma tigela e mexa, acrescentando aos poucos o alho, o restante do suco e as ervas. A marinada ficará um pouco densa, quase uma pasta. Acrescente pimenta a gosto. Reserve.

Pincele os peixes com as 2 colheres de chá do suco reservado e a marinada de azeite. Finalize com sal. Grelhe o peixe até estar cozido por dentro, cerca de 3 minutos de cada lado, dependendo da espessura dos filés. Transfira para os pratos. Cubra com o restante do molho e sirva.

Serve 4 porções.

CAPONATA CLASSICA
Caponata clássica

Para mim, este clássico prato agridoce de berinjela é o coração da Sicília. No entanto, não existem duas caponatas exatamente iguais; cada uma é uma expressão da alma e da imaginação da pessoa que a preparou. Já comi caponata tanto na cozinha de Nonna quanto em lugares como Siracusa. Escuro, condimentado, salgado e doce, eu chamo este prato de paraíso.

Óleo vegetal, para fritar
2 berinjelas médias a grandes, cortadas em cubos de 4 cm
Sal a gosto
½ xícara de azeite extravirgem
1 cebola roxa, cortada ao comprido em tiras finas
3 talos de aipo, branqueados 1 minuto em água fervente, depois grosseiramente picados
2 cenouras, picadas
10 azeitonas verdes sem caroço, cortadas ao comprido em 3 partes
¼ de xícara de alcaparras, lavadas e escorridas
1½ xícara de molho de tomate de boa qualidade (ver receita de *Salsa Pronta*, p. 335)
1 pequeno punhado de manjericão fresco, picado
¼ de xícara de vinagre de vinho branco ou tinto
1 colher de sopa de mel ou açúcar, ou a gosto
½ xícara de passas (opcional)
½ xícara de salsinha lisa, para decorar

Aqueça 2,5 cm de óleo em uma frigideira grande e pesada. Adicione os cubos de berinjela em punhados e frite até estarem bem dourados em todos os lados, cerca de 5 minutos. Seque com papel-toalha. Tempere com sal. Reserve.

Em outra frigideira grande, junte o azeite e a cebola e refogue no fogo médio-alto até a cebola ficar só dourada, cerca de 5 minutos. Acrescente o aipo, as cenouras, as azeitonas, as alcaparras, o molho de tomate, o manjericão, o vinagre e o mel ou açúcar. Mexa delicadamente. Tempere com sal a gosto.

Com delicadeza, acrescente a berinjela, tomando cuidado para não a despedaçar. Acrescente as passas, se desejar. Cozinhe por 2 ou 3 minutos. Corrija o sal. Depois transfira para um prato ou tigela grande e deixe esfriar. Decore a caponata com salsinha picada. Sirva na temperatura ambiente.

A caponata também pode ser servida fria em um dia quente de verão. Para dar mais sabor e uma dose extra de crocância, salpique amêndoas torradas por cima.

Serve de 4 a 6 porções.

MELANZANE ALLA PARMIGIANA
Berinjela à parmegiana

Berinjelas grelhadas na brasa funcionam lindamente neste prato clássico. Na verdade, eu só as preparo assim em Los Angeles. Tenho um fraco pelo sabor de grelhados na brasa, que você não consegue quando frita o alimento. A alegria deste prato são as camadas. Duas camadas de berinjela servem, mas três ou quatro ficam divinas.

- 4 ou 5 berinjelas médias a grandes, cortadas em rodelas de 1 cm de grossura
- Sal marinho grosso
- 1 xícara de azeite extravirgem
- Pimenta-do-reino moída na hora
- 2 dentes de alho, picados
- 1 colher de chá de orégano seco
- 6 xícaras de molho de tomate de boa qualidade (ver receita de *Salsa Pronta*, na p. 335)
- ⅓ de xícara de queijo parmesão ou pecorino, ralado fino
- 1 maço de manjericão, sem os cabos e picado

Preaqueça o forno a 200 °C.

Coloque as fatias de berinjela em uma tigela grande. Polvilhe sal sobre todas elas e deixe descansar na tigela para liberar o excesso de água da berinjela. Após cerca de 45 minutos a 1 hora, escorra a água da tigela. Regue com azeite, cobrindo todos os pedaços, depois tempere com a pimenta-do-reino, o alho e o orégano.

Grelhe cada lado dos pedaços por 1 a 2 minutos. Reserve.

Aqueça o molho de tomate em fogo médio-alto.

Regue o fundo de uma travessa grande de cerâmica ou vidro temperado com azeite e depois cubra com uma xícara de molho de tomate. Coloque uma camada de berinjela no fundo da travessa. Espalhe molho de tomate em cima da berinjela. Adicione queijo ralado e folhas de manjericão. Depois repita com outra camada de berinjela.

Cubra com outra camada de molho, queijo e manjericão. Asse até que o queijo tenha derretido e o molho esteja borbulhando, em cerca de 30 minutos.

Serve de 4 a 6 porções.

SFUAGGHIU
"Bolo do Schiavelli"

Este bolo é aventura, desejo, persistência e esperança, tudo ao mesmo tempo. Hoje, quando vejo a fotografia de Saro e Vincent Schiavelli no nosso apartamento de Los Angeles tanto tempo atrás, sorrindo e segurando esse bolo, meu coração se enche de alegria. Gosto de imaginar que aqueles filhos de imigrantes estão comendo uma fatia juntos, onde quer que suas almas estejam. (*Observação*: ao que me consta, Pino, o confeiteiro, nunca contou sua receita para Schiavelli. Não aparece no livro de Schiavelli, *Many Beautiful Things*. Encontrei esta receita, uma variação do bolo que ele analisou no livro, no site oficial da cidade de Polizzi Generosa.) Incluí a receita aqui para confeiteiros que gostem mesmo de uma aventura.

Para o recheio:
500 g de queijo tuma fresco (queijo pecorino fresco, antes de salgar e curar)
5 claras de ovo, em temperatura ambiente
2 xícaras de açúcar
1 colher de sopa de canela em pó
Chocolate amargo a gosto
⅓ de xícara de frutas cristalizadas, cortadas em pedaços

Para o bolo:
4 xícaras de açúcar
1 xícara de banha, cortada em pedaços, e um pouco mais para untar a forma
6 gemas de ovo, batidas, em temperatura ambiente
1 xícara de açúcar
¼ de xícara de açúcar de confeiteiro

Preaqueça o forno a 180 °C.

Para o recheio: Em uma tigela, rale o queijo bem fino. Acrescente as claras de ovo e adicione, batendo junto, o açúcar, a canela, o chocolate e as frutas cristalizadas. Misture bem e reserve.

Para o bolo: Coloque a farinha em uma tigela e faça um buraco no meio. Acrescente a banha no buraco, depois vá cobrindo com a farinha, misturando bem com as mãos. Acrescente o açúcar e as gemas de ovo e continue misturando bem com as mãos. Se sentir a massa seca, acrescente um pouco de água. Abra metade da massa em uma fina camada de pouco mais de 1 cm. Coloque no fundo de uma forma de aro removível com 22 cm de diâmetro, untada com banha e polvilhada com farinha.

Monte o bolo: Despeje o recheio em cima da massa, com cuidado para não ficar muito alto, pois a massa vai crescer com o cozimento. Cubra com outra camada de massa. Aperte os lados para fechar as pontas. Asse por cerca de 1 hora. Retire do forno e polvilhe açúcar de confeiteiro. Deixe o bolo descansar por um dia inteiro antes de comer.

Serve de 12 a 14 porções.

Terceiro verão

SALSA PRONTA
Molho de tomate clássico

Normalmente, esse molho seria feito com tomates frescos San Marzano em um grande caldeirão. Esta receita é uma versão que você pode fazer em qualquer época do ano na cozinha da sua casa. Eu faço porções grandes, depois guardo os potes na geladeira ou no congelador. Assim, nunca fico sem "molho pronto" para macarrão, lasanha, sopas ou berinjela à parmegiana. (*Observação:* quanto mais tempo você cozinhar o molho, mais denso ele vai ficar. Se desejar, você pode cozinhar até que vire uma pasta macia. Fica delicioso como molho de pizza.)

2 latas (800 g) de tomates San Marzano, picados
2 cebolas roxas grandes, picadas grosseiramente
4 dentes de alho
½ xícara de azeite extravirgem
1 maço grande de manjericão
1 colher de sopa de sal marinho, ou a gosto
1 colher de sopa de açúcar
Orégano e pimenta calabresa em flocos (opcional)

Junte os tomates e ½ xícara de água em uma panela grande. Acrescente metade da cebola e metade do alho. Leve para ferver, depois reduza o fogo e cozinhe em fogo brando, tampado, por cerca de 40 minutos, mexendo frequentemente para não grudar. Retire do fogo. Passe por um moedor de alimentos ou bata em um liquidificador para fazer um purê.

Em um processador de alimentos, coloque o azeite, o manjericão e o restante da cebola e do alho. Bata até ficar bem homogêneo.

Em uma panela limpa, junte o purê de tomate e o purê de manjericão. Cozinhe em fogo médio, com a panela destampada, até engrossar, por cerca de 20 ou 30 minutos (se quiser uma consistência de pasta, deixe mais tempo). Retire do fogo. Acrescente sal e açúcar. Se estiver fazendo molho para pizza ou preferir um sabor mais picante, acrescente uma pequena quantidade de orégano e/ou uma pitada de pimenta calabresa em flocos.

Esse molho pode ser colocado em potes limpos enquanto ainda estiver quente e guardado na geladeira por até 3 ou 4 dias ou no congelador por até um mês.

Rende cerca de 8 xícaras.

PASTA CON ZUCCHINI
Massa com abobrinha à siciliana

Existem muitas variedades de abobrinha na Sicília, sendo que a mais impressionante é uma comprida e verde-clara, conhecida como *cucuzze*. Essa variedade é cultivada em abundância por toda parte em Aliminusa. Despretensiosas, são consumidas em sopas, em massas e grelhadas. As *cucuzze* não são encontradas em supermercados nos Estados Unidos, por exemplo, mas essa receita funciona igualmente bem com a abobrinha que você encontrar no mercado mais próximo. Esta receita pode ser usada como molho de macarrão ou acompanhamento.

1 cebola roxa média, picada
½ xícara de azeite de oliva extravirgem
500 g de tomates frescos, italiano ou San Marzano, descascados e picados
3 abobrinhas médias, picadas (descascadas, se preferir, mas não é necessário)
1 cubo de caldo de legumes
½ xícara de folhas de manjericão rasgadas
Sal marinho e pimenta-do-reino a gosto
Espaguete ou qualquer outro tipo de massa longa
Ricota salgada esfarelada ou queijo pecorino ralado para decorar

Em uma panela, refogue a cebola no azeite em fogo médio-alto por cerca de 2 ou 3 minutos, até ficar dourada. Acrescente os tomates e cozinhe por mais 2 minutos. Acrescente as abobrinhas e mexa. Esfarele o cubo de caldo de legumes na panela, depois adicione o manjericão, ¾ de xícara de água, o sal e a pimenta a gosto. Cubra e cozinhe em fogo médio até que a abobrinha esteja macia, cerca de 20 minutos. Desligue o fogo e deixe descansar.

Cozinhe o macarrão com bastante sal. Escorra. Jogue de volta na panela. Acrescente a abobrinha e o molho de tomate e mexa bem, despejando um pouco mais de azeite para unir o molho e a massa. Emprate e polvilhe queijo para decorar, ou em grande quantidade, se desejar.

Serve de 4 a 6 porções.

PENNE CON FINOCCHIO E FAVE
Penne com funcho e favas

Se existe um prato que me transporta para minha primeira viagem à Sicília com Saro, quando ele me mostrou a ilha em toda a sua glória, é este. Ele me faz recordar sua energia vital, sua força, a evolução do seu espírito. Além disso, é simplesmente maravilhoso. (O funcho que você encontra no mercado funciona bem com esta receita, mas se quiser cultivar seu próprio funcho, vai se admirar com o que a natureza é capaz de fazer.) Saro, espero que esta receita faça você se orgulhar de mim.

- 1 colher de chá de sal marinho grosso
- 2 xícaras de favas frescas, descascadas
- 2 xícaras de folhas de funcho, picadas (a parte de cima do bulbo)
- ¾ de xícara de azeite de oliva extravirgem
- Sal marinho grosso e pimenta-do-reino moída grosseiramente na hora a gosto
- 1 ½ colher de sopa de sal marinho grosso
- 1 cebola, picada
- 500 g de penne
- Queijo pecorino ralado na hora
- Pimenta triturada para decorar (opcional)

Coloque 1 litro de água para ferver. Adicione sal marinho e mexa. Acrescente as favas e as folhas de funcho. Deixe cozinhar até que tudo esteja bem macio, cerca de 10 minutos.

Usando uma peneira, retire as favas e o funcho da água. Reserve brevemente o caldo do cozimento, depois o transfira para uma panela grande que você vai usar para cozinhar o macarrão.

Em um processador de alimentos, bata as favas e o funcho com ½ xícara de azeite até alcançar a consistência de um purê. Adicione sal e pimenta a gosto. Reserve.

Adicione 3 litros de água ao caldo de legumes na panela e leve para ferver. Adicione 1 ½ colher de sopa de sal marinho.

Enquanto isso, em uma frigideira grande, aqueça o restante do azeite e refogue a cebola em fogo médio-alto até que fique dourada, mexendo com frequência por cerca de 2 minutos. Diminua o fogo e coloque o purê de favas e funcho. Misture e cozinhe em fogo muito baixo por 5 minutos.

Cozinhe o macarrão em água fervente com bastante sal, mexendo com frequência, até que esteja *al dente*. Escorra o penne e jogue de volta na panela. Acrescente o purê de favas e funcho, agite bem, coloque um fio de azeite e deixe cozinhar em fogo brando por 1 minuto. Adicione um pouco da água do cozimento se quiser um molho mais ralo.

Sirva quente, decorado generosamente com pecorino e um pouco de pimenta moída, se desejar. Então faça um brinde à sua vida.

Serve de 4 a 6 porções.

INSALATA DI FINOCCHIO
Salada cítrica de funcho

Aprendi na Sicília o prazer de comer funcho cru, muitas vezes só com um pouco de sal, no fim da refeição. É um antigo costume da ilha usar funcho como digestivo, como um pedaço de fruta. Em casa, recorro a essa receita como alternativa à salada de alface tradicional. Adoro o contraste de texturas e os sabores cítricos vibrantes. Na minha versão, prefiro não incluir rodelas de laranja. Em vez disso, prefiro que o sabor cítrico venha do molho. Essa salada é ao mesmo tempo crocante, cítrica e salgada com um toque doce — tem todo o frescor energizante da Sicília.

2 colheres de sopa de suco fresco de laranja ou de laranja vermelha
2 colheres de sopa de vinagre de vinho branco ou tinto
¼ de xícara de azeite extravirgem
1 colher de sopa de mel
1 colher de chá de sementes de funcho
½ colher de chá de sal
¼ de colher de chá de pimenta-do-reino moída na hora
1 bulbo de funcho com as frondes, em fatias finas
Suco de meio limão
½ cebola roxa grande, em fatias finas
¼ de xícara de azeitonas pretas em conserva de azeite
¼ de xícara de folhas de hortelã cortadas na hora
Sal marinho fino e pimenta-do-reino moída na hora a gosto
Queijo parmesão em lascas

Junte o suco de laranja, o vinagre, o azeite, o mel, as sementes de funcho, o sal e a pimenta. Mexa vigorosamente até estar bem misturado. Reserve.

Corte os talos do funcho, reservando as frondes para decorar a salada. Corte o funcho ao meio, retire a parte central e corte em 4 pedaços. Usando um fatiador ou uma pequena faca afiada, fatie os pedaços de funcho bem finos e coloque-os em uma tigela. Regue com suco de limão e coloque uma pitada de sal. Acrescente a cebola e as azeitonas. Coloque o vinagrete em cima da salada e misture. Arrume tudo em uma saladeira rasa ou uma travessa com borda e decore com as frondes do funcho e a hortelã. Se desejar, adicione queijo parmesão em lascas. Polvilhe pimenta-do-reino moída e sirva imediatamente.

Serve 4 porções.

GRANITA DI GELSI NERI
Granita de amora

As amoras são uma ode comestível ao verão na Sicília. Minha maior felicidade é catar essa fruta direto do pé com Zoela. As amoras mancham nossas mãos e as roupas, e essas manchas contam a história do nosso encontro com a deusa de todas as frutas do pomar. Esta receita deveria ser feita sempre que você se deparar com amoras-pretas frescas. Pare o que estiver fazendo, admire essa fruta fugaz e depois saúde as lindas manchas do verão preparando essa granita deliciosa e rápida. Quando estiver tudo pronto, relaxe e aproveite o estilo siciliano.

2 xícaras de amoras frescas, lavadas e depois postas para secar
Suco de 2 limões
⅓ de xícara de açúcar (mel ou xarope de bordo também servem)

Lave as amoras sob água corrente suave e deixe-as secar completamente. Usando um processador de alimentos, faça uma pasta. Reserve.

Em uma panela, junte metade do suco de limão, ½ xícara de água fria e açúcar e aqueça em fogo baixo até que o açúcar se dissolva. Adicione a pasta de amoras ao xarope seguido pelo que restou do suco de limão.

Misture e depois coloque no congelador em uma forma baixa de metal por 30 a 40 minutos. Retire e mexa com um garfo. Fazer isso vai quebrar o gelo e garantir uma textura mais macia. Coloque de volta no congelador e repita novamente em 30 minutos. Repita esses passos por cerca de 3 horas. A granita deve ficar firme, mas não congelada.

Antes de servir, raspe a granita com um garfo para tornar a textura mais leve. Aproveite.

Rende 2 xícaras.

Nota da autora

Para escrever este livro, usei meus diários, cartas, e-mails, textos e as anotações do meu falecido marido. Quando pude, consultei várias das pessoas que aparecem no livro. As histórias contadas para mim — muitas vezes em dialeto — estão cheias de espaços e partes ausentes que caracterizam a narrativa oral. Mudei nomes e certos traços de identificação da maioria dos indivíduos no livro, e alguns deles são junções de pessoas diferentes. Vez ou outra, fundi acontecimentos semelhantes para maior clareza. Também omiti pessoas, mas apenas quando essa omissão não teve impacto na verdade ou no núcleo da história. Tirando essas exceções, este livro é um relato verdadeiro das experiências retratadas, com base na minha memória.

As receitas foram tiradas, principalmente, das anotações pessoais do meu falecido marido; algumas são minhas recordações do que comemos. Algumas são da minha sogra. E outras pesquisei e modifiquei da forma como imaginava que ele faria.

Agradecimentos

Meu primeiro agradecimento vai para Christine Pride, minha perspicaz e talentosa editora, por acreditar neste livro. Com ela, o livro foi crescendo aos poucos e acabou muito melhor, graças a suas perguntas incisivas e sábia orientação editorial.

Um grande agradecimento a Richard Abate. Minha vida ficou mais completa e criativa depois que ele disse: "Acho que tem mais."

Se você vai escrever um livro, é útil ter uma irmã como Attica. Ela lerá seus e-mails enviados às duas da manhã, de uma cidadezinha a meio mundo de distância, e dirá: "Isto é um livro. Eu quero ler este livro!" Anos depois, ela vai te lembrar de que ainda está esperando o livro. Ela tem toda a minha gratidão e amor infinito.

Outra pessoa que é bom ter a seu lado é Shawna Kenney. Ela leu meu manuscrito de dez em dez páginas, durante várias semanas, por um ano. Ela me ajudou com ideias, me escutou e me sondou, tudo com a maior gentileza. Suas observações firmes e bem colocadas me guiaram montanha acima. E quando o ar ficou rarefeito demais e achei que precisava voltar, ela me disse para respirar fundo e subir. Obrigada, querida amiga.

Obrigada também à minha equipe da Simon & Schuster por seu cuidado e entusiasmo.

Um enorme agradecimento a...

Meus pais. Seu apoio a este livro só é superado por seu apoio a mim. Minha mãe, Sherra, sempre valorizou minha vida como artista. Meu pai, Gene, me incentiva a viver sem medo. Minha madrasta, Aubrey, é uma eterna otimista e acredita de forma inabalável nos meus sonhos.

Nonna, que, por meio de seu amor silencioso e constante, me ensinou sobre maternidade, fortaleza e coração. Vai levar uma vida inteira para dizer a ela quanto eu a amo.

Franca, Cosimo, Giusy, Laura e Karl, por apoiarem com afinco a ideia deste livro.

Sarah Gossage, Nicole Ribaudi, Richard Courtney, Patrick Huey, Christine Bode, Ellen Ancui, Dorrie LaMarr, Susan Barragan e a incrível Donna Chaney, por ouvirem sempre.

Solome Williams, Amy Elliott e Aubrey, por serem meus primeiros leitores, sempre atentos e ávidos.

Monica Freeman, Glenda Hale e Thomas Locke, por testarem receitas com zelo.

Julie Ariola, Maria Bartolotta, Sally Kemp e Lina Kaplan, minhas maravilhosas guias, professoras e exemplos que me mostram o que nem sempre consigo ver.

Robert, por seu amor extraordinário e corajoso e por ter estado disposto a segurar minha mão enquanto eu analisava meu passado para que pudesse viver de forma mais plena o presente.

Às comunidades de Oak Glen, Sequoyah e Soaring Spirits. Ao programa de escrita da UCLA Extension e seus muitos professores brilhantes, entre eles, Alison Singh Gee, Kimberlee Auerbach Berlin e Lynn Lauber.

Ira Byock, por seu trabalho como médico, escritor e mentor.

Amy Bloom, que me disse há muito tempo: "Vá para a Itália."

Vincent Schiavelli, o ator, escritor e cozinheiro que foi ao nosso apartamento pegar o bolo. Nenhum de nós sabia onde nossas histórias nos levariam.

Catherine Winteringham, que cuidou de todos nós quando estávamos mais vulneráveis.

Um eterno obrigada...

Ao povo de Aliminusa, pelo coração aberto, espírito indomável e humor que remonta a tempos longínquos. Espero ter compartilhado pelo menos uma fração de sua grandeza.

A Zoela, o espírito efervescente e sábia alma que me inspira a viver com coragem e plenitude. Sou muito abençoada por andar por este mundo a seu lado, como sua *mammina. Amore, quanto ti amo.*

E a Saro: sua crença em mim foi — e continua sendo — minha estrela-guia.

- intrinseca.com.br
- @intrinseca
- editoraintrinseca
- @intrinseca
- @editoraintrinseca
- editoraintrinseca

1ª edição	OUTUBRO DE 2022
impressão	XXXXX GRÁFICA
papel de miolo	POLEN NATURAL 70G/M^2
papel de capa	CARTÃO SUPREMO ALTA ALVURA 250G/M^2
tipografia	LAPIDARY333 BT